U0865294

YINGKE® 盈科

盈科全国业务指导委员会系列丛书

离婚案件全攻略
问题处理、流程提示、文书范本

盈科律师事务所 / 编
王伟华　龚林莉 / 主编
孙红俊　周　滢 / 副主编

FULL PROCESS GUIDE FOR DIVORCE CASES
PROBLEM HANDLING, PROCESS PROMPTS, AND DOCUMENT TEMPLATES

法律出版社 LAW PRESS · CHINA
北京

图书在版编目(CIP)数据

离婚案件全攻略：问题处理、流程提示、文书范本 / 盈科律师事务所编；王伟华，龚林莉主编. -- 北京：法律出版社，2023

ISBN 978-7-5197-8557-4

Ⅰ. ①离… Ⅱ. ①盈… ②王… ③龚… Ⅲ. ①离婚法—案例—中国 Ⅳ. ①D923.905

中国国家版本馆CIP数据核字(2023)第219683号

离婚案件全攻略：问题处理、流程提示、文书范本
LIHUN ANJIAN QUAN GONGLÜE：WENTI CHULI、LIUCHENG TISHI、WENSHU FANBEN

盈科律师事务所　编
王伟华　龚林莉　主编

策划编辑　朱海波
责任编辑　朱海波　杨雨晴
装帧设计　汪奇峰　臧晓飞

出版发行 法律出版社
编辑统筹 法律应用出版分社
责任校对 邢艳萍
责任印制 刘晓伟
经　　销 新华书店

开本 710毫米×1000毫米　1/16
印张 19.25　　**字数** 340千
版本 2023年12月第1版
印次 2023年12月第1次印刷
印刷 天津嘉恒印务有限公司

地址：北京市丰台区莲花池西里7号(100073)
网址：www.lawpress.com.cn
投稿邮箱：info@lawpress.com.cn
举报盗版邮箱：jbwq@lawpress.com.cn

销售电话：010-83938349
客服电话：010-83938350
咨询电话：010-63939796

版权所有·侵权必究

书号：ISBN 978-7-5197-8557-4　　**定价**：78.00元

凡购买本社图书，如有印装错误，我社负责退换。电话：010-83938349

盈科全国业务指导委员会系列丛书编委会

总 主 编 李 华

出版统筹 郭 琪 丁 萌 张思媛 张静彤

本书编著者

主 编 王伟华 龚林莉

副主编 孙红俊 周 滢

YINGKE® 盈科

目录

第 1 部分

问题处理

第1部分

问题处理

第一章　婚姻关系篇

1. 面临离婚，协议离婚与诉讼离婚如何选择？

案情简介

李先生与胡小姐结婚8年，育有一子。李先生与他人一同经营公司，胡小姐辞职在家带孩子。因为李先生应酬较多，很少有时间陪伴妻儿，夫妻沟通较少，导致夫妻感情出现了裂痕。在李先生提出离婚后，胡小姐一开始并不同意，认为丈夫应该只是一时兴起，肯定不是真的想离婚。但在胡小姐多番尝试挽回且双方父母多次做李先生的工作都以失败告终后，胡小姐认清了现实，决定放手。在双方沟通离婚过程中，李先生称除二人婚后购买的一套房屋外，双方无其他夫妻共同财产，他愿意将房屋给胡小姐，孩子由胡小姐抚养，他按月支付抚养费。胡小姐却认为，李先生的生意正处于上升阶段，每月收入高达上百万元，肯定还有存款等财产被李先生恶意隐瞒了，并且李先生执意离婚，其中必然有"第三者"。于是胡小姐并未同意李先生给出的离婚方案，找到律师咨询，希望了解离婚的方式。协议离婚与诉讼离婚的利弊，她究竟应该如何选择？

律师解析

一、离婚的方式

《民法典》第1080条规定："完成离婚登记，或者离婚判决书、调解书生效，即解除婚姻关系。"

离婚登记，是指夫妻对于离婚所涉事项能够协商一致，共同亲自到婚姻登记机关申请离婚并领取离婚证的离婚方式。而离婚判决书、调解书,则是由夫妻一方到有管辖权的人民法院提起离婚诉讼,最终经法院审理后出具民事判决书,或经法院调解后出具民事调解书的离婚方式。故,根据上述规定,离婚两种方式,其一为协议离婚,以领取离婚证完成离婚;其二为诉讼离婚,以离婚判决书、调解书生效完成离婚。同时,领取到离婚判决书或调解书后无须到婚姻登记机关领取离婚证,再婚或其他需证明离异的情形下,提交判决书或调解书即可。

另外,法律上没有自动离婚的说法,单身的方式要么离异,要么丧偶,要么根本没有登记结婚。在老百姓中,传得比较多的"分居满两年自动离婚"的说法,没有任何法律依据。夫妻因为感情不好而分居,无论分居多长时间,只要没有办理过离婚登记或诉讼离婚后取得判决书、调解书,夫妻关系都依然存在。

二、协议离婚与诉讼离婚的利弊,如何选择

对于协议离婚与诉讼离婚的选择,并不能一概而论。所谓"当局者迷",很多当事人在陷入离婚风波后,既受情感的困扰,也面临对未来的恐慌,进而导致无法冷静客观地作出理性选择,有些当事人一味地只想出口气,最终选择诉讼离婚,但诉讼离婚未必能实现自己所期待的诉讼效果。所以在选择时一定要冷静思考,认清现实,了解自己在离婚这件事情上的最终目标,进而作出合适的选择。

1. 选择协议离婚,须满足协议离婚的条件。

条件一:双方针对离婚的相关事项能够达成一致意见。

如前所述,协议离婚需夫妻双方对于是否离婚、子女抚养、财产分割等问题都能达成一致意见。相反,在一方愿意离婚,另一方不愿意,或者双方都想要孩子的抚养权而互不相让,或者对于财产的分割无法协商一致的情况下,协议离婚并不适用。如案例中的胡小姐,如果她对李先生提出的离婚方案表示同意,则双方可以采取协议的方式离婚,但如果胡小姐执着于自己的怀疑,不愿意接受该方案,而李先生也无法再在财产分割上做出让步,则李先生如果想离婚就只能采取诉讼的方式。

条件二:夫妻双方两次共同亲自到婚姻登记机关申请办理离婚登记。

由于离婚冷静期的实施,选择协议离婚,需双方两次共同到一方当事人常住

户口所在地的民政局婚姻登记机关(一般是结婚登记地)办理离婚手续。如果夫妻二人现居住地离任一方的户口所在地较远,又不符合跨省办理的试点条件的,任一方如果不愿意与对方一同回婚姻登记机关办理手续,即使协商一致,也无法协议离婚。

协议离婚一定要满足上述两个条件方能实现。

2. 协议离婚与诉讼离婚的利弊分析。

第一,情感因素:更多当事人倾向于愿意接受协议离婚。

受传统思想的影响及我国国民对诉讼的认知,更多的当事人不愿意诉讼离婚,因为他们认为一旦诉讼,那就是"打官司",而打官司是一件不光彩的事情。同时,从司法实践来看,诉讼离婚时,如果双方不能在法庭的组织下达成调解,基于我国庭审"对抗性"的特点,诉讼离婚确实更容易激化矛盾,也就是"伤感情"。如案例中的胡小姐和李先生,如果胡小姐提起离婚诉讼,她的诉讼目的必然是让李先生让渡更多的财产利益,以弥补其在这段婚姻中的感情伤害,所以她极大可能会委托律师去调查李先生的财产状况及私生活情况,比如公司运营情况、银行流水、微信及支付宝账单等,而一旦获得线索,则会在法庭上大做文章;而站在李先生的角度,他不可能坐以待毙,他会反击,在反击之下也可能会抓住胡小姐在婚姻中的某些原本微不足道的问题死死不放。这就是庭审的"对抗性"！如此你来我往,原本留存的一丝丝美好,最终可能也就消磨殆尽了。所以,就这个角度而言,能够协议离婚尽量不要选择诉讼离婚,毕竟大部分夫妻婚后生育了共同的子女,即使离婚了,以后也避免不了再相见,没有必要因为离婚的问题闹个你死我活。

当然,如果双方都能够理性看待,部分问题无法协商一致的情况下,其实诉讼离婚仅是解决纠纷和矛盾的途径而已,诉讼本身并不会引发矛盾的升级。在笔者团队办理的离婚案件中,有 70% 以上会在进入法院以诉前或诉中调解的方式结案,这就说明:诉讼最终也不一定要对簿公堂,在法院的组织下,律师的介入下,你让一点,我退一步,也会有利于矛盾的解决。另外,我们始终认为,当感情不在时拖延离婚,相互指责、相互伤害,对彼此、对孩子的伤害可能也会更大。

所以,如果迫不得已要诉讼,在非特殊的情况下,建议提前知会对方,以表示对过去的感情及对方的尊重。同时,在法庭上不要无休止地揭对方的短处,适当照顾对方的情感,以降低诉讼对双方的伤害。

第二,时间成本:诉讼离婚的时间不一定更长。

根据《民法典》中关于离婚冷静期的规定,协议离婚最快是31天,而诉讼离婚中的调解离婚有时可能比协议离婚更快。笔者曾经办理过一个案件,因为涉及家暴,在向法院提起诉讼时,我们作为原告律师要求尽快对双方进行调解,在法官的重视之下,第二天就通知双方调解,然后顺利拿到离婚调解书。类似的调解程序,目前在大部分法院都有设置,一般称作"诉前调解"。在调解成功后再由法院对案件立案并出具调解书,一般来说,调解期限是自法院收到原告提交的诉状后1个月内。也就是说,如果双方都同意离婚,只是在财产分割上有些许分歧,而且都有明显的调解意愿时,去法院起诉,在法院的主持下调解,由法院出具调解书解除婚姻关系并"一揽子"处理孩子、财产的问题,有可能比协议离婚更快。

但是,如果对方不同意离婚,或者同意离婚,对孩子抚养问题、财产分割、债务承担问题达不成一致意见,或就是为了拖时间,诉讼离婚的时间可能会很长。根据《民法典》及《民事诉讼法》的规定,如果原告在起诉离婚后没有证据证明感情破裂,比如重婚、与第三人同居、家暴等,本着"宁拆一座庙,不毁一桩婚"的思想,在被告坚决不同意离婚的情况下,人民法院对于首次起诉离婚的案件,一般以不判决离婚为原则。在收到不准离婚的判决书后,如果原告仍坚持离婚,需要在前次的相关文书(裁定或判决书)生效6个月后才能提起第二次诉讼。所以无法调解结案的诉讼离婚,可能需要很长的时间。笔者曾办理过一起离婚纠纷,先是女方起诉离婚,男方考虑到孩子较小,不同意离婚,法院遂判决不准离婚。后男方在挽回无果后,男方作为原告起诉离婚,结果在诉讼中因男方涉及重婚,而被法院裁定驳回起诉。这样一来,由于诉讼程序的复杂性,自女方第一次诉讼直至二人的婚姻关系解除,中间耗费了5年多的时间。所以男方最终也不禁感慨,早知如此,当初无论女方提什么条件都应该同意离婚,可是世上并没有后悔药!

所以,在考虑离婚时,事先需要评估一下时间成本,如果你最在乎的是解除婚姻关系,那么为了更快离婚,在财产上做出适当让步也不是不可以。我们也遇到很多当事人为了快速解除婚姻关系,因财产问题比较复杂,处理起来费时、费力,在法官的建议下,财产另行处理。

第三，金钱成本：诉讼离婚会产生一定律师费、案件受理费及评估费，而协议离婚的成本可以忽略不计。

过去，根据《婚姻登记条例》的规定，办理结婚登记和离婚登记均会产生证件工本费，费用为 9 元每对，但该收费自 2017 年已全面取消。所以，协议离婚时除必要的资料复印费及个人照片拍摄费用、交通费用外，几乎不会再产生其他费用。

而诉讼离婚则不同，会产生或多或少的费用。首先，根据《诉讼费用缴纳办法》的规定，提起离婚诉讼，需要向人民法院缴纳案件受理费。其中，不涉及财产的离婚案件，每件收取 50～300 元，涉及财产的案件，财产价值在 20 万元以下的部分不额外收费，但是超过 20 万元的部分，需按 0.05% 的标准缴费，如一对夫妻需分割的财产价值约 200 万元，则需缴纳案件受理费 9050～9300 元。其次，如果在诉讼离婚的时候聘请代理律师则会产生对应的律师费用，而律师费用一般会参照案件的难易程度、案件所处地区、案件所涉法律关系及财产价值等来计算，同时各省市均有相应的律师收费管理办法，大部分律师会参考当地价格办法来收取。再次，如果在诉讼过程中，夫妻双方针对共同财产的价值无法达成一致意见，则还会产生房产、车辆等财产的评估费用，相关的费用一般参照《资产评估收费管理办法》中的规定收取。对于案件中对方出示的证据，如果对其中的签字提出质疑，认为非本人所签，可能还需要申请鉴定，缴纳鉴定费等。最后，如果起诉离婚时，有充足的证据证明对方有转移转让夫妻共同财产的问题，也可以向法院申请财产保全，申请财产保全需要缴纳保全费。申请财产保全的同时需要提供担保，如果没有担保，需要找保险公司出具保函，产生保全担保费。

所以，在考虑采取哪种方式离婚的情况下，亦要考虑金钱成本。

第四，法律强制力：诉讼离婚后的裁判文书在一方不履行时可以向法院申请强制执行，而协议离婚后的离婚协议不具备此效力。

人民法院出具的判决书或调解书具备强制执行力，在对方不按照协议履行的情况下，另一方可以直接向法院申请强制执行。比如离婚纠纷中判决男方在 1 个月内向女方补偿 20 万元，女方多次催要无果后，可以在判决书生效之日起两年内向一审法院申请强制执行，一审法院受理执行案件后，会依据判决书的裁判结果通知男方履行，如男方仍不履行，法院可以对男方名下的财产进行查封、扣押，可以对男方名下银行存款余额进行划扣，甚至将男方上报至国家失信人员公示系统等。但是,如果双方是协议离婚,在男方不履行付款义务的情况下,女方无法依据《离婚协议》直接申请强制执行,而需以该《离婚协议》为依据,向人民法院提起“离婚后财产纠纷”之诉并拿到胜诉判决后才能强制执行。

从这个角度来讲,如果担心后续履行过程中对方出现不诚信行为,为了一次性解决问题,采取诉讼离婚的方式或许更可取。

第五,调查取证权:诉讼离婚时,当事人委托的代理律师享有一定的调查取证权。

如案例中的胡小姐,从现有双方均了解且看得见的财产角度来讲,李先生给到的离婚方案已经照顾了胡小姐的利益,但胡小姐牺牲了实现自我价值、自我发展的机会,多年为家庭付出,最终感情破裂时,仅能分到一套住房,她不甘心的情绪能够理解。但她认为李先生可能存在隐藏财产或出轨的行为,纯属她的个人判断,无任何证据可以证明。在胡小姐同意协议离婚的情况下,她作为配偶,仅有权查询相关机构公开或允许配偶查询的事项,比如李先生作为股东或高管经营的公司工商登记信息、失信信息、房屋信息等,其余诸如银行流水、微信账单、开房记录等,胡小姐均无权查询。

我国现行《妇女权益保障法》第 67 条第 1 款规定:“离婚诉讼期间,夫妻一方申请查询登记在对方名下财产状况且确因客观原因不能自行收集的,人民法院应当进行调查取证,有关部门和单位应当予以协助。”因此,如果胡小姐采取诉讼离婚的方式处理,如果她没有委托律师,可以向法院申请调查取证,有关部门和单位应当予以协助。在她委托律师的情况下,律师可以向人民法院申请调查取证或申请律师调查令,查询对方名下的银行账户流水及余额、理财情况、炒股情况及微信账单、支付宝账单,甚至开房信息等。如此调查取证下来,至少可以获得李先生的经营情况、收入情况、消费情况、有无与异性的开房记录等,甚至如果李先生隐瞒胡小姐购置了财产,也可能会在银行流水中有所体现。

所以,如果胡小姐确有不甘,她可以选择诉讼离婚去调查李先生的财产状况以明确夫妻共有财产的范围。

第六,财产申报制度:诉讼离婚中,法院可以责令双方如实申报财产,以便于在案件中一并处理。

前述《妇女权益保障法》第 67 条第 2 款规定:“离婚诉讼期间,夫妻双方均有向人民法院申报全部夫妻共同财产的义务。一方隐藏、转移、变卖、损毁、挥霍夫妻共同财产，或者伪造夫妻共同债务企图侵占另一方财产的，在离婚分割夫妻共同财产时，对该方可以少分或者不分财产。”所以，在诉讼离婚的情况下，如果法院没有主动要求双方申报财产，处于财产劣势地位的原告或者被告可以向法院提出申报财产的申请，对于双方申报且确认的共同财产，人民法院可以在离婚诉讼中一并处理。但在协议离婚中，由于没有人民法院的组织和安排，如实申报财产难以实现。

律师感悟

每对夫妻的具体情况不一样，所以在协议离婚和诉讼离婚的选择上不能一概而论。总而言之，如果双方的共同财产透明，在分割上又没有较大分歧，建议尽快协议处理；但如果存在案例中胡小姐的情况，则需要审慎对待，因为在她接受协议的情况下，无形中她将放弃李先生名下可能存在的其他财产的分割权，而她若选择诉讼离婚，亦存在诉讼后查无其他财产的风险；如果双方确实无法协商一致，而又无法再继续生活的情况下，只能采取诉讼的方式离婚。

2. 怎样把握谈判离婚的最佳时机？

案情简介

黄先生和余小姐是大学同学，二人相识、相知、相爱三年后步入了婚姻的殿堂，刚结婚那几年夫妻二人感情非常好，直到八年后随着孩子的长大，二人在孩子教育方面发生了很大的分歧，慢慢地演变为生活中的矛盾不断。在日复一日的争吵后，黄先生向余小姐提出了离婚。但是余小姐不愿意离婚，她认为每个家庭都会有争吵，她是非常爱这个家、爱黄先生的，她愿意为了家庭的和谐而改变。但黄先生离婚的想法十分坚定，在一次次地挽回后，余小姐也意识到这段婚姻已无继续的可能。那么此种情况下，余小姐在何种时机和黄先生谈判才能最大限度保障自己的权益呢？

律师解析

这个案情最后其实本质上是在问“如何抓住离婚的最佳谈判时机来争取己方利益最大化”?在这个问题中显然最重要的是“时机”二字。

最近办理过几起婚姻家事案件,有些抓住谈判的最佳时机,拿到共同财产中的70%甚至更多的财产,还有几起案件,因错失谈判的时机,判决结果非常不理想。

婚姻案件,都会掺杂情感、怨恨或愧疚,也会有部分爱。谈判的最佳时机是,趁着另一方对你还有愧疚和些许的爱时,果断同意离婚。在孩子抚养和财产分割时,对方可能会做出相当程度的让步。只要条件适当,大多都能实现。

第一个案例,功成名就事业有成的中年男人要求与老婆离婚,老婆坚决不同意。男方委托律师找女方谈判,先是被女方骂了回来,女方与我们诉说着,以前多么的不容易,承包工程时,做最脏、最累的活,男方在做大做强过程中,她付出了多少。现在公司做大了,有了一些资产,人脉资源也建立了,一双儿女培养得也不错,都大学毕业了。他竟然提离婚,不行,我不能给他腾地方,拖也要拖死他!

无奈之下,我们代理男方提起诉讼,只提离婚,未要求分割共同财产。估计女方也是委托了律师,听了劝。在起诉后,女方态度软了下来,开始提出各种财产要求,房产车辆中,只留给男方一套200多平方米的办公室,一辆车。其他的所有房产、车辆全部给女方,还要现金补偿给女方200万元,每月支付10万元,直到支付完毕为止。女方放弃公司股权及相应的分红,相对应的债务由男方个人承担。

法院出具调解书,将双方的谈判结果进行了固定。双方皆大欢喜,男方从此获得自由身,女方也可以很好地过好下半生,衣食无忧、安享晚年。

这个案件,我们是男方的代理人,非常清楚男方的心理、心态历程。双方一起创业确实不易,创业初期的苦和累他都记在心里,他也不是不感激女方初期的付出和勤奋,但是后来双方可能渐行渐远,男方开始觉得女方对他不体贴、不关心、不理解。谈判离婚时,男方尚且念及女方的各种好,出于对女方的愧疚和感激(支持他的事业,并将两个子女培养至大学毕业),愿意将有形资产中的大部分给女方,自己拿到持续赚钱的公司,另一边女方也见好就收,最后的结果双方皆大欢喜。

另一个案例，我们是女方的代理律师。女方发现男方出轨后，第一时间过来咨询我们，向女方分析了她当时的现状及需求后，我们建议提供法律服务的方式是幕后指导，即指导女方如何搜集证据、如何与男方谈判，在恰当时机谈条件、谈哪些条件，在合适的时间拟写离婚协议……

后来的谈判虽一波三折，但最终女方成功拿到两套全款的房产、女儿的抚养权及高额的抚养费。至于公司，因女方不擅经营管理，虽赚钱多但风险也大，便果断放弃给男方，并约定清楚公司的债务与女方无关，剥离掉可能承担债务的风险。

也有一些案件，随着事态发展，错失了谈判调解的最佳时机，一方对另一方的情感只剩下怨恨和愤怒，没有了悔意和愧疚，只剩下尔虞我诈和算计。在一起案件中，女方被男方起诉至法院后，找到我们进行咨询，整个案件事实对女方非常不利，我们极力劝女方调解，诉前调解阶段谈判时，男方同意将婚后购买的车辆给女方，同时补偿女方 20 万元，双方解除婚姻关系，互不纠缠，各自名下的账目和债务由自己偿还。当时女方不同意，“凭什么啊，你创业时我极力支持你，刷信用卡，找亲戚朋友借钱的金额都有 30 万元，你才给我 20 万元补偿?”我们极力建议她就此同意调解方案，涉及第三人的债务在离婚纠纷中极可能不处理，信用卡账单循环往复不易查明、信用卡欠款极难证明属于共同债务，信用卡的持有人才是第一还款人。我们极力建议，但又不好过于卖力，毕竟是调解阶段，所谓调解是互谅互让，解决矛盾化解纠纷，谁吃亏谁占便宜，不好说。所以我们只能建议，最终是否同意，决定权在于她自己。

后来，事态发展有些不受控制，又发生一系列的暴力事件，儿媳与婆婆矛盾升级，双方发生肢体冲突时婆婆受伤住院，去派出所调解。再后来就是男方坚决不同意离婚调解，死磕法律规定。双方婚后购买的车辆，虽登记在女方名下，但没有证据证明属于女方的个人财产，被认定属于夫妻共同财产。共同创业时登记的公司因登记在婆婆名下，和女方无关。女方刷信用卡支持男方创业的欠款，因难以举证，属于女方的个人债务。涉及其他第三人的欠款，在离婚案件之外另诉。

还有一起案件，男方找到我们，表达了自己一定要和妻子离婚的决心，在财产方面可考虑给女方多分，或者额外以孩子的名义买一套房产交由女方居住使用,孩子由女方抚养,每月抚养费10,000元。我们带着这些条件,找女方协商离婚。最初女方不愿意离婚,想挽回。后来意识到婚姻不可挽回了,开始在男方给出的条件基础上大量加码,提出很多超过法律规定的蛮横要求。一会儿嫌男方购买房产的地段不好,要求额外支付更多的现金;一会儿又要求除支付孩子的固定抚养费每月10,000元之外,还要求培训班的各种费用由男方支付。

久谈不决,男方离婚意愿又如此坚决。委托我们律师起诉离婚,起诉和谈判就完全不一样了。共同财产只有一套婚前付首付婚后还贷的房产,最终法院判决,只补偿婚后还贷部分(不到20万元),女方名下的所有存款拿出来分割,孩子的抚养费每月只有1500元。

谈判和判决,确实会有完全不一样的结果。谈判,只需要他愿意。只要他愿意给,给多给少属于意思自治私法范畴,公权力不会干涉,甚至双方协商一致所签订的离婚协议,都不存在显失公平一说。

如果谈判协商不成,由法院出具判决书,完全是不同的一套处理系统。法院会依据诉讼的范围进行审理,裁决结果需要充分的说理。任何一份裁判文书所出具的结果,需要事实、法律逻辑清晰的论证,需要更强有力的证据支撑及法律依据,二者缺一不可。比如,你认为有充分的证据证明他出轨,视频、照片、录音都有,法院为什么不认可他出轨?民法考究的证据,需要达到排除一般合理的怀疑,证明出轨非常困难。再加上出轨本就隐蔽,证明起来难度极大。

想证明共同财产的范围也很难。加上本身有些财产很难分割,比如公司股权,大家看到的可能是大快人心的案件如土豆网创始人王某的夫妻股权纠纷,或者是为了防止另一半分得股权而提前做出的预防,但是更多的是一些私营企业股权无法分割,还有一些更加隐蔽由其他人代持的,更是无法分割。

律师感悟

所以,决定离婚之前,一定要咨询专业靠谱的律师。最好是付费咨询。有些律师打着免费咨询的幌子,免费咨询之后,坚决主张打官司,收取高昂的律师费。毕竟,打官司后的律师费更高。律师应对财产状况,孩子的抚养权、抚养费支付,婚姻状况有个客观的分析和初步的预判后,综合给当事人建议:到底是通过诉讼打官司更有利,还是和平谈判能够争取到更多,实现利益的最大化。时机到底什么时候合适，不仅需要律师客观中肯的分析建议，更需要当事人本人清醒的头脑、冷静的判断。既然离婚已不可避免，那么适时地获取利益最大化（尤其是财产的利益最大化），才是重中之重。

律师，除打官司提供诉讼代理服务之外，也应提供非诉讼的指导离婚谈判的服务。离婚谈判对律师的要求更高，刚执业的律师，懂法律规定，大概了解法院的程序都会打离婚官司。但是谈判离婚，不仅需要法律知识扎实，需要谈判的能力和生活经验，还需要对人性的把握，适时指导当事人，给予当事人心理支撑和法律支持。

但是，不是所有的当事人，都有一颗清醒的头脑。大多数人不甘心或狠不下心。“好不容易培养这么好的老公，我凭什么拱手相让？我现在孩子还小，我要给孩子一个完整的家。我现在经济能力不行，离了他，我难以自食其力，我的经济来源全部仰仗着他。我现在已经 50 多岁，离了我还能干什么啊，就是耗，也要耗死他。”这些都是一些我们常见的说法。还有一些，想要等他回心转意，可能等着等着，等他回头的时间，甚至在诉讼期间，他已经将易于转移的财产都转移得干干净净了。对于经营公司的人来讲，今天账上还有几百万元，几个月内分批次全部转移了，而且说辞还特别合理，因为经营权不在你手上，人家一句“公司有独立的经营自主权，公司因经营需要，需要将款项付给这个那个”。

所以，一定要把握住谈判离婚的最佳时机，做最正确的决定。不要等到最后撕破脸皮、爱意全无、没有任何愧疚只剩下算计的时候落得一个鸡飞蛋打的结果。尽量趁他还爱着你，早些脱身。

人不能太贪心，钱和感情两样都要，可能血本无归。

3. 怎样起草一份完善的离婚协议？

案情简介

乔女士结婚 8 年，婚后生育一女，现年 6 周岁，其与丈夫林先生共同购买两套房屋，均有按揭贷款未还清，主贷款人都是乔女士。乔女士与林先生协商离婚，双方一致同意一套房屋归乔女士，另一套房屋归林先生，各自房屋的贷款由各自偿还；女儿随同乔女士生活，由林先生每月支付2000元抚养费，双方还约定各自分得的房屋未来都由女儿继承。在女儿的抚养权上，林先生还提出：如果乔女士再婚，则女儿的抚养权须变更给林先生。乔女士找到律师咨询：她与丈夫协商一致的内容应该如何体现在离婚协议中？具体的条款应当如何拟定？

律师解析

在协议离婚的过程中，离婚协议是双方解除婚姻关系、处理财产分割、解决子女抚养问题的唯一书面依据，怎么重视都不为过。怎样起草一份完善的协议就显得尤其重要。

一、起草离婚协议的原则

首先，条款完备。

《民法典》第1076条第2款规定："离婚协议应当载明双方自愿离婚的意思表示和对子女抚养、财产以及债务处理等事项协商一致的意见"。因此，一份离婚协议，应该包含的条款一定要完备，不能出现遗漏的情况。

1. 是否自愿离婚。一般会将该条款列于离婚协议的第一条，表述为"男女双方自愿离婚"。有些民政局提供的范本上，还要求加上"女方未怀孕"。

2. 孩子抚养权问题。包括抚养权的归属、抚养费的支付、探望权如何行使。另外，很多当事人，如案例中的林先生，虽然在离婚时综合考虑种种因素，同意将抚养权让渡给对方，但仍希望在对方出现某些情况时，自己有权要求变更抚养权。但实际上抚养权是否能够变更，法律中有明确的规定，很多时候即使约定在离婚协议中也不一定会有法律效力。比如林先生希望乔女士为女儿着想，离婚后不要再婚，否则抚养权要变更至林先生名下，但实际上，这样的约定并不具备法律效力，原因是任何人都享有婚姻自由，林先生无权对乔女士做出限制。

3. 财产如何处理，要写的清楚而具体，写清楚房产的坐落、产权证号及离婚后的归属，另外，离婚后因为关系的变更导致财产更名需要对方配合的，一定要写清楚对方拒绝配合时的法律后果。

4. 债务如何承担。案例中的乔女士和林先生购买的两套房屋均有贷款未还清，且主债务人都是乔女士，那么针对林先生离婚后归还贷款的事项，也需要在协议中予以明确。如果未明确，那么在发生林先生未及时归还贷款导致乔女士的财产遭受波及或信用受到影响时，乔女士要求到损害赔偿的概率较小。所以可以将未来对方不按时归还贷款的后果作出明确约定，以便后续有条款可依。另外，针对双方各自名下的债务，由于二人在离婚时有可能存在相互隐瞒的情况，所以建议提前写清楚未来万一因为婚姻关系导致一方需对另一方名下债务承担责任时的解决方式。

其次，离婚协议条款相对公平些，不建议太霸道。

在协议离婚时，如果那个他愿意净身出户，还愿意承担所有债务，最好在离婚协议中说明原因。比如是婚姻过错导致，或者存在对婚姻的愧疚，或者感念于女方在家庭中的付出而额外补偿，或一方提出离婚对另一方的经济补偿，尽量在协议中说明白。

最后，措辞准确。

这考验的不仅是法律素养，更是文字素养。不要出现模糊不清，指向不清的文字表述，否则出现两种以上解释的，谁说谁有理。如笔者曾办理一起离婚后财产纠纷，男女双方在离婚后针对原夫妻共有的股权进行了变卖，变卖后所得价款二人进行了分割，但未签署书面文件。分割完毕后，二人约定最后剩余 50 万元作为子女的培养费用，不再分割。针对这 50 万元，二人签署了离婚补充协议，协议中仅写明“双方同意某某项目最后结算的 50 万元作为儿子的培养费”，未对已分割情况进行记载。后女方提起离婚后财产纠纷，双方对协议中写明的“最后结算的 50 万元”的理解产生歧义。女方认为仅指的是该项目收取到的最后的 50 万元，并不包括之前的款项是否已经分割的意思表示；而男方则认为正是因为已经分割完毕，所以才对最后的 50 万元作出约定。类似未约定明确或者有歧义的情形还有很多，我们在起草协议时一定要杜绝后患，尽量一次性说明白。

以上说的是大方向，如果情况简单，也可以自己写，但如果存在以下情形，建议聘请专业的律师代为起草：

1. 名下财产种类繁多，涉及公司股权、期权、商业保险、多处不动产等；

2. 名下财产种类少，但权属不明的，如婚前房产有婚后共同还债，再如登记在父母名下的房产、尚未拿到产权证的房产等；

3. 有债务的，双方名下有信用卡债务或存在其他共同债务，或者怀疑另一方有债务的；

4. 有未成年子女需要抚养，且双方有较大争议的，需要明确抚养费支付、探望的具体方式及时间；

5. 怀疑对方出轨但缺乏实质证据的；

6. 怀疑对方转移夫妻共同财产但没有证据的；

7. 怀疑对方有存款，但没有证据的；

8. 涉及财产转移给第三人的情况，如房产赠与的。

二、起草离婚协议时常见的误区及建议

误区一：抚养费支付期限。

我国现行法律规定，抚养费一般支付到孩子年满 18 周岁。但是，根据现在孩子读书的现状，大多数孩子成年后还在接受高中教育或大学教育，孩子读完大学一般都已年满 22 岁，有的还要攻读硕士、博士，有的甚至需要出国念书。因此围绕抚养的问题，产生的纠纷非常多。如果在离婚协议中没有约定，孩子年满 18 周岁成年之后，未直接抚养孩子一方不再支付抚养费，即使孩子起诉到法院，法院一般也不予支持。虽然法律如此规定，但夫妻在离婚时作出突破法律的约定，因属于意思自治的范畴，法律不会加以限制，甚至在后续因该约定出现矛盾时，可以诉至法院，法院会肯定该协议，判决继续履行该协议。所以，离婚协议中可以约定抚养费支付到 22 岁或直接约定完成大学教育为止，或者约定除了基本的抚养费支付到 18 周岁以外，还可以约定大额的医疗费、教育费支出，由双方各承担 50%，教育费可以包括大学甚至更长期间。支付一方如果担心抚养费被另一方使用的，可以约定“专款专用”，甚至为孩子开立专门账户，设置教育基金或者购买教育年金险。

另外，一方放弃了大部分财产，也不付孩子的抚养费的。一定要写清楚放弃的这一部分财产作为孩子的抚养费，以防止直接抚养一方以孩子的名义起诉要求支付抚养费。

误区二：分割房产，只需写明归谁所有，不用约定过户事宜。

如果房产登记在双方名下，离婚协议约定归一方所有，而当取得房产的一方

拿着离婚协议跟离婚证去房产交易中心办理过户时，往往会被拒绝，因为房产交易中心一般会要求双方同时在现场才可以办理过户。

同时，离婚后，放弃房产所有权的一方拒绝搬出的情况也屡见不鲜；不管是哪一种情况，会给取得所有权一方造成很大的麻烦。

针对不配合办理过户的，一定要约定不配合的违约责任；如果有条件，可以公证一套办理房产过户的委托手续，离婚后，凭借公证书及离婚证、离婚协议书可以自行办理过户；不过不同的房产交易中心可能政策不一样，建议离婚前先咨询清楚。针对拒绝搬离房屋的，可以在离婚协议中约定具体时间以及逾期搬离的违约责任，比如违约金或者逾期搬离的，视为放弃所有物品的所有权，取得房屋所有权的一方有权自行处置。

误区三：分割共同房产后，无须约定户口迁出问题。

根据目前的户口管理规定以及法院的审判实践，法院一般不会受理以户口迁出为诉讼请求的案件，法院认为这个属于行政事务，不属于法院管辖的范围，但当取得房屋所有权的一方到户口所在地派出所咨询时，得到的答复也往往是不能强制迁出，会造成取得房屋所有权的一方在卖房等方面很多麻烦。

因此，作为取得房屋所有权的一方，一定要在离婚协议上约定户口迁出的时间限制，并约定清楚逾期迁出的违约责任，比如支付高额的违约金等，给需要迁出户口的一方一定的压力。

误区四：各自名下的财产归各自所有，即表明财产已经处理完毕。

很多离婚协议都会约定"各自名下的财产归各自所有"，初看这个条款并没有什么问题，但是我们要提醒你，这个条款要不要写具体要看你是哪一方：如果你是经济强势的一方，配偶对你的很多资产不清楚，这个条款具有一定保障性，但是也有法院认定转移、隐瞒的财产未在离婚协议中明确约定，属于遗漏的未处理的财产，还是可以分割。如果你是弱势方，因为离婚协议已经签字，对双方都具有约束力，如果离婚后发现配偶方转移、隐匿财产的，但因为离婚协议写了这一条可能丧失主张再次分割的胜诉权。因此，在起草离婚协议时，需根据自身经济地位的不一样，做出不同的处理：如果你是强势方，可以要求写明"各自名下的财产归各自所有"；如果你是弱势方，建议在离婚协议中明确列明需要分割的财产，同时增加一句"上述财产是双方所有夫妻共同财产。若离婚后一方发现另一方存在转移、隐瞒其他财产等行为的导致未在本协议中列明的，转移、隐瞒的财产的所有权归非转移、隐瞒方所有；若非转移、隐瞒方无法取得所有权的，则转移、隐瞒方按照财产的市场价值支付补偿款。”

误区五：关于债务仅写“双方无共同债务”，或者不约定债务分割。

婚姻关系存续期间，双方除了财产以外，也会存在一定的债务，一方可能不清楚另一方私下的债务情况，尤其是另一方为经营公司而产生的债务情况。但是在离婚时，夫妻双方仅分割了财产，忘记分割债务了，也就是说，未约定债务分割或者被一方有心计地加上了“双方无共同债务”，导致一方可能在离婚后背负巨额债务还不能找另一方追偿。

在债务上，建议明确约定“婚姻存续期间，除上述第××条的约定外，双方无其他夫妻共同债务；若有，各自名下的债务各自承担，均与另一方无关。若有一方在签订本协议时隐瞒或者欺骗对方，则视为该方违约，该方应承担隐瞒金额总额的30%（此处可视自己情况而定）的违约金；如一方对外负债导致另一方承担连带清偿责任的，违约方应在收到守约方通知之日起3日内一次性赔偿守约方的全部损失（包括但不限于守约方承担的债务金额，守约方应诉的律师费、差旅费等）。”

误区六：离婚协议中不约定违约责任。

虽然夫妻双方通过民政局协议离婚，可以一定化解双方的矛盾，但是人性很复杂，很多也在离婚之后反悔，拒绝履行离婚协议内容。如果未约定违约责任，一则丧失对义务履行方的制约，二则后面产生纠纷，还需要起诉到法院、自己耗费一定的经济成本。

建议：明确约定一方不履行义务的违约责任，尤其建议约定违约方要承担守约方因此支付的成本（如诉讼费、律师费、差旅费、鉴定费、翻译费、评估费等）。

但是，关于抚养费支付的违约条款，是否会被法院支持是存疑的。笔者的建议仍是约定清楚，根据民法的基本原则，约定比没有约定要更好。一来增加可信度，二来增加违约的心理成本。

误区七：随意套用模板。

法律服务不是标准化的，这就是为什么AI始终取代不了法律工作者的原因，离婚纠纷大方向上确实只包括几个问题，但更多体现的是个性化，从来没有两个一模一样的案件，更没有完全一样的协议。每个人的情况都比较特别，模板都是比较基础的版本，很少考虑具体情况。

写离婚协议是个实践活,空有一套理论解决不了问题,要有可操作性。比如,对于有贷款的房产,有些人商量着把房子卖了还债分钱。本来双方协商好了,那我为什么不建议这样来处理呢?因为不确定性太大,能不能卖得掉、卖多少钱的不确定性太大了。如果在卖房过程中,另一方恶意阻碍,卖房这个问题就迟迟解决不了。还不如约定一个房屋的总价,由某一方获得所有权,给另一方补偿,将不确定的条件,转化为时间限制,执行起来更具有可操作性。

代理律师可代理原告也可代理被告,一份协议也可能因所站的立场不同,倾向保护某一方利益,如果你是女方,你下载的那份离婚协议正好是代表男方所拟,试想结果会怎样?不只是离婚协议,换成其他协议也是一样的。

任何情况下,都不建议套用模板,即使双方刚结婚就离婚,即使确实没有共同财产。聘请专业的律师把控,出具有针对性的离婚协议,才能保护好自己的权益。

律师感悟

以上几个坑,都是比较常见的坑,作为专业的离婚律师,我们见过其他太多坑了,无法在此一一写明。民政局备案登记的离婚协议就是一份具有法律效力的文书,除法律规定的情形外,对双方具有约束力。重视离婚协议的内容,避免在婚姻生活中伤痕累累、离婚后还要因为离婚协议纠纷而烦恼不断。

离婚,真不是在离婚协议上签字结束那么简单。

4. 诉讼离婚,是选择当原告,还是等着当被告?

案情简介

曾先生和妻子李小姐结婚 6 年,生育一女,现年 4 周岁,现因债务问题影响到夫妻感情,二人决定离婚。二人共同购买房屋两套,均有按揭贷款未还清,尚欠银行贷款及信用卡债务若干。前几天,李小姐找人起草了一份离婚协议发送给曾先生,曾先生看后未同意李小姐关于财产分配及债务承担的方案,于是告知李小姐只能经法院处理。现曾先生咨询:在二人已达成离婚共识的情况下,我是主动起诉对方,还是等着对方起诉我?当原告和当被告究竟有什么区别?

律师解析

关于在离婚诉讼中到底应该主动起诉还是被动应诉,是很多面临离婚又可能协议不了的当事人非常关心的问题。但如果你是单方面想离婚,对方并不同意,你无须考虑当原告还是当被告,因为只有你起诉,方能进入诉讼程序。而如果两人都有离婚的意愿,仅因财产等问题无法协议,则需由一方作为原告起诉。笔者曾办理过一起离婚纠纷,我方作为女方的代理人在接受女方的委托后第一时间提起了离婚诉讼,在我方向法院递交材料的第三天,男方委托的律师亦向法院提起离婚诉讼,因我方提起诉讼在前,故男方的起诉最终只能撤诉。在笔者办理的另一起离婚纠纷中,我方代理男方提起诉讼时,女方不同意离婚,而在法院出具不准许离婚的判决后一个月,女方又转头作为原告提起诉讼。从这两个案件可以看出,很多当事人甚至律师大概都认为当原告有好处,似乎可以掌握离婚诉讼的主动权,那到底是否真是如此呢?其实,从法律实践角度来看,当原告与被告各有优劣,任何情况下,不能一概而论,当事人唯有根据自身的情况作出理性判断才是正确的选择。

一、离婚诉讼中当原告的好处

第一个好处,先发制人。想想看,你在起诉前,不动声色地收集好、准备好了所有的证据材料,包括:共同财产的证据,对方有过错的证据,你有利于抚养孩子的证据等,该搜集的资料都已经搜集完毕,是不是会打他一个措手不及?要知道,有些人为了争取孩子的抚养权,可是提前好几年谋划的,还有些人为了摸清财产线索,默默忍耐好几年。所以,提前咨询专业的家事律师,主动起诉掌握主动权是非常重要的。

第二个好处,选择管辖法院。《民事诉讼法》第 22 条规定:“对公民提起的民事诉讼,由被告住所地人民法院管辖;被告住所地与经常居住地不一致的,由经常居住地人民法院管辖。”起诉确定管辖法院的原则是原告就被告，作为原告，可以选择向被告的经常居住地法院起诉，也可以选择向被告户籍所在地的法院起诉。原告可以根据自身的特点及法院距离远近等作出选择。

第三个好处，申请财产保全。如果对方存在转移、大额毁损夫妻共同财产的，可以在起诉的同时申请财产保全。如此一来，可以保全查封他的银行账户、冻结其名下的资产。

第四个好处，确定诉讼请求的范围。诉讼请求指的是当事人向人民法院提出的，要求予以处理的请求。如在离婚案件中，当事人可以向法院提出以下诉讼请求：第一，判决解除婚姻关系；第二，判决处理子女抚养权、抚养费及探视权；第三，判决分割夫妻共同财产；第四，判决处理夫妻共同债务。而诉讼请求一般是由原告确定在诉状中，或在诉讼过程中做出变更，根据民事诉讼不告不理的原则，法院在审理案件过程中一般围绕原告的诉讼请求进行。当然，被告在诉讼中亦可以提出处理主张，但从实践经验来看，因为目前大部分省份及地区并不允许离婚案件中的被告提出反诉，虽然被告可以在答辩主张中提出具体处理的要求，但始终不如原告的诉请明确。所以作为原告，在某些情况下，可以享有确定处理范围的主动权。

第五个好处，事实与理由可视情况来写。毕竟法官都先入为主，虽然一般来说，我们都建议起诉状尽量简洁，但是如果被告在婚姻中，确实存在严重过错，可以详细列明他的各项过错，可以视情况暴露婚姻生活的细节，以此争取法官的同情。当然如果双方有调解基础，没有达到不可沟通、矛盾不可调和的程度，事实和理由可尽量简洁，且需要用柔和的言语描述，不要刺激对方。

第六个好处，在诉讼策略上具有主动权。起诉之后，如果对方坚决不同意离婚，作为原告为了节约诉讼的时间，可以主动撤诉，等半年之后再次起诉。因为如果对方不同意离婚，第一次起诉到法院，没有《民法典》规定的情形，法院不会判决离婚，而如果是第二次起诉，法院的审判实践中，判离的概率就非常大。第二次起诉时，可以将婚姻当中需要处理的孩子抚养权、财产分割问题列明后要求一并处理。

第七个好处，可以对财产提前做出安排。对财产做出安排，并不是要转移夫妻共同财产，而是对掌握在自己手中的财产可以有相对的自主权。

第八个好处，可以选择律师。虽说律师千千万，但专业靠谱的律师是稀缺资源。根据律师行业的利益冲突原则,你选择这个律所的律师,在同一个案件中,相对方就不可以再选择这个律所的其他律师。所以,作为先发起诉讼的一方,选择一个专业靠谱的律师,原告具有绝对的先发权。

二、离婚诉讼中当原告的坏处

第一个,主动提起离婚诉讼,心理上会非常痛苦。毕竟要打破一段稳定的关系,需要强大的心理能量。心理能量弱的,不敢、不愿意、不擅长主动打破一段关系,不愿意走出舒适区,即使这个舒适区已经糟糕透顶,尤其是对方没有严重过错的,提离婚总会觉得理亏。总之,打破一段关系,需要强大的心理能量,需要背负很多的心理包袱。一般来说,我们接待当事人时,也会判断他有无这样的心理能量能够承受这份分离的痛苦。如果他本人没有这个心理能量,我们还会考察他的社会支持,他的父母、兄弟姐妹、朋友是否支持,得不到任何人支持的决定会加重当事人做出决定的痛苦程度。

第二个,主动起诉需要预先缴纳诉讼费。虽然诉讼费最终会由原、被告共同承担(一般是平均分担),但是根据诉讼费的缴纳办法,作为原告要在起诉时先行预缴,而如果财产比较多,缴纳的诉讼费也是一笔不小的数字。按照现行收费办法,如果要分割的财产价值约 200 万元,离婚诉讼需缴纳的诉讼费为 9050 元至 9300 元。

第三个,原告的举证责任更重。毕竟作为原告是立论一方,需要针对诉讼请求、事实与理由进行举证,还需要对感情是否破裂、财产有哪些进行充分举证。总体来说,原告的举证责任更重一些,所有的观点均需要举证来证明。

三、离婚诉讼中当被告的好处

第一个好处:道德上占优势。虽然被起诉离婚,有时会有点措手不及,但道德上却占有优势,毕竟在如今还是有很多寻常老百姓会认为离婚就代表着抛弃和绝情。毕竟主动提出离婚的是对方,而且还是通过起诉的方式提出的,作为被告可以借由被离婚这个点,受尽同情。当然被同情的前提是离婚原因不那么狗血,不存在家暴、出轨或其他严重情形,否则很容易成为别人茶余饭后的谈资,不足为外人道。

第二个好处:从不同意离婚的角度,反客为主。作为离婚诉讼中的被告,可以视情况决定是否同意离婚,如果确实存在感情和好的可能性,可以不同意离婚,为自己在感情方面和好的可能性争取时间。而更多的时候,被告是否同意离婚,还可以成为诉讼策略上的撒手锏,因为如果原告第一次起诉离婚,在没有充分有效证据证明存在感情破裂且被告不同意离婚的情况下,法院不会判决离婚。因此,不同意离婚可以为自己争取更多的时间,利用长时间和孩子在一起的既定事实,为争取孩子的抚养权做好准备,在两次诉讼期间,可以自由合理合法处理自己掌控的财产。笔者曾办理一起离婚纠纷,男方因为怀疑女方出轨,导致二人感情破裂,甚至大打出手,可以说在信任危机之下,女方已经对婚姻失望透顶,恨不得分分钟从深渊中离开,于是女方委托律师提起离婚诉讼。男方一开始也做了一些挽回的工作,但在挽回无果后,他也知道因为自己对妻子的不信任,已经将曾经恩爱的妻子一步步逼到了离婚的境地,再也不可能回到过去,于是他也同意离婚。但是,在男方委托律师后,他在法庭上却长篇大论夫妻是如何恩爱,自己是如何认错,决定如何改错,最终法官考虑到女方是第一次起诉,二人结婚时间又长,同时还生育了两名子女,于是未判决离婚。男方在诉讼时不同意离婚,并不是他有信心可以挽回感情,而是完全出于以拖延离婚的方式反客为主。因为就心理上而言,一方越想尽快离婚,而另一方又无限制地拖延的情况下,一方就极有可能会在财产和子女抚养上做出让步。这个案件就是典型的案例,后来女方因为一审未判离而上诉到二审法院,女方在被告知案件极有可能驳回上诉,维持原判后,主动联系法官和男方,最终以放弃部分财产为代价与男方进行了调解离婚。

第三个好处,及时了解到对方的诉求。如前所述,原告在起诉时,会列出明确的诉讼请求与事实理由,被告在了解到之后,可以选择不同的策略,同时有针对性地准备证据。同意离婚的,重点可以放在争取孩子抚养权和争夺财产方面,对于双方争议比较大的,一定要举出充分证据证明己方观点。

第四个好处,了解原告提起离婚的事实与理由。原告在起诉状中会阐述事实与理由,说明为什么会产生离婚的想法,导火索是什么,可能还会列明原告所掌握的部分证据,作为被告就可以做到心中有数,有充足的时间去准备证据,有足够的精力思考如何去反驳和推翻原告的理由。

第五个好处,无须预缴诉讼费。如前所述,预缴诉讼费是原告的义务,在原告所列诉讼请求已经涵盖大部分或者全部争议财产或债务的情况下,被告可以省去一大笔钱直接进入诉讼,属于被告应承担的费用可以待案件结案时或结案后再支出。但如果在诉讼中,被告同意离婚,同时要求处理原告在诉状中未提及的财产,则需要缴纳财产价值对应的诉讼费。另外,在离婚纠纷中,还可能会因为夫妻双方对于房产等财产的价值无法达成一致意见而产生资产评估费,这个费用并不当然由原告预缴,而是由提出评估申请的一方缴纳,所以,如果在诉讼中被告提出评估,则需预缴评估费用。

第六个好处,调解时更具有主动权。法律规定,离婚案件都需要调解,如果对方离婚意愿特别强烈,被告可以利用原告着急离婚的心理,适时提出对自己有利的离婚调解方案。而且调解案件时表达的观点可以与诉讼中不一致,调解时同意离婚并不影响开庭时不同意离婚。我们处理的一些案件中,原告离婚的意愿非常强烈,被告提出的方案只要相对合理,最终双方就能达成一致意见。

四、离婚诉讼中当被告的坏处

第一个坏处,调查取证时间可能不足。从诉讼程序上来看,原告向法院提起诉讼,法院会经过一段时间分配到法官,法官团队又会经过一段时间才会通知被告领取诉讼文书,而被告自领取到应诉通知书之日起只有 15 天的答辩期,15 至 30 天的举证期。如果原告名下财产较多或者原告存在出轨、家暴等行为,那么被告要想在诉讼中取得优势,必然需要进行调查取证,包括原告名下财产情况、银行流水情况、债务情况、报警记录、开房记录等,如此多的调查取证,如果只有 15 天的举证期是远远不够的。而原告则不同,他作为主动起诉的一方,可以随时跟进法院处理的动态,一分配到法官,就可以申请调查取证或律师调查令,其调查取证期限更长。

第二个坏处,有被离婚的可能性。笔者曾办理过几起夫妻分居多年,一方甚至无法联系上另一方的离婚案件,这样的案件往往在法院穷尽联系被告的措施后,会采取在报纸上或网络上公告送达的方式给被告送达相关的诉讼文书,最终在被告未出现的情况下缺席审理进而判决离婚。可以说,这类案件的被告,可能多年以后才会知晓自己原来早就离婚了,而原来的配偶甚至已经再婚又生育子女了。另外,还有一些案件更让人瞠目结舌。原本原告可以联系上被告,也知道被告住在哪里,但原告故意提供给法院假的电话号码或者住址,最终导致法院无法联系到被告,而在听信原告一面之词的情况下缺席审理。所以,当被告有被离婚的风险。

律师感悟

以上则是笔者根据实务,对于当原告还是当被告做出的分析,具体如何选择,与当事人的具体情况有关,与当事人的诉讼目的有关,与当事人和律师制定的诉讼策略有关,不可一概而论。

是主动起诉还是被动应诉,两种选择带来的最终结果可能是完全不同的,所以在做选择时必须慎之又慎,综合考虑自己的情况。虽然在离婚诉讼中这好像是很不起眼的一点,但也至关重要,毕竟一个好的开头往往能带来好的结果。

还有一点需要提醒:是选择必有代价,鱼和熊掌不可兼得,极少有既……又……还……的情况。为了最重要的目标,可能要舍弃一些东西,总之权衡做选择是技术也是艺术,做选择就要承担代价,需要当事人和律师一起面对,尤其是当事人本人,因为所有的决定的直接导向者都是当事人本人,需要承受做选择后的好处(当然可能还有痛苦)。

5. 哪些情况属于感情破裂,能够争取一次判决离婚?

案情简介

陈女士和蒋先生结婚 5 年,生育一子,现年 4 周岁,因为陈女士工作的原因,双方长期分居两地,儿子跟随蒋先生及其父母共同生活。二人在婚姻关系存续期间购置有三处房产,也尚余有几十万元的债务。陈女士所处行业效益较好,所以收入较高;而蒋先生作为国企单位职员,收入则一般,所以儿子的支出一般由蒋先生负责,而家中债务大部分则由陈女士负责归还。后双方因琐事发生争吵,矛盾无法调和,女方决定离婚,委托律师提起离婚诉讼。第一次起诉后，男方表示尚有感情，不同意离婚，并且表示愿意协助女方一同归还债务，还提出两人可以卖掉一套房屋，将债务清零。女方考虑到首次起诉判离的可能性较小，现男方又同意卖房还债，故在法庭的组织下，调解和好，女方撤回起诉。6 个月后，在男方承诺的卖房未实现的情况下，女方仍然要求离婚并提起诉讼。第二次诉讼，双方未再调解，在男方极力不同意离婚且不认可女方所述分居的事实，而女方举证不足的情况下，第二次起诉法院又没有判决离婚。陈女士在收到不准离婚的判决书后，十分不解，因为她曾听很多律师说过，第二次起诉一般法院会判决离婚，于是她又找到律师咨询：到底什么样的情况下，法院才会认定感情破裂呢？为什么她已经是第二次起诉了，却依然没有判决离婚呢？哪些证据可以证明夫妻感情破裂？

律师解析

什么样的情况，才会被认定为夫妻感情破裂

从 1980 年《婚姻法》开始，我国明确将“感情破裂”作为判决离婚的基本标准。因夫妻感情是婚姻关系的基础，离婚争议的产生，归根结底可以归结到感情的变化，如果感情确已破裂，婚姻已经“名存实亡”，则应当依法予以解除。因此，在法院审理离婚案件时，准予或不准予离婚，只能以夫妻的感情状况为客观依据，而具体的感情破裂标准，在法律中有所规定。

（一）现行《民法典》对于夫妻感情破裂的规定

现行《民法典》于 2021 年 1 月 1 日起正式实施，其中第 1079 条第 2 款规定：“人民法院审理离婚案件，应当进行调解；如果感情确已破裂，调解无效的，应当准予离婚”，而对于哪些情形属于感情破裂，在该条第 3 款、第 4 款、第 5 款中有列举，具体为：

1. 重婚或者与他人同居；
2. 实施家庭暴力或者虐待、遗弃家庭成员；
3. 有赌博、吸毒等恶习屡教不改；
4. 因感情不和分居满二年；

5. 一方被宣告失踪，另一方提起离婚诉讼的，应当准予离婚；

6. 经人民法院判决不准离婚后，双方又分居满一年，一方再次提起离婚诉讼的，应当准予离婚；

7. 其他导致夫妻感情破裂的情形。

以上情形中，除前六条是具体明确的列举外，第 7 条是个兜底条款，目前并无法律法规或司法解释明确哪些情况属于“其他情形”，未来寄希望于《民法典》相关配套的司法解释出台，能进一步对夫妻感情破裂的情形进行更多的列举。

而从目前的司法实践并结合以往婚姻法相关司法解释来看，“其他情形”大致包括以下四种情况：

1. 夫妻双方均表示同意离婚。

即使没有上述六种情形的发生，但是在法庭上双方都同意解除婚姻关系的，人民法院一般会判决准予离婚。再直白一些说，原告起诉到法院之后，只要被告同意离婚，感情是否已经破裂就不是审理的重点。为什么会如此呢？主要在于，对于大部分离婚案件当事人来说，感情破裂更多的是一种主观上的感受。举一个最简单的例子，女方不爱做家务，在很多家庭算不上缺点，但在有些家庭却是足以影响到夫妻感情的大问题。所以，即使没有上述严重到足以被法律认定夫妻感情破裂的六种情况，在双方均愿意离婚的情况下，也会被认定为感情破裂。

但需要注意的是，原告起诉离婚，被告同意离婚是绝大多数法院判决离婚的情形，也有些法院即使被告同意，即使是第二次起诉，仍然判决不准离婚。笔者团队代理过一起离婚案件，原告第一次起诉后法院判决不准离婚，半年之后，原告第二次起诉，在第二次离婚庭审中，被告明确表示同意离婚，但双方由于孩子抚养问题、财产分割问题分歧非常大。法院判决不准离婚理由，法院认为是“原、被告经自由恋爱，婚姻基础较好，婚后建立了一定感情，并生育两子女，双方虽然因生活琐事有一定矛盾，但原、被告之间的夫妻感情尚未完全破裂。原告要求与被告离婚，理由不充分，本院不予支持。”实际上，该案的原、被告双方，已经没有任何沟通，连庭审后谈到调解离婚的具体细节时，都要双方的律师一一进行传话，矛盾不可调和到庭审后因数次发生肢体冲突报警进派出所。

2. 夫妻一方因犯罪行为被判处较长期限刑罚的。

如前所述，婚姻是以感情为基础的，其中必不可少的是陪伴与帮扶。夫妻一方因犯罪行为被判处刑罚时，首先因其被剥夺人身自由无法履行夫妻间最基本的责任与义务,其次还可能会严重伤害亲近之人的情感,所以此种情况下,如果另一方要求离婚,可以通过诉讼离婚的方式起诉至人民法院。此时法院会有两种做法:第一种如果被判处的刑期较短或者是缓刑或者是即将服刑完毕的,法院一般会从有利于服刑一方的改造角度出发,给其一个机会,判决不准离婚;第二种如果刑期较长,比如距离服刑结束达到 3 年以上的,法院一般会判决准予离婚。所以,一方因犯罪行为被判处刑罚也属于其他可能被认定感情破裂的情形之一。

3. 一方离开住所地下落不明,另一方请求离婚的。

此种情况与前述第 5 种情形有些许相似,但又有所不同。第 5 种情形的前提条件是"宣告失踪",是指某个人因意外或其他原因离开自己的住所,下落不明达到两年,经亲人或其他有利害关系的人申请,由人民法院宣告其为失踪人的法律制度。所以第 5 种情形的适用条件为一方已经被人民法院宣告失踪,意味着他不仅下落不明满了两年,还已经经法定程序进行了宣告。

但此处笔者所述情形与"宣告失踪"并不一样,即虽然也下落不明,但不用达到"宣告失踪"的程度。从司法实践来看,只要有客观证据足以证明一方下落不明达到 1 年以上,另一方起诉离婚的情况下,人民法院亦会考虑到夫妻的特殊情况,认定感情破裂,进而判决准予离婚。

4. 一方出轨婚外异性。

按照《民法典》的列举,在一方不忠于婚姻的情况下,只有达到重婚或者与他人同居,才能被认定为感情破裂。而就法律角度而言,重婚、与他人同居、出轨婚外异性,是老百姓所认为的"出轨"的三种不同的程度。一般而言,"重婚"是指夫妻中一方与婚外异性长期稳定地以夫妻名义居住在一起,周边群众均认为他们是夫妻的一种状态,或者夫妻中一方不顾一夫一妻制度,利用婚姻登记未全国联网的漏洞又与婚外异性办理结婚登记的行为。"与他人同居"仅仅指的是夫妻中一方与婚外异性共同居住,而"出轨婚外异性"包含"重婚"和"与他人同居",亦包括仅与婚外异性保持不正当关系,比如恋爱关系、婚外性行为等。从司法实践来看,普通的、未达到同居或重婚程度的出轨,由于其特殊性,无法通过规范性语言来描述,故而未被纳入法定感情破裂的情形中,但其对于夫妻感情的冲击及影响不容小觑,因此也常常会被法院认定为夫妻感情破裂,进而判决准予离婚。

5. 第一次起诉后撤诉或判决不准离婚,6 个月后又再次起诉的。

从以上法律规定及分析可以看到,案例中的陈女士第一次起诉后撤诉,6 个月后再次提起离婚诉讼的情况并不属于法定感情破裂的情形,故人民法院对于其第二次诉讼未判离的处理方式并无不当。但是抛开法律的规定,从司法实践来看,大部分法院会根据当事人表明离婚的坚决程度,来决定是否判决离婚。对于初次起诉离婚的案件,出于维护家庭稳定的原则,在无证据证明确已感情破裂的情况下,一般判决不准离婚。但是,如果在领取判决书或撤诉裁定书 6 个月后再次提起离婚诉讼,就表明当事人要求离婚的态度坚决,如经人民法院调解,原告仍坚持要求离婚,通常表明夫妻感情已经破裂已经无法挽回,人民法院一般会认定夫妻感情已破裂,判决准予离婚。这是司法实践中很多法院的通常做法,是司法实践经验,但个案有所差异,对于感情破裂的认定亦不能一概而论。

(二)法定感情破裂情形的举证

作为起诉离婚的原告,在被告不同意离婚的情况下,需对感情破裂进行举证,如举证不能,则需承担不利后果,人民法院一般不会判决准予离婚。因此,诉讼过程中,原告的举证极为重要。如案例中的陈女士,由于她以为第二次起诉法院一定会判决离婚,故而未对感情破裂的事实全面举证,进而导致第二次诉讼仍以失败告终。

而在离婚诉讼中,夫妻感情破裂的证据相较于其他方面而言,是比较难收集的,尤其是涉及第三者的情况,在举证上存在一定难度。那么,什么样的材料才能证明夫妻感情破裂呢?

1. 证明出轨的证据。

如前所述,出轨包括三种状态,一为重婚,二为与他人同居,三为最普遍的与异性存在不正当的男女关系,如性行为。首先,针对重婚,由于我国《刑法》上规定了“重婚罪”,所以一般重婚的认定会以刑事判决结果为前提,在举证上,需将刑事判决书作为证据。其次,针对与他人同居,可以提交物管、邻居、房东等的证人证言,房屋租赁合同,物管入住的登记记录等。比如之前笔者办理的一起离婚纠纷中,在当事人了解到对方的现住址后,律师持调查令至物管处调取了出入记录、监控录像以及街道办事处因为疫情防控所做的入户登记记录。再次,针对出轨第三者、婚外性行为等的举证,可以提交二人出入公共场合相处亲密或共同进入房间的照片、视频;还可以提交夫妻二人谈判时对方承认出轨的录音资料;如果在发现对方出轨后对方出具了忏悔书的，该忏悔书也可以成为有力的证据。另外，如果对方与第三者有在宾馆开房的习惯，部分法院可以开具调查令让律师至相关部门调取开房记录。

特别提示：我国《民事诉讼法》规定，调查取证不得侵犯他人的个人隐私，所以在取证时一定要注意把握尺度，否则很可能会导致辛苦取得的证据因为侵犯他人隐私而达不到举证的目的。

2. 证明家暴的证据。

只要有自我保护意识的当事人，在家庭暴力方面的举证便不会太难。比如，当事人在遭遇家暴后及时报警、及时就医，会有报警记录、家庭暴力告诫书及就医记录，相关的材料均可以证明家暴的事实。另外，有些当事人认为忍忍就过去了，于是不想把事情扩大化，进而不报警，仅有就医记录是无法证明家暴的，但如果配合录音录像，则可以达到证明目的。同时，证人证言、向单位反映后单位的处理记录、居委会及街道办事处等机构的调解记录等，都可以作为家暴的证据。

3. 证明分居的证据。

首先，分居的状态非常难证明。有些当事人认为自己住主卧，对方住次卧，就算是分居，实则不然，同住一个屋檐下，就算分房而居，也很难认定为法律上的分居状态。所以，分居至少是分别居住在不同的住所，比如女方住在 A 小区 A 房，男方住在 B 小区 B 房，这个时候可以证明分居的证据可以有证人证言、网购的收货记录、分居协议、确认分居的聊天记录及通话录音、租房居住的租赁合同、物管开具的入住证明等。

特别提示：法定感情破裂中的“分居”，不仅要求分开居住，还要求是因为感情不和而分居，如果是一方因为工作、求学、深造或就医等原因长期居住在他处，并不能作为认定感情破裂的依据。所以，在证明分居事实的基础上，还得提交一定的证据证明感情不和，如经常吵架的记录、互相拉黑的记录等。

4. 证明赌博吸毒的证据。

在我国，赌博及吸毒是受到法律限制的行为，一旦被相关部门发现，可能会遭受行政处罚或强制措施。相关行政处罚或强制措施的材料则可以作为证据使用，并且这些证据会长期保存在相关的部门，持律师调查令可以调取。

5. 第一次起诉后判决不准离婚或撤诉调解和好的案件，一方在半年内没有任何改善的证据。

如前所述，如果在领取判决书或撤诉裁定书6个月后再次提起离婚诉讼，表明当事人要求离婚的态度坚决，如经人民法院调解，原告仍坚持要求离婚，通常表明夫妻感情已经破裂已经无法挽回，人民法院一般会认定夫妻感情已破裂，判决准予离婚。这是我们代理离婚案件的常规做法，也是法院判决离婚时的常规理由，但仅仅有一份6个月前的判决书或撤诉裁判书是远远不够的，还需要提供两人在此期间感情没有任何改善的证据，如无沟通零交流，微信或电话拉黑，即使有沟通也只是为了看孩子，或要什么钱而产生的交流，总之，是两人的感情没有改善。

律师感悟

我国的离婚率连续多年走高，一方面得益于经济的增长，另一方面和女性权益觉醒，法律制度越来越健全有很大的关系。离婚率的持续走高确实带来一系列的社会问题，司法层面法院对判决离婚持谨慎的态度，经济欠发达的县市尤甚。笔者在庭审后和某县的派出法庭的法官聊天时，法官透露他审理的案件一半以上都是离婚，离婚率实在太高了，导致现在问题儿童很多，不离婚时还有人管管，一旦离了婚，都老死不相往来了。

但婚姻是自由的，如果两个人早已没有了感情，在一起是相互折磨、互相消耗，也许早些分开，对每个人会更好，与其让孩子成长在暴力、冷漠的家庭中，不如给孩子一个温暖和谐充满关爱的家，哪怕这个家里只有爸爸或妈妈某一方。

证明感情破裂是每个离婚纠纷都要面临的问题，每个家庭都有其特殊性，每对夫妻的相处也都有所不同，因此，在离婚案件中，对于原告来说，在举证上要根据夫妻间的具体情况来确定。除了客观证据，法律在审理案件时也更注重原告本人主观感受，因为家庭的琐事，生活的家长里短，很多时候无法通过证据一一体现，法院在判决时也会尊重当事人的主观感受，因为感情好不好，是否破裂主观性非常强。所以法院在判决书中总会加上一句“鉴于原告离婚意愿强烈”或“被告坚决不同意离婚”。法律界也流行一句话，一句给当事人打强心剂的话：结婚是两个人的事，离婚是一个人的决定。在中国没有离不了的婚，只是时间长短不同而已！

6. 第一次起诉，法院未判离，后续应该怎么做？

案情简介

毛女士与王先生是再婚夫妻，婚后生育一儿一女，儿子现年 8 岁，女儿现年 5 岁。王先生与前妻生育一子，随同王先生生活，二人再婚后，毛女士作为继母亦对继子尽了相应抚养义务。现二人因家庭琐事，屡屡争吵，感情已破裂，同时毛女士发现王先生存在转移财产的行为。为防止王先生转移财产，毛女士向法院起诉要求离婚并分割夫妻共同财产，同时申请保全了王先生银行账户内存款 1000 万元。一审法院经审理后，判决夫妻感情并未破裂，不准予二人离婚。在上诉期内，毛女士找到律师咨询：对于案件是否上诉？若不上诉，保全措施解除后，如何防止王先生转移财产？

律师解析

一、一审未判决离婚的案件，有没有上诉的必要

判断未判决离婚的案件，是否有上诉的必要，除了要结合一审判决的具体事实情况外，还要了解相关的法律规定。

现行《最高人民法院关于适用〈中华人民共和国民事诉讼法〉的解释》第 327 条规定："一审判决不准离婚的案件，上诉后，第二审人民法院认为应当判决离婚的，可以根据当事人自愿的原则，与子女抚养、财产问题一并调解；调解不成的，发回重审。双方当事人同意由第二审人民法院一并审理的，第二审人民法院可以一并裁判。"此处针对一审判决不准离婚的上诉案件规定了三层含义：其一，二审法院认为一审判决不准离婚并无不当的，维持原判；其二，二审法院认为一审判决不准离婚存在错误，理应判决离婚的，可以调解，调解不成的，不能直接判决离婚，而要发回一审法院重新按照一审程序审理；其三，对于理应判决离婚的案件，二审调解不成的，在当事人都同意二审法院一并裁判的情况下，二审法

院可以判决。这里可能有人会问,为什么二审法院不能直接判决离婚呢?因为离婚案件不仅涉及婚姻关系的解除,还涉及子女抚养及财产分割问题,按照民事诉讼两审终审的原则,人民法院在审理大部分民事案件时,必须保障当事人的上诉权利,假如法律允许二审法院直接判决离婚,在无形中则剥夺了当事人的上诉权。

既然法律规定二审法院对于一审未判离的案件不能直接改判,那么上诉又有何意义呢?又应当如何抉择呢?

首先,在一审判决认定的事实并无偏差,而原告方又缺乏足以证明感情破裂的证据,被告不离婚的态度较坚决时,提起上诉的意义不大,反而会延长离婚期限,也就是时间上并不划算。现行《民事诉讼法》第 124 条规定:"判决不准离婚的离婚案件,没有新情况、新理由,原告在六个月内又起诉的,不予受理。"这条规定就是民间常说的"六个月后再诉"的规定,一审的民事判决书在双方均未上诉的情况下,会发生法律效力,自上诉期过后计算 6 个月,原告即可再次起诉离婚,但如果明知二审不会判离而提起上诉,无疑在 6 个月的期限上又增加了二审审限的时长,而二审的时长一般在 3 ~6 个月,甚至因一审移送至二审而产生更长的时间。故而,在证据不足且对方不离婚的态度十分坚决的情况下,上诉至二审法院并非明智的选择。

其次,在一审判决对于事实认定存在偏差的情况下,特别是财产情况认定错误时,建议提起上诉,要求二审法院对一审认定的错误事实予以纠正。现行《最高人民法院关于民事诉讼证据的若干规定》第 10 条规定:"下列事实,当事人无须举证证明……(六)已为人民法院发生法律效力的裁判所确认的基本事实……前款第二项至第五项事实,当事人有相反证据足以反驳的除外;第六项、第七项事实,当事人有相反证据足以推翻的除外。"由此可知,不准离婚的判决书中所认定的事实,在当事人没有相反证据足以推翻的情况下,会成为后一次诉讼判决时的依据。比如,笔者曾办理一起离婚纠纷,男方是原告,女方是被告,一审法院以感情未破裂为由,判决不准离婚。男方在领取到判决书后发现,一审法院虽然未判决离婚,但对二人的婚姻状况、生育情况及财产情况进行了认定,其中在对于一栋宅基地自建房的认定上存在根本性错误,误将男方父母修建的房屋认定为夫妻共同财产。又如,在另一起离婚纠纷中,一审法院在女方无任何证据证明的情况下,单纯采信女方的陈述,将男方未曾经手的私人债务径直认定为夫妻共同债务。这样的例子不在少数，在这种情况下，我们律师一般会建议当事人提起上诉，目的在于提请二审法院对于一审认定错误的事实予以纠正，避免将来出现对己方不利的局面。

最后，虽然不准离婚的判决在上诉后无法取得直接判离的效果，但可以在二审时争取调解处理。基于离婚案件的情感性因素，我国《民事诉讼法》规定，人民法院在审理离婚案件时应当调解，同时司法实践经验显示，婚姻家事案件的调解结案率远高于其他民事纠纷，因此一审未判决离婚的案件，二审仍有调解结案的机会。可能有人会问，一审也会调解，一审都没有调解成功，二审又怎么会调解得了呢？调解得了！原因在于三个方面：其一，当一方为了能够离婚选择去法院起诉时，他已经做好了心理建设，除极少数当事人最终又会回归婚姻外，大部分婚姻已经走到尽头，缺的仅是一个离婚手续而已。那么被告对于这点也是有清楚的认知的，他之所以不同意离婚，往往是一种诉讼策略，比如利用对方急于离婚的心态来为对方设限，进而在子女抚养或财产分割上谋得更多的利益，所以，当利益能够趋于一致时，同意离婚也就不是难事。其二，拿到一审判决书，原告果断上诉的，更能向法庭体现其必须离婚的决心，会让法官认为二人确无共同生活的可能性，法官更愿意去往调解离婚方向做双方的工作。其三，在二审程序中，因为体会到法律程序的复杂性和诉讼所支出的成本，双方当事人都更能在法官所做工作之下做出让步，特别是坚决要求离婚的一方，这样双方在财产分割上会更容易达成一致意见。比如笔者曾办理的一起离婚案件，男方向法院起诉后，因女方不同意离婚，最终判决不准离婚，3 个月后女方又提起诉讼，但后续又因故撤回起诉。于是男方在其第一次判决书生效 6 个月后又提起第二次诉讼，因双方对于财产、子女抚养争议较大，一审调解无效，但法官考虑到双方生育二子、婚姻存续近 20 年的状况，亦未判决离婚。后男方上诉至中级人民法院，后经二审法官调解，男方在财产方面做出让步，最终调解离婚。在笔者办理的另一起女方提起的上诉案件中，二审法官同样积极做双方工作，最终女方在财产分割上做出让步后，双方亦是调解离婚。

小结：综合以上分析，如果单纯的考虑离婚的时间成本，或许一审判决不准离婚的案件，提起上诉的意义不大，但如果对方不同意离婚的原因并非发自真心，而仅是暂时的诉讼策略时，上诉到二审法院亦不失为寻求调解离婚的途径。另外，在一审判决确认事实有误的情况下，一定要提起上诉，表明自己对于一审判决中认定事实的异议并请求纠正。所以,案例中的毛女士是否要上诉,还是取决于她自身的利弊权衡,如果她丈夫不同意离婚仅仅是为了保全资产,那她上诉也不失为一种好的处理方式,因为只要她上诉,保全措施就不会解除,她丈夫或许会考虑使用钱款的问题而在其他方面做出妥协和让步。

二、若不上诉,保全措施解除后,没有好的办法可以防止王先生转移财产,但转移一定会留下痕迹

王先生银行账户内的钱,虽然毛女士作为法定意义上的共有人之一,但无法通过法律手段强制王先生将一半财产转至毛女士名下,如果王先生确实存在转移的故意,基于钱款是种类物的特点,没有好的办法可以防止他转移。但在后续再启动的二次离婚诉讼中,律师可以作为委托代理人向法院申请调查令,进而向银行调取王先生的银行账户流水,通过分析流水的去向,来寻找其转移财产的线索。而根据《民法典》第 1092 条之规定:“夫妻一方隐藏、转移、变卖、毁损、挥霍夫妻共同财产,或者伪造夫妻共同债务企图侵占另一方财产的,在离婚分割夫妻共同财产时,对该方可以少分或不分。”虽然在离婚前我们不能防止对方有转移财产的行为,但任何行为均会留下线索,恶意一方需承担相应不利的法律后果。

另外,有经验的婚姻家事律师,会通过夫妻共同财产申报制度,以及充分的调查取证,引导法官适用上述规定,尽量实现对己方当事人多分财产的诉讼目的。

三、在具备法定情形相应证据的情况下,可以通过婚内分割夫妻共同财产,来保全财产

基于夫妻关系而产生的共同财产,在很多家庭中,存在持有与掌控的不对等。毛女士和王先生婚姻关系存续的十余年间,大部分财产掌控在王先生手中,毛女士的时间与精力则更多放在三个孩子以及家庭事务上,当面临离婚之时,才开始思考如何才能实际分到更多财产。此种家庭结构下,大部分类似于王先生之角色的夫或妻,为拖延财产分割的时限,往往在对方起诉之时不会爽快地同意

离婚,那离不了婚,就意味着分不了财产吗?

答案是否定的,类似于毛女士的当事人可以考虑通过婚内财产分割之诉来保全财产。《民法典》第1066条:“婚姻关系存续期间,有下列情形之一的,夫妻一方可以向人民法院请求分割共同财产:(一)一方有隐藏、转移、变卖、毁损、挥霍夫妻共同财产或者伪造夫妻共同债务等严重损害夫妻共同财产利益的行为;(二)一方负有法定扶养义务的人患重大疾病需要医治,另一方不同意支付相关医疗费用。”

但值得思考的是,对于上述规定中的情形(一),一般当事人很难通过举证来证明。通过检索可知,人民法院支持婚内分割财产,一般限于情形(二),但能扩展解释至“一方自己或一方负有法定扶养义务的人患重大疾病需要医治,另一方不同意支付相关医疗费用”,另外,即便法院判决符合婚内分割共同财产的法定情形,但很少判决全部财产均予以分割,一般仅支持分割部分财产。

律师感悟

夫妻关系就法律视角而言更类似于合同契约关系,二人共同共有财产期间难以划分各自的份额,无法确定哪个部分属于哪个共有人所有。当感情确实无法继续之时,再来考虑如何更合理合法的维护自己的权利,可能无法保障权利的最大化,虽然我们在婚姻中要坦诚相待,但合理安排各自对财产的共有权及处理权,对于夫妻关系的稳定必有促进作用。钱多不是坏事,但钱多了之后不懂得平衡夫妻关系,就可能是坏事。

7.因买房等原因而“假离婚”签署的离婚协议是否有效?

案情简介

陈先生与妻子结婚20余年,未生育子女。五年前,二人为购买房屋办理了“假离婚”,即签署了离婚协议,办理了离婚登记,领取了离婚证,离婚协议中约定现有房屋一套归女方所有。而后,二人欲共同出资购买一套别墅,但最终因为贷款问题未实现。后面因为各种事情耽误,二人一直未办理复婚手续,但仍以夫妻名义共同生活,在此期间陈先生的收入全部交由妻子保管、使用。一年前,妻子突患脑梗,经送医后虽生命体征平稳,但从此意识不清、难以正常交流,长期需要人照顾。由于陈先生尚未退休,故其准备聘请一名住家保姆照顾妻子的饮食起居,但此设想遭到妻子弟弟的反对,几番协商后,妻子弟弟将妻子接至自己家中,由妻子的父母照顾。2 个月前,陈先生收到法院送达的起诉文书,妻子父母作为妻子的法定代理人向法院提起诉讼,以二人离婚时房屋约定为妻子所有为由,要求陈先生搬离房屋。陈先生收到诉状后尝试与岳父母沟通,岳父母拒绝沟通。无奈之下,陈先生找到律师,咨询:二人因"假离婚"签署的离婚协议是否有效?

律师解析

在笔者办理或接触到的案件中,有不少夫妻会因为购买房屋、规避债务等原因而办理离婚手续,由于他们内心并非要真正地解除夫妻关系,故而一般他们会将那次离婚称为"假离婚"。他们在办理完离婚手续之后,双方还是会以夫妻名义生活在一起,有的会按照约定办理复婚手续,而有的则不再复婚,由此产生财产分割上的争议。那么为办理"假离婚"而签署的离婚协议是否有效呢?

首先,需要明确的是法律上没有"假离婚"这一概念,一旦办理了离婚登记手续,婚姻关系即告解除,双方就不再是夫妻。

笔者在接待咨询过程中,会有一些客户问道:"我们明明约定了半年后复婚,现在男方反悔了,我能不能要求他去跟我办复婚手续?"遇到这样的咨询我们真的很无奈,离婚后关于多长时间复婚的约定没有任何法律效力,因为我国在婚姻制度上首要保障的是婚姻自由,即结婚自由、离婚自由,任何一方不能强迫另一方与自己缔结夫妻关系。就好比恋爱中的男女办理了订婚仪式,最终却未能进入婚姻的殿堂,这时法律上只会处理彩礼等财产问题,而感情问题、是否结婚并不在法律调整范围内。

其次,我国法律规定以虚假意思表示从事的民事法律行为无效,故因"假离婚"而签署的离婚协议中关于财产分割的部分应当认定为无效。我国《民法典》第 143 条规定:"具备下列条件的民事法律行为有效:(一)行为人具有相应的民事行为能力；（二）意思表示真实；（三）不违反法律、行政法规的强制性规定，不违背公序良俗。”民事法律行为生效的要件之一为意思表示真实，行为人与相对人以虚假的意思表示实施的民事法律行为无效。本案中，如陈先生所述，他与妻子办理离婚是为了购买房屋，二人签订离婚协议是为了达到购房之目的而达成的虚假意思表示，根据上述法律规定，二人离婚协议中关于财产分割的内容无效。

最后，实践中，这一问题的处理并没有那么简单，主要原因在于当事人对于案件事实的举证存在一定的难度。根据我国《民事诉讼法》“谁主张，谁举证”的原则，陈先生要想让法院确认离婚协议书无效，就必须举证证明二人“假离婚”的合意，这方面的证据一般包括以下形式及内容：

1. 协商“假离婚”的聊天记录或者录音录像。

2. 离婚后共同购买房屋等的聊天记录、录音录像及相关材料。

3. 离婚后互相转账、支付房屋贷款等的银行交易流水。

4. 离婚后继续共同居住的证据。

5. 证人证言及当事人本人陈述。

6. 二人签署的有关“假离婚”的书面材料。

需要说明的是，以上证据须形成证据链条，方能达到证明目的。如在北京市东城区人民法院审理的（2022）京 0101 民初 4345 号离婚后财产纠纷案中，当事人杨某提交了对方当事人林某手写的字条、离婚后的护照及旅行合影、二人之间录音光盘、银行流水，拟证明林某一直在筹备密云房屋的购买资料，二人离婚后一直一起旅行等情况。最终法院结合杨某、林某的离婚时间、密云房屋购买时间、二人离婚后仍居住于同一处房屋并共同出游、林某在双方离婚期间帮杨某偿还密云房屋贷款等情形，确定二人离婚的真实目的是规避国家的购房管控政策，杨某、林某签订的《离婚协议书》中关于财产分配的条款并非双方真实意思表示，对双方不具有法律约束力，判决确认该协议中就房屋分割的约定条款无效。同时，如果假离婚的当事人针对相关事项达成了协议书，将成为案件定性的关键证据。

回归到本案，杨先生与妻子已经办理假离婚长达五年时间，且目前妻子处于意识不清的状态，经笔者询问，其工资交付妻子的形式为取款后交付现金，二人又从未针对此事宜签署过协议，其唯一能提供的材料系物业公司知情人士及亲朋好友关于其与前妻共同居住的证人证言。笔者分析认为，其证据非常薄弱，即使能证明二人同居，也无法达到证明“假离婚”的程度。

综上，在杨先生的案件中，其难以成功主张离婚协议中的财产分割条款无效。

律师感悟

“假离婚”看似能让有些家庭从中牟利，实际上却潜伏着重大危机，可能给当事者带来精神和物质上的双重伤害，婚姻并非儿戏，非不得已的情况下，任何夫妻都尽量不要用“假离婚”的方式解决问题。就精神角度而言，一旦假离婚，你必须做好“假戏”可能会“真做”的准备，老话说“人心隔肚皮”，你奔着假离婚而去，或许离婚是对方的真实想法也不得而知，而办理离婚登记婚姻即告解除，时光不复，爱人将成为陌路人。就财产角度而言，如案例中的杨先生，当你没有证据可以证实“假离婚”的合意时，签署的离婚协议将成为二人分割财产的依据，在这种情况下委托再厉害的律师也无力回天。另外，笔者还接触到一些当事人，虽说有证据证明原来的离婚是假的，但财产存在多种交织和纠纷，从诉讼角度来看，难以处理。比如有一个当事人，离婚后原本的房屋已出售，而在共同买房过程中与卖方又存在纠纷，原配偶又出现二心，多种矛盾同一时间爆发，让其难以承受，而律师处理起来也有诸多障碍，一时难以解决。

所以，我们并不提倡假离婚。借“假离婚”以获取额外的利益，不仅违反了诚信原则，更与社会主义核心价值观相违背，还会出现诸多麻烦。但如果真的要假离婚，建议当事人之间用书面协议固定双方真实的意思表示，以防假戏真做之时举证失利。

第二章　子女抚养篇

1. 你挣得多，孩子的抚养权就归你吗？

案情简介

张女士与丈夫结婚后育有一女，结婚五年来，两人经常因琐事发生争吵，尤其是孩子出生以后，因为老人带孩子而和婆婆同住产生的婆媳矛盾，双方抚养孩子观念不和等问题发生的情形更加严重，最后发展到丈夫大打出手然后冷战，家庭关系非常紧张，张女士考虑到如此家庭环境对孩子的负面影响，决定结束这段失败的婚姻。但对于孩子的抚养问题，张女士非常焦虑，虽然自己收入相对稳定，但丈夫的收入比她高很多，她担心经济收入是法院衡量抚养权的重要参考因素，因此犹豫不决，一直在痛苦中煎熬。故而来咨询律师：如果提起离婚诉讼，她是否会因为经济收入不如丈夫，而难以争取到孩子的抚养权？

律师解析

离婚纠纷会一并处理孩子的抚养问题，根据《民法典》第 1084 条第 3 款的规定："离婚后，不满两周岁的子女，以由母亲直接抚养为原则。已满两周岁的子女，父母双方对抚养问题协议不成的，由人民法院根据双方的具体情况，按照最有利于未成年子女的原则判决。子女已满八周岁的，应当尊重其真实意愿。"

根据法律规定，确定由哪一方直接抚养，首先要考虑孩子的年龄，对于不同年龄层次的孩子，抚养权归属有不同的规定。

一、两周岁以下孩子的抚养权归属

自《民法典》实施以来，两周岁以下的孩子原则上跟随母亲生活，由母亲直接抚养，哪怕母亲无经济收入，哪怕母亲的综合条件远远不如父亲，哪怕孩子和父亲在一起生活的时间比较长，由父亲直接照顾而没有在母亲身边，法院也会因为年龄的原因，将两周岁以下的孩子判归母亲。这条法律规定背后的理念是：两周岁以下的孩子对母亲有生理上的需求和心理上的依赖，这些是父亲无法替代的。从人类天性来看，在照料婴幼儿方面，母亲普遍比父亲更胜一筹，这也是保护儿童利益最大化的重要体现。

当然，这个原则也有例外，如果母亲存在确实不宜直接抚养孩子的情况，比如患有久治不愈的传染性疾病或者其他严重疾病，或者母亲有抚养条件不尽抚养义务，而父亲要求孩子随其生活的。否则针对两周岁的孩子，父亲想要以经济收入来争取孩子的抚养权，是非常非常困难的。

二、已满两周岁，不足八周岁孩子的抚养权归属

此年龄层次的孩子，父母双方针对抚养问题首先是协商，如果不能协商一致，由人民法院根据双方的具体情况，按照最有利于未成年孩子的原则判决。

首先是双方协商。很多人纳闷，我就是因为协商不了，才去打官司的，怎么都起诉到法院了，仍然要求协商。在这里需要再次说明，婚姻家事类纠纷不同于其他的民商事类纠纷是纯理性的选择，家事类纠纷除法律规定外，还存在情感道德因素，孩子是父母双方爱情的结晶，是家庭成员的一部分。所以，即使到了法院阶段，双方是仇恨拉满的状态，法院也会尽力做调解工作以期双方能够协商。

当然，如果协商不成，法院会根据双方的具体情况来判决。重要的法律依据是《最高人民法院关于适用〈中华人民共和国民法典〉婚姻家庭编的解释（一）》第 46 条，根据该条法律规定，以下情形可作为争取抚养权的优先条件：

1. 已做绝育手术或因其他原因丧失生育能力的；
2. 孩子随其生活时间较长，改变生活环境对孩子健康成长明显不利的；
3. 无其他孩子，而另一方有其他孩子的；

4. 孩子随其生活,对孩子成长有利,而另一方患有久治不愈的传染性疾病或其他严重疾病,或者有其他不利于孩子身心健康的情形,不宜与孩子共同生活的。

司法实践中,孩子处于两周岁至八周岁这个年龄层次,父母争夺抚养权最为激烈和焦灼。从我们的办案经验来看,孩子在父母离婚过程中,跟随哪一方共同生活的现状,会成为法院判决抚养权归属的最关键因素。很多夫妻一旦闹矛盾走向诉讼大多开始分居,甚至有些父母在闹矛盾阶段就开始分居,那么分居期间孩子主要由一方来照顾,孩子跟这一方生活时间较长,贸然改变生活环境不利于孩子的健康成长,孩子抚养权极有可能归属于目前正在抚养的一方。所以,我们在代理离婚诉讼时,会建议当事人在分居期间尽量自己照顾孩子,为争夺孩子抚养权增加有利条件。

另外,此年龄层次孩子抚养权的归属,法院也会考虑孩子与老人的相处情况,比如父母双方的抚养条件基本相同,但孩子长期跟随爷爷奶奶共同生活,孩子的爷爷奶奶也愿意照顾孙子女,那么孩子抚养权会倾向于判归父亲。

孩子的性别也是法院判决抚养权归属的重要方面,女孩更倾向于母亲,男孩则倾向于父亲。从生理和心理特点上讲,孩子进入青春期,同性抚养更易沟通,更能达到沟通的目的。

某一方存在婚姻过错也是法院考量抚养权归属的重要因素。如果一方存在出轨、家暴、吸毒、赌博恶习,事实一旦认定,法院会认为该方道德品质存在问题,不会将孩子抚养权判归该方。

什么是最有利于未成年人的原则?每个人心中的价值观是不一样的,代理过程中需要寻求各类证据影响法官,达到法官认定的"心证",至少需要达到普通大众的判定标准。那么需要收集什么样的证据呢?在子女抚养权纠纷中,父或母一方可以提交以下证据:(1)丧失生育能力的证据,如医院的诊断证明或者各类检查;(2)能够为孩子营造良好生活环境的证据,如收入证明、学历、职业;(3)己方或者对方的劳动合同以及其他的收入证明,己方或者对方单位开具的工资证明、工资条,以证明双方的工资收入;(4)己方或者对方的租房合同,以证明双方的租房收益;(5)其他能够证明收入的证据,如代课的劳务收入、专利使用收入、微商收入;(6)双方经营产业的账本或者流水记录,以证明双方的经营收入;(7)能够为孩子营造良好教育环境的证据,如自己婚前的房产,自己父母的房产所对应的教育资源;(8)子女的实际花销,包括医疗费、教育费、生活费、购买生活用品的支出等全部由己方支付;(9)生活细节录制的视频、照片,孩子出生以来,己方对孩子的生活点滴记录、成长日记;(10)打预防针的记录,均是己方的签字;(11)微信中孩子老师沟通的截屏,以证明孩子在校的日常沟通均是自己负责;(12)家校联系本中家长的签字,均是自己……

确实,此年龄段孩子的抚养权会争夺得最为激烈,没有经历过的永远无法亲身体会其中的惨烈,甚至有些父母当街抢夺孩子,私自将孩子带去国外也屡见不鲜。但法院评定的标准是多方位、多角度的,所以搜集并提供有效的证据才是关键。

三、年满八周岁孩子的抚养权归属

《民法典》将八周岁作为孩子成为限制民事行为能力人的界限,法律上认为年满八周岁的孩子已经有一定的自主判断意识,已经可以实施与自己年龄相符的民事法律行为。基于此,《民法典》婚姻家庭编中规定,年满八周岁孩子的抚养权归属,应当尊重孩子的真实意愿。

所以处理八周岁以上孩子的抚养权时,人民法院一般会要求父母双方将孩子带至法庭,由有经验的法官单独询问孩子的真实意愿,孩子如果表示要跟随母亲,则一般抚养权会判归母亲。因此,针对此年龄段的孩子,更多的不是看父母双方的抚养条件,而是以孩子的情感需求作为切入点,尽量让孩子在不得不面临父母离异的情况下,能以孩子自身的考虑作为判断依据。

但是,是否会将孩子的意愿作为判断的唯一依据呢?也不是,已满八周岁未成年子女的意见并非法院判断抚养权问题的决定因素。法院不采纳孩子意愿的主要理由也是"虽具有一定的认知能力,但是理解和认识不足以保护其利益",法院在判决抚养权归属时,仍然是以抚养能力,包括工作单位、工资收入、居住条件和存款等综合考虑各种因素,法院认为综合考虑各种因素更能体现最有利于未成年子女原则的精神内涵。

尤其是存在多名未成年子女时,法官一般不会考虑未成年子女的真实意愿,通常的做法是将两名以上的未成年子女在父母之间进行"合理分配"。法院"无视"未成年子女意愿的要因是:父母对抚养问题有较强的理解和认知能力;更为重要的是,大多数法官认为未成年子女已经形成的“稳定的生活环境”更有利于未成年子女健康成长。因此,相较于未成年子女的意愿,父母的抚养能力及父母抚养子女的意愿等因素,更能左右或影响法官判断抚养问题的“心证”。

其实,不论是从《民法典》的规定还是抚养孩子的实践来看,父母离异,孩子的直接抚养权归于一方,并不代表另一方与孩子的关系不复存在,未直接抚养孩子的一方依然有照顾抚养孩子的责任与义务,不仅仅是支付抚养费。父母在孩子的抚养权上应当考虑孩子的成长环境、成长条件,以尽量不改变孩子的生活习惯为前提,在离婚后,还应给予孩子更多的陪伴与关爱,尽量减少离婚对孩子的影响。

另外,《民法典》实施后,在司法解释中首次加入了轮流抚养的概念与制度——在有利于保护子女利益的前提下,父母双方协议轮流直接抚养子女的,人民法院应予支持。

综上,经济条件并非抚养权归属的决定性条件,在孩子不满两周岁时不以经济条件考虑抚养权的归属。孩子介于两周岁与八周岁之间时,经济条件也仅是考虑的因素之一,谁对孩子照顾与陪伴更多,孩子的抚养权便会更倾向于哪一方。年满八周岁的孩子,因可以明确表达自己的意愿,法院在考量时会尊重孩子的意愿。

律师感悟

在离婚案件中,很多夫妻为了孩子的抚养权,争得头破血流。笔者曾经有一个客户,因为男方的经济条件相对较好、收入较高,爱子如命的女方为了孩子的抚养权,与男方调解离婚,放弃了颇多夫妻共同财产的分割,换取了孩子的抚养权,但在事后体验到离婚后一个人独自抚养孩子的艰辛,又十分懊悔。孩子的抚养权跟经济收入确实有一定的关联,但并不是你挣得多,孩子的抚养权就一定是你的。

同时,可能会因为自己举证证明了经济收入,法院如果判决孩子抚养权归对方,抚养费的支付标准完全依照一方提供的收入按 20% ~30% 的标准进行判决。

虽然挣得多确实会增加底气来争夺孩子的抚养权,但如果没有稳定的工作及收入，也不要气馁。经济收入毕竟不是衡量抚养权归属的唯一条件。

抚养权对某些父母(尤其是母亲)来说，甚至是比财产分割还要重要的部分，他们可能会因为抚养权不能妥善解决而直接凑合忍受。现实中长时间冷战的夫妻不在少数，实际上家庭的冷漠氛围带给孩子的伤害可能更大。

对于离婚后未成年子女抚养权的归属，既要考虑法律的规定，又要综合考虑对方及己方的经济状况，要有利于孩子以后的成长和教育，而非自己的情感。除了抚养权，关心和爱孩子的方式还有很多，行使探望权也是方式之一，父母与子女间的关系，不会因父母离婚而消亡。离婚后子女不论是由父亲还是由母亲抚养，都仍是父母双方的子女。子女不能与父母双方共同生活在一起，只是表明父母抚养子女的方式发生了改变，但父母抚养、教育和保护子女的权利义务仍然存在。

2. 争抚养权时，谁把孩子藏起来，孩子就由谁抚养吗？

案情简介

这是网络上的一个案例：2014 年春节前夕，王女士与刘先生经人介绍相识，下半年二人就确立了恋爱关系。2015 年 10 月 8 日，二人在亲朋好友的见证下举办了婚礼，随后同居，但并未做结婚登记。2016 年 7 月 14 日，王女士诞下女婴嘉嘉。2016 年 11 月 28 日双方发生争执，王女士与嘉嘉回到王女士的父母家，开始与刘先生分居。2017 年 1 月 17 日下午 4 点半，刘先生和家人在王女士父母家的楼下将孩子抢走，并将王女士及其母亲打伤。

对于抢夺孩子当天发生的事情，天津市公安局北辰分局作出行政处罚决定书。处罚决定书载明：查明 2017 年 1 月 17 日 16 时 37 分，在北辰区宜兴埠某居民楼下，违法嫌疑人刘先生与王女士因争抢孩子发生身体冲突，并对王女士、王女士母亲有殴打行为，决定给予刘先生行政拘留 10 日并处罚款 500 元的行政处罚。

孩子被抢走 1 个月后，天津市北辰区人民法院立案受理王女士争取女儿抚养权的纠纷案。法院认定了“2017 年 1 月 17 日，被告将女儿嘉嘉从原告处抱走,现孩子在被告处”的事实,该院认为,非婚生子女享有同婚生子女同样的权利。该案中,原、被告双方都有抚养的权利和义务,由于原、被告分居后嘉嘉一直随着被告生活,因孩子尚年幼,不应轻易改变其生活环境,故法院认为应由被告抚养为宜,原告的主张,法院不予以支持。

对于北辰区人民法院的一审判决,王女士不服上诉至天津市第一中级人民法院,希望改判。天津市第一中级人民法院(2017)津01民终6148号判决书显示,二审法院认为,教育、抚养孩子是父母的法定权利和义务。该案中,双方均希望孩子与自己共同生活,考虑孩子现随被上诉人生活,且现有证据不足以证实被上诉人与孩子共同生活有不利于子女健康成长的情形。“从稳定、方便孩子生活角度,双方之女随被上诉人生活并无不当”。该院驳回上诉,维持原判。

律师解析

一、此案法官的裁判依据

我国不是判例法国家,但每一个判例背后彰显的是判案法官对事实的理解和对法律的适用,亦有一定的社会指引作用。根据公开的判决文书归纳下来,此案件中一、二审法院支撑判决的三个观点分别是:

1. 父母分居后,孩子随同一方生活的现状;

2. 现有证据不足以证实现在的生活环境不利于子女健康成长;

3. 不轻易改变稳定的生活环境。

对于不轻易改变稳定的生活环境,无论是婚姻法时代,还是民法典时代,我国法律中均有明确规定。现行规定为:《最高人民法院关于适用〈中华人民共和国民法典〉婚姻家庭编的解释(一)》第46条:“对已满两周岁的未成年子女,父母均要求直接抚养,一方有下列情形之一的,可予优先考虑……(二)子女随其生活时间较长,改变生活环境对子女健康成长明显不利……”

因此,此案法官之所以将抚养权判决给到藏匿孩子的父亲,就法律层面而言主要考虑不论是被藏匿还是其他原因,孩子确系跟随父亲生活,对父亲或为熟悉,且已形成稳定的生活环境。同时,每一个家事案件背后,法官除了考虑法律层面的具体规定,也会考虑伦理道德情感甚至执行层面的问题。这个案件的法官在接受采访时,称之所以这样判决,更多考虑的是执行层面的问题,如果把孩子判给女方,将面临很难的执行问题,并且又有可能上演抢孩子的戏码。

法官作为法律的践行者,司法的裁判者,总要考虑案件的裁判结果可能带来的社会效果以及是否有执行的可能性。因此,该案法官的判决或许既符合法律规定,也能在一定程度上降低未来孩子再被争抢的可能性。虽然从现今的法律来看,法院的执行措施越来越完善,但孩子作为一个独立的个体、一个独立的人,执行法官亦不可能同当事人一起去找对方抢夺孩子,无论是否有理,抢夺的行为也与保障未成年人利益相悖。

二、法律是否支持当事人为了争取孩子的抚养权而抢夺、藏匿孩子

《未成年人保护法》第24条规定:"未成年人的父母离婚时,应当妥善处理未成年子女的抚养、教育、探望、财产等事宜,听取有表达意愿能力的未成年人的意见。不得以抢夺、藏匿未成年子女等方式争夺抚养权。"是国家从立法层面禁止以抢夺、藏匿子女的方式争夺抚养权。

回到本文案例,笔者认为,抛开执行层面的问题不谈,单就藏匿孩子一方取得抚养权的角度而言,该份判决书确实存在不妥当之处。其一,为藏匿孩子的行为作出了肯定性判决,极有可能带来不好的社会影响。夫妻离婚、情侣分手,本就剑拔弩张,时常出现一方以孩子为筹码的情况,如案件中的藏匿孩子也不在少数,如果你有本事抢到孩子并藏起来带在自己的身边,孩子的抚养权就是你的,那么会不会有更多的人在离婚前抓紧时间转移孩子呢?这样一来孩子受到的伤害必然更大,社会也更加不稳定。其二,并不完全符合儿童利益最大化原则。抚养权纠纷案件,判断抚养权归属的原则就是儿童利益最大化原则,一方把孩子藏匿起来,不让另一方探望,无疑客观上切断了孩子与另一方的联系。父母分开本就给孩子带来很大的伤害,一方还自私地不让孩子跟另一方见面,让孩子缺乏父爱或母爱,完全不利于孩子的成长。藏匿孩子的一方完全无视孩子的心理需求,未站在孩子的立场为孩子考虑,从这一角度考虑,藏匿孩子方根本不适合抚养孩子。其三,两周岁以下的孩子,除非有明确的法律规定,否则一般都随母亲生活。《最高人民法院印发〈关于人民法院审理离婚案件处理子女抚养问题的若干具

体意见〉的通知》(已废止)第1条的原文表述是:“两周岁以下的子女,一般随同母方生活。母方有下列情形之一的,可随父方生活:(1)有抚养条件不尽抚养义务,而父方要求子女随其生活的;(2)患有久治不愈的传染性疾病或其他严重疾病,子女不宜与其共同生活的;(3)因其他原因,子女确无法随母方生活的。”《民法典》第1084条也有类似的表述:“离婚后,不满两周岁的子女,以由母亲直接抚养为原则。”而《最高人民法院关于适用〈中华人民共和国民法典〉婚姻家庭编的解释(一)》第44条进行细化表述,原文是:“离婚案件涉及未成年子女抚养的,对不满两周岁的子女,按照民法典第一千零八十四条第三款规定的原则处理。母亲有下列情形之一,父亲请求直接抚养的,人民法院应予支持:(一)患有久治不愈的传染性疾病或者其他严重疾病,子女不宜与其共同生活;(二)有抚养条件不尽抚养义务,而父亲要求子女随其生活;(三)因其他原因,子女确不宜随母亲生活。”因此,两周岁以下归母亲直接抚养是原则性规定,司法判决书极少突破,除非能够有充分的事实证据支撑。

当然,也有法院对于藏匿孩子的行为表示了否定及批判,即使孩子一直由藏匿一方照顾和抚养,法院仍然判决由另一方取得孩子的抚养权。在广东省佛山市中级人民法院于2022年公布的一批婚姻家庭典型案例中,男女双方恋爱后生育非婚生女儿,二人曾就抚养问题协商一致,后因探视问题多次发生争执,女方向法院提起诉讼,要求由其抚养女儿并明确探视方式。诉讼过程中,男方擅自将女儿带离原居住城市以争夺抚养权。法院经审理认为,男方在诉讼中罔顾女儿原已稳定的生活状况,擅自将女儿带离原居住城市,明显不利于女儿的身心健康,故法院对男方的相关行为作出否定性评价,在综合考虑父母双方的抚养能力、抚养条件以及张某的不当行为等因素后,法院作出女儿由女方抚养的判决。

又如,在长沙发生的一离婚案件中,法院认为离婚时考虑到女方工作时间固定,更有精力抚养孩子,法院判决孩子的抚养权归女方,但男方一直强行将孩子留在身边,几个月后还向法院起诉要求变更抚养权,年满八岁的儿子也明确表示“选择”跟着父亲。在这起案件中,一审法院结合男方的抚养能力、孩子的生活现状及意愿,对男方主张变更抚养权的诉讼请求,依法予以支持。而当事人上诉后,长沙市中级人民法院却认为一审法院的裁判欠妥,进行了改判,其理由为:男方无视法院生效判决,导致孩子母亲无法抚养孩子,阻断了孩子与母亲正常的生活联络与情感交流,干扰了年龄尚幼、心智尚未成熟的孩子的思想。孩子的表述是在长期无法与母亲相处、亲近的情况下作出，对母亲处于不正常、不充分的认知中，不足以作为决定孩子抚养权归属的唯一依据，且这种不充分认知状态，是因男方拒不履行生效判决的违法行为造成，因此男方不应从其违法行为导致的结果中获益。

关于抢孩子的行为如何评价、究竟怎样判决，法院没有统一的判决尺度，但综合事实及法律规定，如果抢孩子的行为发生在离婚诉讼期间，一方“抢”夺孩子，另一方可以依据《民事诉讼法》第 103 条第 1 款之规定向法院申请行为保全。广东省高级人民法院发布《广东法院审理离婚案件程序指引》第 12 条对行为保全作出了进一步的说明：“当事人因下列情形申请行为保全的，人民法院应当依法作出裁定，责令对方当事人作出或者禁止其作出一定行为：(一)因遭受家庭暴力或者面临家庭暴力现实危险的；(二)对方当事人抢夺、转移、藏匿未成年子女的。当事人申请前款规定的行为保全，人民法院不要求提供担保。当事人对自己的申请应当提供基本证据，情况紧急的，人民法院初步核实后可以径行作出行为保全裁定。”第 13 条还对妨害民事诉讼强制措施的适用作出了规定：“当事人在人民法院作出本指引第十二条第二项的裁定后，拒不停止抢夺、转移、藏匿未成年子女行为的，人民法院可以适用《中华人民共和国民事诉讼法》第一百一十一条第一款第六项规定予以罚款、拘留。”

因此，在离婚时，通过违法的行为将孩子藏匿，强行留在身边，并不一定会争取到抚养权，甚至还有可能会因此丢失争取抚养权的优势，亦是不利于子女成长的不明智之举！

律师感悟

孩子是未来是希望，怎样重视都不为过，但是如果真的由于客观原因父母不得不分开，应将父母分开对孩子的伤害降到最低，即使父母之间因种种原因未能生活在一起，但子女与父母间的关系，不因父母关系的解除而消除，在任何情况下，均应理性处理孩子抚养权的问题。如果不考虑子女的身心健康，仅出于自身情感需要，就做出割断子女与另一方联系的行为，实质上并非有利于子女的成长，甚至有损于子女的利益。而且法院在处理类似案件时，也会对父母的某些行为进行否定性评价，意在通过判决正确引导父母双方在感情破裂时，应从有利于子女成长的角度出发,合法、妥善处理子女的抚养问题。

中国虽不是判例法国家,但法院的判决也具有社会价值导向作用。子女抚养之战非常激烈,只有一个子女尤甚,部分当事人为了获得未成年子女的抚养权,抢夺隐匿子女,不让对方接触子女,法院应给予否定评价,旗帜鲜明予以反对,并让相应当事人承担不利后果。不能以一方控制子女,已经随同其一起生活、不轻易改变子女的生活教育现状简单地将子女判决由其抚养。因为控制子女行为的当事人虽然确有获得子女抚养权的强烈意愿,但其完全不考虑子女的心理需求,简单粗暴地切断子女与另一方的情感联系,甚至可能给子女造成永久性心理阴影,最终损害的是自己的子女。法院通过判决的方式对该类行为进行否定评价,彰显法律的公平正义,为社会公众提供正确的价值导向和行为指引更加符合法律的精神和原则。

3. 直接抚养孩子的一方,可以要求对方付多少抚养费?

案情简介

张女士与王先生结婚十年,育有一子王小强,现 6 岁多,刚上小学一年级。结婚初期,二人感情不好不坏,王先生由于工作原因,长期出差在外,一年只有不到一个月的时间在家。很偶然的一次,张女士发现王先生和其他人有暧昧交流,相册里有亲密照片,张女士痛定思痛后决定离婚,这么多年来两人经济都是独立的,感情不好也不坏,婚后财产比较清晰,张女士关心的问题是:如果离婚,王先生会支付多少抚养费?毕竟她根本不知道王先生的收入。

律师解析

一、关于抚养费的法律规定

《民法典》第 1084 条第 1 款和第 2 款规定:“父母与子女的关系,不因父母离婚而消除。离婚后，子女无论由父或母直接抚养，仍是父母双方的子女。离婚后，父母对于子女仍有抚养、教育、保护的权利和义务。”也就是说，父母和子女之间的关系是基于法律的直接规定，因子女的出生事实或收养行为而产生。父母对子女的这种法定义务既有人身属性，又有经济属性，不因夫妻双方的婚姻存续状态而发生变化，这是子女抚养费请求权的基础。

《民法典》第 1085 条第 1 款规定："离婚后，子女由一方直接抚养的，另一方应当负担部分或者全部抚养费。负担费用的多少和期限的长短，由双方协议；协议不成的，由人民法院判决。”抚养费的请求权，是被抚养的对象—子女依法享有的权利，它是保障子女的健康成长和生存权利的经济基础。

关于抚养费的数额，法律上亦有明确规定，即《最高人民法院关于适用〈中华人民共和国民法典〉婚姻家庭编的解释（一）》第 49 条规定："抚养费的数额，可以根据子女的实际需要、父母双方的负担能力和当地的实际生活水平确定。有固定收入的，抚养费一般可以按其月总收入的百分之二十至三十的比例给付。负担两个以上子女抚养费的，比例可以适当提高，但一般不得超过月总收入的百分之五十。无固定收入的，抚养费的数额可以依据当年总收入或者同行业平均收入，参照上述比例确定。有特殊情况的，可以适当提高或者降低上述比例。”

二、司法实践中抚养费的判决情况

关于司法实践中抚养费的判决情况，笔者将从云南省内的实践情况进行分析。

笔者通过“威科先行·法律信息数据库”检索了云南省 2021 年 1 月 1 日至 2023 年 11 月 16 日公开的相关判决书，其一是抚养纠纷案由的，全云南省全文公开的判决书共 18 份，除了 1 份是涉及夫妻间扶养责任外，其他 17 份均涉及子女抚养费用；其二是离婚纠纷案由的，涉及抚养费的全文公开判决书共 50 份，经查阅，其中有 24 件案件未准许离婚，故未涉及抚养费数额，又有 17 件案件因一方自愿承担抚养费用，故判决抚养费由抚养一方自行承担，另有一宗子女已成年，剩余 8 件有明确的抚养费数额。笔者将围绕这 25 份判决书中判决的抚养费数额做出分析。

（一）25 份判决书涉及的地区情况

25 份判决书具体的法院为：昆明市禄劝县法院 2 份；曲靖市 5 份，分别为会泽县法院 1 份,宣威市法院 1 份,沾益区法院 1 份,麒麟区法院 2 份;玉溪市 5 份,分别为红塔区法院 4 份,澄江县法院 1 份;楚雄州牟定县法院 2 份;昭通市 3 份,分别为绥江县法院 1 份,彝良县法院 1 份,大关县法院 1 份;普洱市澜沧县法院 4 份;红河州 3 份,分别为蒙自市法院 1 份,屏边县法院 2 份;临沧市临翔区法院 1 份。

从以上地区可以看到,涉及婚姻家庭类案件,近一年来,昆明市主城区法院均未公开判决内容,云南省内的地州法院中的大理州、丽江市辖区法院亦未公开,故无法通过公开的裁判文书了解到昆明市主城区、大理州、丽江市相关法院的抚养费裁判标准。

(二)抚养费金额的认定方式

从 25 份判决书中涉及抚养费金额的认定来看,目前人民法院在判决抚养费金额时主要有四种方式:

其一,依离婚协议判决,按父母协议离婚时约定的数额;

其二,法院根据当地生活水平,结合孩子的情况、需求,支付抚养费一方的经济情况酌情确定;

其三,根据支付抚养费一方的实际收入按 20% ~30% 确定;

其四,按支付抚养费一方自愿支付的金额确定。

(三)抚养费的数额

25 份判决书中仅有 2 件案件是依离婚协议判决,其一为玉溪市红塔区法院所判,按离婚协议约定支持了 1000 元/月的固定抚养费,同时双方分担子女的学费及医疗费。其二为宣威市法院所判,按离婚协议约定判决三名子女合计 5000 元/月的抚养费,平均一位子女 1667 元/月。

25 份判决书中仅有 1 件是根据支付抚养费一方的实际收入按比例确定,系由曲靖市麒麟区法院所判,在该案件中被告自认工资收入 4000 元/月,法院按 30% 的比例判决被告支付 1200 元/月的抚养费。

剩余 22 件判决,除 1 件系被告自愿承担 1000 元/月抚养费外,其余均系由法院酌情确定。其中,除曲靖市麒麟区法院在 1 件案件中酌情确定由被告支付 1000 元/月的抚养费用外,其余法院酌情确定的数额均未超过 1000 元/月。以玉溪市红塔区法院为例,在该院酌情确定抚养费用的 3 件案件中,分别支持了 600 元/月、500 元/月、400 元/月的抚养费;以普洱市澜沧县法院为例,在该院判决的 4 件案件中，除有 1 件涉及需护理人员长期照顾的残疾成年子女抚养费案件外，其余 3 件案件的抚养费用均为 300 元/月；而在楚雄州牟定县法院判决的 2 件案件中，支持的抚养费用均为 500 元/月。所有判决书中，最低的抚养费用仅 200 元/月。

同时，人民法院在判决了按月支付的抚养费用外，在无约定的情况下，通常不会支持单独计算教育费用及医疗费用。理由为：婚姻法律制度中规定的抚养费中包括了子女的生活费、教育费、医疗费等费用，因此原告主张要求被告除每月支付生活费外，教育费、医疗费各承担一半的请求与法律规定不符。

看了以上数据，大部分小伙伴都表示不可思议，200 元到 500 元每月的抚养费用，如何能给到孩子较好的物质成长条件呢？确实比较困难，但有总比没有强！很多离异带孩子的一方当事人都是这样想的，但也会不甘心，毕竟孩子也是对方亲生的，多付点抚养费又会怎么样呢？那我们究竟应该怎么做，才能为孩子争取到较高的抚养费用呢？

三、提高抚养费的道与术

其一，提供子女实际花费的证据，证明子女的支出和花费比较高。比如，孩子 3 岁以前，吃喝拉撒都是钱，有些孩子家庭条件比较好，花在孩子身上的动辄上万元，奶粉、早教、培训班等。再如，有特殊疾病需要治疗且每月定期产生医疗费，可举证证明医疗费用的实际花费。如果教育费用比较高，也可以举证证明具体教育费用的多少，比如双方共同决定子女在国外接受基础教育。总之，如果花在孩子身上的费用比较高，可以通过举证的方式证明孩子的实际花费。

其二，提供父母双方负担能力的相关证据。针对有固定工作单位、固定收入的相对方，我们要在诉讼中向法院提交其工作、收入情况的证明，以争取按其实际收入 20% ~30% 的标准计算抚养费用。这方面的证据可以向人民法院申请调查令至其工作单位调取，也可申请调查令向银行调取其工资卡流水。对于无固定工作单位的相对方，建议尽量在离婚时协商抚养费用，只要双方签订了离婚协议，且在离婚协议中双方认可的抚养费用，在对方不按协议支付的情况下，很多法院会支持离婚协议中约定的给付标准。

其三，自愿原则。婚姻家庭纠纷，主张协商和调解，而且离婚案件是法律规定必须调解的案件之一。虽然，当事人在纠纷出现之前，大多数都协商过很多次，但是法律依然将调解作为必须经历的程序，目的是要求双方再次坐下来，在专业人士的帮助下，冷静思考、认真协商，如果协商不成再给予判决。婚姻家庭类纠纷的法律规定大多是原则性的，不是硬性规定，因为家庭纠纷本就是情理法的交融，自愿协商贯穿始终。

因此，抚养费的确定，判决离婚和协议离婚有非常大的不同，协议离婚的抚养费数额大多比较高。抚养费支付时间的长短和费用的多少，当事人可以充分使用自主权，协商解决。

所以，一定要利用好协商这个机制，父母一方自愿支付的，只要双方协商一致，只要不违反法律的强制性规定，大多会被法院所确认和支持。

综上，案例中的张女士首先可以与王先生协商确定抚养费用，以目前孩子每月支出作为基数与王先生沟通，如果王先生同意，则双方后续按照协议约定的金额履行，如果王先生不同意，则双方只能通过诉讼离婚的方式处理。在诉讼离婚时，张女士可以委托律师进行调查取证，包括王先生的月收入情况，如果王先生收入较高，则可以主张按王先生月收入的20% ~30%来支付抚养费。

律师感悟

随着经济的发展，在离婚纠纷中，有很大一部分当事人不太在乎抚养费的多少，有了更好，没有也不那么纠结。这是多重原因决定的，其一是经济水平的普遍提高，敢于主动提起离婚的，大多计算过单独抚养子女的经济风险，抚养费每月多这一两千元，也解决不了大问题。其二是抚养费的支付大多依赖于对方的自愿支付。即使有法院的判决，如果对方不愿意支付，需要再到法院申请强制执行，每年定期到法院领抚养费也是件非常痛苦的事。其三是法院判决抚养费的数额大多偏低，法院是维护权利的最后一道屏障，法院判的抚养费最多能维持基本的生活需求，指望法院判决的抚养费养育和教育孩子，给予孩子良好的教育有些痴人说梦。甚至很多案件在法院主持调解时，迫于种种形势，当事人直接放弃抚养费。正是鉴于司法实践中的种种情况，离婚纠纷中抚养费支付大多不是焦点和难点问题。对于法院判决虽然要有清醒的认识，但主要也是为下一步的调解做准备。

4. 两个孩子的抚养权会判给某一方吗？

案情简介

张女士与王先生育有两个孩子，长期两地分居的生活，使张女士早有离婚的想法了。因孩子太小，张女士想着要给孩子们一个完整的家，但是这几年时间里，王先生常年在外面做生意，没有给予张女士任何家的温暖，也没有给予过孩子多少爱，而且因为做生意的原因，张女士怀疑王先生可能还有很多外债，分居的三年时间里，王先生只是偶尔给家里一点点家用。

张女士因为连续生育两个孩子，没有上班，但因是家中独女，其父母可以给予很多支持，经济上时不时转些生活费，母亲已经退休，可以帮忙带带孩子。张女士自己有房子出租可收租金。现在张女士最关心的问题是：如果提出离婚，两个孩子的抚养权会不会都判给她？如若不能她宁愿就这样拖着，维持现状。

律师解析

近年来，我国的计划生育政策处在不断的变化中，从独生子女政策，到 2013 年年底开始的单独二孩，再到全面二孩，再到现在的放开三孩。不少家庭响应国家号召，并结合自身情况育有多名子女，那么离婚时，往往也涉及多个子女的抚养权处理的问题。如张女士一般，希望在离婚后仍由自己抚养两名子女的当事人不在少数，那么他们的诉求在法律上能否实现呢？

一、无论夫妻育有几名子女，在判决抚养权归属时仍应以"最有利于未成年子女利益"作为基本原则

对于涉及多名子女抚养权的归属问题，我国法律并未明确规定，笔者认为仍应将"最有利于未成年子女利益"原则作为抚养权归属认定的首要因素。

我国《民法典》第 1084 条规定的“最有利于未成年子女利益原则”来源于《联合国儿童权利公约》中明文规定的“儿童最佳利益原则”。该原则作为《联合国儿童权利公约》的一项基本准则,后发展成为各国家庭法在处理父母离婚时子女抚养权事宜的最高准则。但到底什么是“儿童最佳利益原则”、具体包括什么,目前尚无统一定论,笔者认为可以参考 1959 年的《儿童权利宣言》原则之二“使其(儿童)能在健康而正常的状态和自由与尊严的条件下,得到身体、心智、道德、精神和社会等方面的发展。在为此目的而制定法律时,应以儿童的最大利益为首要考虑”的规定来考量。故在解决未成年抚养权归属等具体问题时,应将是否有利于儿童的身体、精神、心智、道德和社会发展,作为最大的考虑因素。

笔者查询了关于离婚纠纷、变更抚养权纠纷中涉及多名子女抚养的大量案例,在分配抚养权归属时,判决书中均提到子女利益最大化,但具体什么是子女利益,结合判决书中的表述内容及司法实务和办案经验,子女利益最大化大体来讲,包括以下几个方面:

首先是年龄层次,两周岁以下孩子跟随母亲抚养,主要是考虑到两周岁以下的孩子对母亲的情感依赖更强,无论是心理还是身体更需要母亲一方细致入微的照顾。八周岁以上需要充分考虑孩子自己的意愿,八周岁以上的孩子有了自己的喜怒哀伤,尊重孩子自己的意愿也是体现关注儿童、以儿童为中心、儿童利益最大化的具体表现。那么实务中,难点、焦点就集中在了两周岁至八周岁孩子抚养权的归属上。

其次是继续性,即子女与哪一方共同生活的时间较长,分居之后至庭审结束前,尤其是在诉讼期间与哪一方共同生活,是影响法院判决抚养权归属的一项重要指标。比如(2015)沪二中民一(民)终字第 3195 号判决书的判决理由就是:“因双方分居后,儿子随李某共同生活,女儿随程某某共同生活,从稳定孩子的生活、学习环境出发,儿子由李某抚养、女儿由程某某抚养较为合适,双方之间互不支付抚养费;程某某认为两个孩子均应由其抚养,不切实际,法院对此不予采纳”。之所以将继续性作为评判标准,主要也是从孩子利益的角度出发,不轻易改变孩子的生活环境、学习教育环境。如果改变,需要重新适应,则不利于孩子的身心健康。

再次是父母的抚养能力。经济条件毋庸置疑,金钱虽然不能解决一切问题,但是有产权的房产,无疑能够提供稳定的生活环境;良好的金钱基础,才可能为孩子提供更优质的医疗、教育、生活条件。

最后是良好的家庭支持系统，诸如母亲经济条件可能不佳，但是外公外婆经济实力雄厚，只有这一个女儿，外公外婆的经济实力也是母亲一方经济实力的具体体现。外公外婆在平时的生活中对外孙子女照顾有加，不仅给予经济上的帮助，还给予照顾孩子日常生活起居的支持，更有利于己方子女争取孩子的抚养权。

当然，还有其他很多因素，诸如父母某一方的职业，如果是教师或者其他从事教育行业的职业，更易获得孩子的抚养权。这些有利因素的评判标准都是从对孩子有利的角度出发，以孩子为中心解决抚养权的归属问题。

除上述硬性条件外，成长和心理陪伴也逐渐成为关注的焦点，作为未成年子女，物质需求固然重要，但是心理情感需求甚至比物质条件更为重要。父母离婚就意味着某一方的陪伴可能会缺失，孩子在成长过程中，需要爸爸或妈妈这一性别角色，如果离婚已经不可避免，父亲或母亲这一性别角色也可以在一定程度上由其他长辈代替。比如将孩子判给妈妈的一方，外公或舅舅部分代替了父亲阳刚爽朗等男性这一性别特征，一定程度上影响男孩；将孩子判爸爸的一方，由奶奶或姑姑一定程度给予孩子妈妈温柔细致的性别特征，一定程度上影响女孩。

综上，两名子女的抚养权归属，从“最有利于未成年子女利益原则”的角度出发，如果两名孩子都尚未年满两周岁，都判决给女方抚养的可能性更大；如果两名孩子都已年满八周岁，则应当尊重孩子自身的意愿，在父或母无不良行为，能正常履行抚养职责的情况下，判归父或母，在孩子都选择一方时，也就当予以尊重，宜判给一方；而两周岁至八周岁的孩子，则应从谁抚养子女更有利于子女成长来考虑，不仅要考虑经济因素，也需考虑其他因素，包括心理及情感需求。

二、司法实践中的裁判情况

（一）从公平角度及父母的抚养意愿出发，由夫妻双方各抚养一名子女

以往，由于国家未放宽生育政策，涉及两名未成年子女抚养权归属时，法院大多会从公平的角度出发，结合父母的抚养意愿，判决父母各抚养一个子女。比如在笔者曾办理的由云南省昆明市官渡区人民法院审理的（2021）云 0111 民初 16412 号离婚案件中，夫妻共生育两名子女，婚生女十周岁，婚生子五周岁，离婚

前均随同女方共同生活。女方作为原告起诉离婚,双方均在法庭上明确要求两名子女的抚养权。审理过程中,法院组织双方将女儿带至法庭询问其意见,女儿表示愿随同母亲共同生活。最终法院本着尊重婚生女意愿的初衷,认定由女方抚养婚生女为宜,而考虑到男方抚养婚生子女的愿望亦强烈,判决由男方抚养婚生子。

(二)从最有利于子女成长及不改变子女生活环境角度出发,将两名子女判决由夫或妻一方抚养

自国家放开二孩、三孩以来,两名子女的家庭越来越多,夫妻离婚后如若再婚,也有再生育子女的可能性,故一部分法院在处理二孩家庭抚养权问题时,亦会考虑孩子当前的现状以及孩子对父或母的心理依赖程度,而将抚养权均判归一方。比如在笔者曾办理的由云南省昆明市盘龙区人民法院审理的(2019)云0103民初3120号离婚案件中,夫妻二人生育二子,长子四周岁,次子两周岁,两个孩子长期与女方及奶奶居住在昆明市,而男方因工作原因生活在其他省市,男方在法庭上表示如果离婚将带母亲和孩子至其目前生活的省市居住。最终法院认为:两个孩子从小就和女方一起生活、居住在昆明,现两个孩子年龄尚幼,若贸然改变熟悉的环境,不利于健康成长,故应由女方抚养较为适宜。

笔者非常赞同该法院的做法,在父母均主张两个子女的抚养权时,除了需要考虑各自的经济条件等因素外,还需考虑子女的生活现状及情感需求,既包括对父母的情感,亦包括与兄弟姐妹、同伴之间的情感。感情融洽的兄弟姐妹,尤其是年龄相差不大的孩子因为父母离婚而被迫与父亲或母亲分开,已经让孩子承受了一次分离和痛苦,如果再让子女承受着从小一起玩大的兄弟姐妹又要离自己而去,更会对于孩子幼小的心灵造成不利影响。另外,在未成年人的成长发展中,同伴起到的作用并不弱于父母,兄弟姐妹的相处,更有利于提高儿童的社会交往能力,提前让孩子认识到同伴间发生矛盾和分歧时,可以通过相互协商、妥协达成理解和认可,甚至于合作。

司法实务中仅考虑父母的抚养意愿而判处父母双方各抚养一个子女,笔者认为对于子女是不公平的,并没有将子女利益最大化考虑在内。法院简单粗暴地将孩子判归一人一个,本位思想仍是"父母本位"思想,而非"未成年子女利益",也许能一定程度上平息双方之间争夺子女抚养权的矛盾,平衡双方的利益,但是对于未成年子女来说,可能是一种损害。作为未成年子女,情感需求一

定是排在首位的。将两名子女分开抚养明显不符合儿童利益最大原则的要求。仍应保持现状，由一方抚养，另一方定期探望并支付抚养费，更有利于子女的健康快乐成长。

综合以上分析，案例中的张女士具备在离婚时争取到两个子女抚养权的可能性。

律师感悟

在争取孩子抚养权时，考验的更多的是心理战，父母在安排抚养权归属时应以子女为优先考虑因素，而不是自己的情感需求。笔者作为律师，亲眼见过为了子女利益，一方主动放弃抚养权的，经过一系列举证，看到男方的家庭条件、家族环境、教育资源、生活水平都明显优于自己，作为原告的母亲在庭审中，声泪俱下地主动放弃孩子抚养权。

如果经过充分权衡，为孩子的切身利益考虑，必须要争取两个孩子的抚养权，就不要轻言放弃。需要尽早筹划，并尽量将两个孩子都带在身边，由自己亲自照顾。但这一决策谈何容易，孩子越小越难执行，毕竟生病住院、吃喝拉撒、接送上学放学，任何一项无法做出妥善安排时，都可能摧毁决策。

争取孩子抚养权，一定要考虑到孩子利益最大化。既然离婚已经不可避免，作为父母一定要尽量将对孩子的伤害降到最低。

5. 离婚后，父母可以轮流抚养孩子吗？

案情简介

彭女士和赵先生结婚 8 年，生育一女，现年六周岁。双方因感情不和一直在协商离婚，从彭女士第一次提出离婚至今已经一年，一年期间二人已经分居，赵先生居住在婚房内，彭女士则和父母一起在婚房旁边租房居住。赵先生的工作较特殊，属于轮休岗，连上两个白夜班后能休息四天。于是分居期间，赵先生休息时，由赵先生管孩子，赵先生要去上班了，又由彭女士及其父母接管，一年来，孩子健康成长，似乎也适应了这种生活。现双方又再次商议离婚，对于财产分割已无异议，但对于孩子的抚养权问题双方都不想妥协，均主张自己抚养，都认为自己可以把女儿带好。最终，考虑到不让孩子因离婚问题感受到过多变化，二人商议仍保持原有状态，以轮流抚养的方式照顾女儿，彭女士找到律师咨询：轮流抚养在实务中可行吗？会有哪些弊端？

律师解析

离婚纠纷中，孩子抚养权的争取经常会成为焦点，夫妻双方甚至不惜上演一场旷日持久的抢孩子大战，为争取孩子抚养权占有先机，将孩子藏匿，私自带出国的也比比皆是。最后，无论是协议离婚还是诉讼离婚，处理结果大多都是：一方取得孩子抚养权，直接抚养孩子；另一方支付抚养费，享有探望权，在规定的时间探望孩子。

但最近几年，越来越多的夫妻，在离婚时选择“共同抚养”孩子。我们熟知的明星有杨幂夫妻、赵丽颖夫妻、李湘夫妻、黄晓明夫妻均在离婚的公开声明中，称将共同抚养孩子，将父母所有的爱给予孩子。

那么，什么是“共同抚养”？共同抚养，大众的普遍认知是指离婚时孩子抚养权不归属于某一方所有，而由双方轮流照顾孩子，共同拥有抚养权。但是，立法上没有“共同抚养”这一概念，而是使用“轮流抚养”的表述。

“轮流抚养”最早出现在《最高人民法院印发〈关于人民法院审理离婚案件处理子女抚养问题的若干具体意见〉的通知》，该通知第6条规定：“在有利于保护子女利益的前提下，父母双方协议轮流抚养子女的，可予准许。”这部司法解释在《最高人民法院关于适用〈中华人民共和国民法典〉婚姻家庭编的解释（一）》生效的同时废止，但“轮流抚养”制度予以保留，其第48条规定：“在有利于保护子女利益的前提下，父母双方协议轮流直接抚养子女的，人民法院应予支持。”

由此可见，就离婚时轮流抚养孩子，立法上早在1993年就曾明确规定。《民法典》实施前，法院审理夫妻双方轮流抚养子女的处理方式时，司法解释的表述是“可予准许”。这一抚养权形式，不但被《民法典》保留，司法态度也从“可予准许”变成“应予支持”。

需要注意的是,《最高人民法院关于适用〈中华人民共和国民法典〉婚姻家庭编的解释(一)》在抚养前加了“直接”二字,看似简单,实则具有非常重大的法律意义。司法实践中,父母虽然约定共同抚养孩子,但孩子毕竟在同一时间段内只能跟随一方生活,因此,伴随“共同抚养”而来的便是孩子实际跟随哪一方生活的问题。立法将“抚养”改为“直接抚养”,意在强调共同抚养的实践指向,即不但从权利归属上明确父母共同拥有孩子抚养权,也进一步明确共同抚养的情况下,孩子可以跟随其中任何一方生活。

一、离婚时,子女抚养权能够采用轮流抚养的条件

第一,离婚时夫妻双方一致同意采用轮流抚养的方式。

协议离婚时,如果一方要求轮流抚养,而另一方坚决不同意,最终会因抚养权存在分歧而无法实现协议离婚的目的。而诉讼离婚时,在一方提出轮流抚养的意向,而另一方不同意的情况下,法院也不会以判决的方式确定共同抚养。只有双方一致同意,人民法院才可以调解或判决的方式予以确认。比如笔者曾在云南省昆明市五华区人民法院办理一起案号为(2021)云 0102 民初 3951 号的离婚纠纷,夫妻双方一致同意以一人抚养一周的方式轮流抚养,各自抚养期间子女的日常生活费用由各自承担,而涉及孩子因教育、医疗等产生的支出则由双方一人承担一半。该案之所以能达成这样的共识,首先,双方在离婚之前的分居期间基本亦是轮流抚养,同时双方虽然感情破裂,但没有出轨等原则性问题,离婚后仍有一定的沟通空间,同时都有很强的抚养意愿,都能站在子女的角度考虑问题,最后期待运用轮流抚养的方式将离婚对子女的伤害降到最低。最终人民法院采纳了二人提出的轮流抚养的方案并在离婚调解书中予以确认。

因此,值得注意的是,协商一致不仅体现在对共同抚养的大方向意见一致,还需考虑后期实际履行过程中双方是否具备履行的条件和沟通渠道。毕竟在共同抚养孩子方面问题非常具体,诸如吃什么穿什么、上不上培训班、在哪里上学、上什么类型的学校,甚至生了病要不要去医院看、是看中医还是看西医,双方有任何一点的不同意见,都可能导致争吵,进而无法达成共同抚养的目的。这一点双方可自行判断,毕竟法院不能在双方未协商一致的情况下判决轮流抚养的重

要原因就是后期可能缺乏可操作性，因为轮流抚养易产生各种各样想都想不到的矛盾，剪不断理还乱，而有了问题和矛盾，后期轮流抚养的执行也存在难度，一定程度上难以通过强制执行来解决。

第二，轮流抚养需有利于保护子女利益。

比如一方有家暴、赌博、吸毒、传染性疾病等明显不适宜抚养孩子的情形，双方就不适合轮流抚养；再如双方离婚后并非居住在同一城市，客观上采用轮流抚养，将导致子女在父母离婚后无法拥有稳定的生活环境。因此，轮流抚养不仅需要协商一致，法院也要主动查明双方是否有不利于抚养子女等情况，处理孩子的抚养权仍应以子女利益最大化为原则。

二、轮流抚养的好处和弊端

（一）轮流抚养的好处

现在，越来越多的夫妻选择轮流抚养子女，可见轮流抚养具有由一方直接抚养不具备的一些好处。接下来我们说说轮流抚养的好处。

第一，可以让孩子更充分地享有父爱和母爱。这是很多选择轮流抚养的夫妻考量最多的，无论近几年网络热度比较高的明星夫妻，还是平时向我们咨询的当事人，他们之所以选择轮流抚养孩子，都是为了让孩子在父母离婚后，还能享有完整的父爱和母爱。虽然夫妻情分尽了，但孩子是无辜的，为了能够在夫妻关系终结后，依然让孩子充分享受到父爱和母爱，轮流抚养是一个很好的选择。

第二，有利于孩子获得更好的物质投入，有助于孩子与双方家庭建立更深厚的感情。相较于一方取得孩子抚养权而直接抚养孩子而言，共同抚养的情形下，因双方都拥有抚养权，支付抚养费时将更加情愿、主动，让孩子获得更多物质保障。离婚后，无论男女双方还是其中一方再组建家庭，正确处理孩子抚养权，至少在新的婚姻中可以面临更少的阻力。

第三，双方都免去了在争夺孩子抚养权方面败诉的风险。也就是说，与其可能面临争夺失败，还不如搁置争议，在孩子抚养权方面达成共识。

（二）轮流抚养的弊端

选择轮流抚养后，是否意味着不会再出现纠纷呢？轮流抚养，可能只是暂时搁置争议，但问题最终还是有可能爆发。很多情况下，离婚的双方很难和平共处，尤其自认为自己是被伤害的一方，甚至不想再与对方有任何联系，还想着让对方永远看不到孩子以示惩戒。如果不安抚好这些情绪，轮流抚养就很难有效施行，一方家里人总是在孩子面前说对方坏话，双方没法有效执行抚养方案，或者继续执行将会对孩子成长不利。再如，孩子上学以后，轮流抚养，会很大限度限制父母的工作变动，到了外地工作的一方可能无法实际履行直接的抚养义务。因此，在诉讼中，一方提出轮流抚养，而另一方不同意时，人民法院一般都会认为：轮流抚养恐引起双方对抗心理进一步造成矛盾，不利于子女的身心健康和生活稳定，也会影响其正常的学习和生活。

此外，在轮流抚养的方式下，关于抚养费的分配，我们接触比较多的是，孩子在哪一方身边，即由哪一方承担，但实务中也有因抚养费约定不明或因一方经济水平发生重大变化引发抚养费争议的。因此在协议中将可能出现需要另一方支付抚养费的情形加以明确，以免未来产生不必要的争议，给孩子造成二次伤害。

总体来说，轮流抚养方式的弊端是在后续执行中逐渐体现的。

最后需要强调的是，无论轮流抚养具有多少好处，与在父母共同守护陪伴下成长相比，只是退而求其次的选择。

所以，一旦夫妻双方有了孩子，就需要用爱和责任努力经营婚姻。好的婚姻，才是最有利于保护子女利益的；如果婚姻确实存在难以为继的情形，也需要采取理性、和平的方式解决，就抚养子女问题，选择最有利于孩子的一种。

律师感悟

孩子不是财产，不是确定权利归属后便可一劳永逸。孩子和父母之间的情感黏性，主要取决于父母对孩子的爱和陪伴。所以无论选择哪一种抚养方式，实际跟随哪一方生活，都抵不过孩子内心的认可。正是因为意识到了这一点，越来越多的夫妻离婚后选择以朋友的身份和平相处。

另外，在确定对子女的抚养权上要结合子女成长的特殊时期综合判断。法律及司法解释规定的是两周岁以内的子女由母亲抚养为原则，但根据幼儿发展的特点，通说三周岁以内的孩子都更依恋母亲，因此这一时期的孩子最好能由母亲稳定抚养。而在此年龄段之后可以根据双方的实际情况再议定抚养。如果双方居住在同一城市，轮流抚养其实不失为一种抚养的良策。但要结合子女的实际情况,如根据上学情况,以学期为计算的起始点,保障一个学期的完整性,在该期间内跟随一方生活。或者上学期间跟随一方,节假日及寒暑假跟随另一方。使孩子在父母离婚后也能在完整的父爱与母爱的包围中健康、快乐地成长。

当然,轮流抚养制度还需要在更多的实践中逐步完善。期待未来在抚养及探望制度上,能真正实现以子女利益为前提,实现儿童利益最大化,真正地保护未成年人的利益,使抚养权制度得到更好的发展。

6. 为了离婚,可以先把抚养权给对方,后面再要求变更吗?

案情简介

金女士和老公刘先生感情一直不是太好,尤其是有了孩子之后,二人可能因原生家庭不同,对孩子的教育理念千差万别,经常因为孩子的吃穿用度、教育问题发生争吵。时至今日,金女士在这段婚姻中备感疲惫,提出离婚。二人争议的主要焦点就是孩子的抚养权归属,刘先生坚决要求孩子的抚养权,最终为了尽快解除婚姻关系,金女士考虑到刘先生也确实是爱孩子的,并且他的经济条件较好,工作条件也利于照顾孩子,于是在抚养权上做了妥协。金女士听说离完婚之后也可以变更抚养权,于是想为了离婚先把孩子的抚养权给刘先生,等过两年自己多赚点钱,再要求变更抚养权。那么为了离婚,先把抚养权给对方,等赚钱了再变更抚养权的想法可行吗?

律师解析

实践中,不乏有当事人为了离婚或由于其他原因在离婚时放弃孩子的抚养权,把孩子的抚养权给对方,心里打着后续再变更抚养权的想法。虽说变更抚养权在理论上有实现的可能性,但这种想法并不值得鼓励,且也不利于孩子的成长,还会一定程度上加深离异双方甚至两个家庭的矛盾。

同时,当事人需要知晓的是,离婚后要求变更抚养权和离婚时争夺抚养权完全不同。离婚时争夺抚养权,法院裁判的标准,是看哪一方抚养更有利于孩子以后的成长和教育,而变更抚养权则需符合法律规定的事由,非因法定理由不得随意变更。背后的法律理念有二:其一,离婚时自愿签署的离婚协议书中的内容对双方均有约束力,如果法律允许随意变更,则违背诚信原则;其二,子女并非父或母的私有财产,而是一个有感情的人,对直接抚养自己的父或母会有一定的感情依赖,不宜轻易改变孩子的生长生活环境,以保障孩子的利益最大化。

一、哪些情况下可以要求变更抚养权

关于变更抚养权,《最高人民法院关于适用〈中华人民共和国民法典〉婚姻家庭编的解释(一)》第 56 条规定:"具有下列情形之一,父母一方要求变更子女抚养关系的,人民法院应予支持:

(一)与子女共同生活的一方因患严重疾病或者因伤残无力继续抚养子女;

(二)与子女共同生活的一方不尽抚养义务或有虐待子女行为,或者其与子女共同生活对子女身心健康确有不利影响;

(三)已满八周岁的子女,愿随另一方生活,该方又有抚养能力;

(四)有其他正当理由需要变更。"

一般法院在处理变更未成年人抚养权案件时,均以是否符合上述可变更的情形予以裁决。回归到案例中的金女士,其如果想在离婚后变更孩子的抚养权,则必须满足上述情况之一,否则无法得到法院的支持,因此,虽然法律在一定程度上规定了不直接抚养子女一方有变更抚养权的权利,但该权利极其受限,条件严苛。

第一,与子女共同生活的一方因患严重疾病或者因伤残无力继续抚养子女。这样的情形在司法实务中较少,因为如果一方确已达到因病或伤残无力抚养子女的情况,大部分当事人会以孩子为先,与前妻或前夫协商处理孩子的抚养事宜。如果无法协商确需进入诉讼程序,主张变更的一方需举证证明对方的实际情况,以让法官确信对方已无力抚养孩子。

第二,直接抚养的一方不尽抚养义务。这种情况较常发生的是,离婚协议中约定直接抚养子女的一方,因工作或其他原因外出,实际未能携带抚养子女。比如在新疆维吾尔自治区乌鲁木齐市天山区人民法院审理的(2023)新 0102 民初

155 号变更抚养关系纠纷案中，原告李某与被告张某婚后于 2016 年生育一子。双方 2020 年经天山区法院调解离婚，并自愿达成协议：婚生子由张某自行抚养。离婚后，婚生子一直跟随母亲李某共同生活，李某多次就婚生子入学事宜与张某联系无果，张某怠于履行抚养义务导致婚生子至今无法入学接受义务教育。法院经审理后认为："张某在离婚后未尽到抚养义务，婚生子一直跟随李某共同生活，不配合办理婚生子入学手续，致使婚生子年满七岁仍未接受义务教育，存在法律关于变更子女抚养关系的事由，故支持原告要求变更抚养关系的诉讼请求。"

实践中，也有一部分当事人获得孩子的抚养权后并未亲自抚养，而是交由祖父母或外祖父母照管，于是很多当事人会认为这也是父或母不尽抚养义务，可以变更抚养权的情况。但从法院的判决来看，获得抚养权一方虽未直接抚养，但其委托有抚养能力且愿意帮助照顾子女的祖父母或外祖父母抚养，并不当然构成不尽抚养义务。比如在辽宁省阜新市细河区人民法院审理的(2022)辽 0911 民初 2231 号变更抚养关系纠纷案中，夫妻双方于 2020 年协议离婚，约定婚生女随父亲生活，后父亲未亲自抚养女儿，在母亲不知情的情况下将女儿送至祖父母家中，让女儿长期在外地跟老人一起生活，自己却很少回去亲自照顾女儿。母亲认为："此举使得女儿长期处于不在父母身边，缺乏父母关爱的环境中，对女儿的成长十分不利，严重影响了女儿的身心健康。"故以孩子父亲不尽抚养义务，无法照顾女儿，对女儿身心健康产生了不利影响为由，为了使女儿有一个健康、稳定的生活环境，获得来自母亲的关爱，要求变更抚养权。法院经审理后认为，孩子单独随祖父母共同生活多年，且祖父母有能力帮助被告照顾孩子，被告有固定的住所及收入，能为孩子提供相对稳定及有利的生活学习条件。最终结合孩子愿意随被告共同生活的情况，判决继续由被告抚养。

第三，直接抚养一方有虐待子女行为。根据《最高人民法院关于适用〈中华人民共和国民法典〉婚姻家庭编的解释(一)》第 1 条的规定，虐待指的是持续性、经常性的家庭暴力。比如一方在抚养子女过程中，因为管教子女而存在偶尔动手打孩子的行为，如果并未给孩子造成伤害，目的也仅在于管教，可能难以认定为虐待。当然根据我国法律规定，父母在任何时候均不应采取过激的方式教育孩子，因此，在日常生活中，无论是哪一方均应尽量控制情绪，给子女营造一个良好、有爱的生活环境。

第四，直接抚养子女一方与子女共同生活对子女身心健康确有不利影响。此规定在实践中其实很少适用，何为“确有不利影响”，其实带有主观色彩。比如直接抚养一方私生活混乱，常常携带不同异性到家中居住，对子女亦毫不避讳，或者一方有赌博、吸毒等不良嗜好，难以给到子女正确的引导等，均可以归入对子女有不利影响的范畴，但这些情形在实践中存在难以举证的问题。

第五，已满八周岁的子女，自愿选择随同另一方生活，且另一方具备一定的抚养能力。实践中，实现变更抚养权的案件大部分属于此类，或虽有其他情形，但子女也明确表达了意愿。因此，如果金女士在离婚后，孩子年满八周岁时，自愿提出要跟随金女士生活，则金女士成功变更抚养权的概率会比较大。

第六，有其他正当理由需要变更。这是个兜底条款，前面几条都不适用，但又存在确实需变更抚养权的理由时，可以应用“其他正当理由”来主张变更抚养权。比如直接抚养子女一方因犯罪行为被羁押，无法携带抚养子女等情况。

另外，需要提醒读者注意的是，除上述法定事由外，其他情形难以实现变更抚养权的目的，在笔者日常接待咨询过程中，发现当事人普遍存在的误区有以下几种：第一，抚养子女的一方当事人再婚或再生育子女，而自己未婚也未再生育子女，甚至很多当事人认为“再婚”是能否抚养子女的条件之一，但其实是否再婚或再生育子女，与变更子女的抚养权无关。第二，无抚养权一方行使探望权受到妨碍。这种情况在实践中非常常见到，由于双方离婚了，对对方颇有微词，于是拥有抚养权一方，以不恰当的方式阻碍另一方行使探望权。但一般情况下，一是阻碍行为难以认定，二是行使探望权可以通过正当的诉讼予以解决，该事由并不当然成为变更抚养权的理由。第三，直接抚养子女一方经济条件较差，而无抚养权一方条件比较好。如本书《你挣得多，孩子的抚养权就归你吗?》一文中所写，经济条件并非抚养权归属的决定性条件。在变更抚养权的案件中，主张变更一方如果提供的证据不足以证明直接抚养人存在以上法定情形，即使再怎么主张自己的经济条件如何优越、提供的教育资源如何丰富、生活环境比直接抚养一方怎样富足，法院也不一定会支持变更抚养关系。原因在于经济条件固然关系到子女的成长条件，但直接抚养一方的经济条件、抚养能力、生活环境等方面并没有稳定的生活环境、稳定的亲子关系重要。只要没有明显不利的因素，相对稳定的生活环境更有利于子女的健康成长。

综上，在离婚后想要变更抚养权，需满足以上情形，否则会因理由不成立，面临被法院驳回诉讼请求的风险。因此，想在离婚时假意放弃，事后又要求变更的路径亦不易实现。

二、在变更抚养权案件中，如何举证才能增加胜算

主张变更抚养关系的一方在举证的时候，不仅要举证证明自身条件有多优越，更要提供充分的证据证明，直接抚养一方存在有明显不利于子女健康成长的证据，这样才有可能获得法院的支持。可从以下几个方面着手收集证据：

1. 收集对方患有严重疾病或出现残疾伤病的病历，必要时可以申请法院或由律师前往医院调查核实。

2. 收集对方不良习惯的证据。对方生活习惯不良，有酗酒赌博或其他恶习的，可以寻找证据。如果出现对方有虐待孩子的情形，可以向妇联、街道、公安等多个部门检举，固定上述部门处理的结论意见证据及孩子受伤的照片证据。

3. 如因对方拖欠债权人的债务，可向对方的债权人请求其出具存在债权债务关系的证明，有判决书的可以上网搜索判决书作为证据。

4. 不尽抚养义务。例如，双方离婚后，抚养子女的一方没有与子女共同生活，将子女交给（外）祖父母进行抚养，或者是已再婚无法同子女共同生活。

5. 孩子八周岁以上的，应该与孩子做好思想沟通工作，只要孩子愿意跟随你，而你又有抚养能力，就可以申请变更抚养关系。但是，孩子的意见极易受影响，所以，怎样影响孩子的意见是很关键的。

综上，离婚时一定要慎重考虑抚养权的问题，要争取抚养权就要趁离婚时争取，孩子不应成为双方离婚的条件或砝码，一旦放弃了抚养权，就要做好以后很难再将抚养权要回来的心理准备。

律师感悟

婚姻不是儿戏，尤其是有了孩子以后，你的每一个决定都将决定孩子的未来，不管是离婚时争夺抚养权，还是离婚后变更抚养权，都将对孩子产生影响，一定要慎重对待。

笔者站在一位母亲的角度，始终认为孩子并非谁的私有财产。从懵懂无知

到深谙世事，从蹒跚学步到海阔天空任鱼跃，终有一天他们将长大成人，离开父母的臂弯，而成长时期经历的每一天、每一步都将给他们的未来带来影响。既然父母离异已不可避免，那么秉承为子女着想的角度，不能简单地以满足自己的心愿来处理子女的抚养权问题。

虽然子女成长的每一个阶段都少不了抚养人的付出，但夫妻离婚时抚养权的归属并不影响未直接抚养一方的亲子关系，双方均应理智对待，不要将离异带给子女的影响无限扩大，而是应当尽量让子女仍可在有父母疼爱的环境中成长，避免出现为争夺抚养权而妨碍子女健康成长的情况。

7. 离婚时约定不付抚养费，之后还能要吗？

案情简介

王先生与张女士因感情不和协商离婚，财产问题双方很快协商一致，但就孩子的抚养权问题，双方僵持不下。王先生也想要孩子的抚养权，并表明最后的底线：谁抚养孩子，另一方不需要承担抚养费。张女士为了取得孩子的抚养权，无奈之下只能答应。最终，双方协议离婚，夫妻共同财产基本平分。张女士取得孩子的直接抚养权，孩子随同张女士生活，王先生不需要支付抚养费，王先生每周可探望一次孩子。离婚三年期间，张女士因客观原因，收入越来越少，而随着孩子的成长，孩子的支出却越来越多，张女士抚养孩子感觉越来越吃力，张女士咨询律师：离婚协议中约定男方无须支付抚养费，现在还可以要求王先生支付吗？

律师解析

笔者认为，离婚协议经双方办理离婚登记后生效，对双方均有法律约束力，任何一方在无正当理由的情况下，无权要求变更协议条款。但抚养费问题并非仅涉及离婚双方当事人，还涉及未成年人的保护，基于父母无论是否离婚均有抚养子女的责任和义务，如直接抚养一方确实经济或家庭状况有所变化时，原离婚协议中的约定不能当然对抗法定义务，应当以子女利益为先，判决由不直接抚养一方支付抚养费。

一、离婚协议对双方均有约束力，不得随意变更

在直接抚养子女一方经济状况未发生改变，子女的具体情况亦无变化的情况下，应当依照双方约定，判决另一方无须支付抚养费。

首先，双方离婚时所签订的离婚协议，是双方真实意思表示，应当给予充分的尊重。双方在离婚协议中关于孩子抚养、抚养费支付、探望权行使，夫妻共同财产的处理是合法有效的，对双方均有约束力，且作为成年人理应理解签署协议所产生的法律后果，法律行为一经完成，不得随意变更。

其次，诚实信用是我国《民法典》确立的基本原则，一方为了取得子女抚养权而自愿放弃由另一方支付抚养费用，是其对自身民事权利的处分，亦是主动负担更多义务的体现，当事人均应本着诚实信用的原则，不得随意反悔。

基于此，在离婚协议中约定对方无须支付抚养费时，事后又要求支付的，不一定能得到法院的支持。比如在江苏省南通市崇川区人民法院审理的(2016)苏0602民初1830号抚养费纠纷案中，原告父母于2012年协议离婚时约定原告由其母亲抚养，其父亲无须支付抚养费。离婚不足四年，孩子作为原告，其母亲作为法定代理人提起本案诉讼，要求被告即孩子父亲按照每月2000元的标准支付抚养费。最终法院认为，原告父母离婚时的离婚协议系双方真实意思的表示，且其内容于法不悖，因而该约定对原告父母均具有约束力，理应得到双方的自觉遵守和切实履行。且诉讼中原告的法定代理人亦未能提供证据证明其家庭经济、工作生活状况等发生了重大变化，以至于对原告健康成长的条件和环境产生了实质性的影响。故原告及其法定代理人请求不再按原来离婚协议中关于原告抚养费负担的约定来履行的主张，缺乏事实根据和法律依据。

二、有正当理由时，仍可要求支付抚养费

为保障子女健康成长，在直接抚养一方的条件发生重大变化，或子女的需求发生重大变化之时，法律本着父母之间的协议不得对抗法定义务的原则，同时从

保护未成年人角度考虑，仍应支持子女主张抚养费，毕竟抚养费设定的目的是给予未成年和不能独立生活的子女物质生活上的保障，要求父母支付抚养费是子女的权利。

同时，离婚协议中关于放弃抚养权这一条款，一些法院观点认为，离婚协议的双方只能对自己的权利义务加以约定，不应在协议中剥夺限制他人的权利，否则侵害他人权利部分的内容无效。夫妻双方虽然在离婚协议中作出了不直接抚养子女一方不支付抚养费的约定，但该约定侵犯了孩子应从不直接抚养子女一方处获得抚养费的权利，故子女仍有权利要求不直接抚养子女一方给付抚养费。

同时，我国《民法典》第 1085 条亦有明确规定："离婚后，子女由一方直接抚养的，另一方应当负担部分或者全部抚养费。负担费用的多少和期限的长短，由双方协议；协议不成的，由人民法院判决。前款规定的协议或者判决，不妨碍子女在必要时向父母任何一方提出超过协议或者判决原定数额的合理要求。"

从此条规定可知，不论父母的离婚协议中如何约定，子女在必要时仍可要求父母任何一方支付或增加抚养费。对于这个必要时候应当有正当理由，而根据《最高人民法院关于适用〈中华人民共和国民法典〉婚姻家庭编的解释（一）》第 58 条的规定，正当理由包括：第一，原定抚养费数额不足以维持当地实际生活水平；第二，因子女患病、上学，实际需要已超过原定数额；第三，其他正当理由。

在司法实践中，很多约定不付抚养费，后续又主张支付而得到法院支持的，一般都是因为随着孩子的成长，其对于抚养费用需求进一步增加，为了保障子女的健康成长，而支持其要求支付的诉请。当然，也有一些特殊情况，比如抚养一方因下岗或疾病等原因，不再具备离婚时的经济条件，凭一己之力已难以维持孩子的基本生活；或者孩子在身体方面出现重大变化，比如身患重疾，需要持续不断的治疗，因此导致抚养一方难以支撑。

笔者认为，在子女确系必要时，要求父母支付抚养费用应当得到法院支持。相关规定及司法实践，充分体现了"儿童利益最大化原则"。抚养费用于子女的生活、教育、医疗的基本支出，目的是保障子女的健康成长，允许在必要时索要，是基于儿童成长的角度考虑，但同时亦应考虑以下问题：

1. 为了孩子已经在共同财产方面，额外获得了部分财产；另一方放弃了部分财产，不支付孩子抚养费，还需再支付抚养费吗？

离婚协议是"一揽子"处理情感、子女抚养、财产分割的协议，不能片面地孤立地看待某一问题,应该综合来看,如果一方在离婚时已经在共同财产方面做出大量让步,另一方或子女离婚后再要求支付抚养费则没有事实依据。因此,法院在处理抚养费增加及支付时,应全案考虑离婚协议中的财产分配、补偿等,不应武断直观地只处理抚养费支付问题。

同时,笔者也建议,如果在离婚分割财产时已经隐含了财产折抵抚养费用的意向,应尽量在离婚协议中予以明确。如果是以判决或调解方式离婚的,在有财产分割折抵抚养费用时,也应要求法庭予以记录或体现在裁判文书中,以便于后续发生争议时作为处理依据。

2. 自愿承担全部抚养费,而后又要求支付,会因协议离婚或诉讼调解离婚而有所不同吗?

会有区别,诉讼调解离婚大多是在法院主持下进行,一般来说,当事人也更理性、更慎重。在法院主持下的调解,不仅体现当事人的意思自治,法院也会做进一步审核,《最高人民法院关于适用〈中华人民共和国民法典〉婚姻家庭编的解释(一)》第52条即规定:"父母双方可以协议由一方直接抚养子女并由直接抚养方负担子女全部抚养费。但是,直接抚养方的抚养能力明显不能保障子女所需费用,影响子女健康成长的,人民法院不予支持。"而一些地方法院也进一步明确,比如《北京市高级人民法院对审理离婚案件适用法律政策的几点意见》第5条还规定:"当事人为争要子女等目的而放弃索要子女抚育费的,如果其抚育能力不足以保证子女正常生活,法院仍应当判令对方给付子女抚育费。"所以,笔者认为,如果是经法院调解离婚,主动放弃抚养费的,再次索要抚养费的概率会更小。

三、离婚后起诉要求支付抚养费的诉讼主体是抚养子女的父母还是子女本人

离婚时,夫妻双方需要通过签署离婚协议一并处理孩子抚养、抚养费支付、共同财产处理、损害赔偿等一系列不同的问题,虽然其中的抚养权、抚养费等问题涉及子女的切身利益,但子女并非是离婚协议中的当事人。离婚之后,如果在履行离婚协议过程中发生争议,则要根据具体争议的内容不同而分别处理,进而分化属于不同的案由,如财产问题分化为离婚后财产纠纷,变更抚养权问题分化为变更抚养权纠纷,损害赔偿分化为离婚后损害责任纠纷,要求增加抚养费分化

为抚养费纠纷……因此，随着夫妻婚姻关系的解除，而分化为了不同的案由。同样单就增加抚养费这一项，应为抚养费纠纷。

而抚养费的支付，直接影响的是子女的权利，因为抚养费的本质是保障未成年子女的健康成长。所以，有权利主张抚养费的主体是子女，而非直接抚养子女的一方，提起诉讼时，也应当以子女作为原告。当然，如果是一方已经支付的抚养费，仅是要求对方承担的，可以以支出抚养费一方作为原告。实践中，有些当事人误以为孩子未成年，应当以自己作为原告，而起诉至法院要求对方支付抚养费用，最终面临的可能是主体不适格而被裁定驳回起诉。比如在吉林省长春市绿园区人民法院审理的（2023）吉 0106 民初 3320 号抚养费纠纷案件中，直接抚养子女的一方提起诉讼，要求另一方支付抚养费。法院认为，子女是抚养费请求权的法定主体，直接抚养子女的一方只与子女所主张的抚养费有间接利害关系，要求不直接抚养的一方按照离婚协议的约定支付未履行部分的抚养费以及尚未发生的抚养费，应当以子女为原告，而不能由直接抚养子女的一方作为原告提起诉讼。最终以主体不适格为由裁定驳回起诉。同理在原本约定无须支付抚养费，后面又要求支付的，应当以子女作为原告，抚养方作为子女的法定代理人提起诉讼。

综上，案例中的张女士虽在离婚时自愿自行承担全部抚养费，但其离婚后因客观原因收入越来越少，而子女的支出越来越大，导致她已无力提供给子女良好的生活条件。她可以让子女作为原告，起诉王先生要求支付抚养费，在能举证证明自己经济状况发生变化的情况下，子女的诉求应当能够得到法院的支持。

律师感悟

无论是协议离婚还是诉讼离婚，子女抚养费的数额一般是根据当时的社会经济水平、父母的负担能力、子女的需求等因素而确定的。但随着社会经济的发展以及人们的具体情况的不断变化，不仅每个人的经济状况有时会随着社会的变化而变化，而且随着人们对物质生活要求的提高，以及消费水平的增长，子女在各方面的需求有变化，使得原抚养费的数额也要随之有所变化。因此，法律赋予子女可根据实际情况向父母任何一方提出超过原定数额抚养费的要求，也就是抚养费数额在一定条件下是可以变更的。

子女生活费和教育费无论是在协议离婚时达成的，还是由法院判决的，都不妨碍子女在必要时向父母任何一方提出增加数额的合理要求。至于费用是否增加、增加多少，不能仅凭子女单方面的要求而确定，应经相应的程序予以解决。其程序可由子女与父母协商解决，协商不成的，可由法院依诉讼程序处理。

8. 离婚时要求对方支付抚养费的起止时间怎么算？

案情简介

阳女士和唐先生正在协商离婚。协商有大半年时间，在这大半年的时间里，唐先生从未给孩子付过抚养费，都是阳女士一个人在承担着孩子的所有支出。拖了大半年时间，阳女士感到非常累，不想再谈了，想问问：如果诉讼离婚，她是否可以要求唐先生支付分居大半年期间的抚养费？毕竟这么长时间，唐先生从未付过家用，也没有付过孩子的任何费用。另外，如果自己争取到孩子抚养权，可以要求孩子的爸爸支付抚养费到什么时候？阳女士表示，她在网上看到说是只能付到十八周岁，是不是真的？她认为，大多数孩子在十八周岁刚成年时无法自食其力，肯定是要读大学的，十八岁之后的抚养费，他真的就可以不管了吗？法律也太不人道了吧？

律师解析

一、抚养未成年子女是父母不可推卸的法定义务

抚养费是保障未成年子女基本生活和教育所需的费用。《民法典》第 1067 条规定："父母不履行抚养义务的，未成年子女或者不能独立生活的成年子女，有要求父母给付抚养费的权利"，第 1068 条规定："父母有教育、保护未成年子女的权利和义务"，第 1085 条第 1 款规定："离婚后，子女由一方直接抚养的，另一方应当负担部分或者全部抚养费。负担费用的多少和期限的长短，由双方协议；协议不成的，由人民法院判决。"抚养未成年子女，是父母的法定义务，不论

夫妻的婚姻状况如何,双方都应履行对子女的抚养义务,在一方不履行抚养义务时,子女可以根据法律规定提起诉讼,即为抚养费纠纷。但抚养费纠纷常见于在离婚纠纷中一并处理或离婚后因抚养费的支付产生争议的情形,在父母尚处于夫妻关系存续期间即提出要求支付抚养费的比较少。

因此,案例中的陈先生在分居期间不支付孩子的抚养费用,其行为与法律规定相悖,并非值得提倡的行为。无论夫妻之间的关系如何,子女无法选择是否要来到这个世界,亦无法选择何人为父母,父母之间关系不甚融洽,已经给子女带来一定的打击,如若在经济上还不能尽力照顾,孩子的权利则无法得到有效保障。

二、离婚时,主张对方支付抚养费用的开始时间

离婚时要求支付抚养费,是子女的法定权利,法院应在离婚判决书中一并判决抚养费的支付事宜。但一般法院处理的都是离婚之后的抚养费,因此,大多数判决书判决的起付时间是自判决生效之月,由支付方按月支付抚养费。大概表述为:自××××年×月起于每月×日前支付抚养费××××元。

但是,类似于案例中的阳女士,其与丈夫分居半年之久,分居期间均系自己支付费用,她能否在离婚时主张分居期间的抚养费呢?首先,婚内不支付抚养费的原因很多,有些可能是双方感情不和分居,从分居开始就没有付任何费用;有些可能是故意不支付抚养费或者其他客观原因,如被监禁等。其次,夫妻未离婚之前,财产处于共有状态,另一方不支付抚养费也不一定势必影响孩子的正常成长。因此,对于分居期间的抚养费支付问题尚存有一定争议。

一些法院认为,我国是法定的共同财产制,在夫妻未约定分别财产制的情况下,从共同财产的本质特征来看,在夫妻婚姻关系存续期间,一方的经济收入在所有权归属上应为夫妻共同财产,而子女抚养费无论是父母哪一方给付,均可视为父母共同履行抚养义务。

另一些法院认为,夫妻双方分居期间的财产收入已经相对独立,双方各自控制和支配使用自己占用的那部分财产,其财产状态类似于分别财产制或离婚后的财产关系。在此情况下,如果还认定为共同履行了抚养义务,势必使一些父母以分居名义逃避应尽的抚养义务。

因此具体到个案，还是要根据夫妻及子女的具体情况，由法官行使自由裁量权。笔者认为，离婚诉讼中，当事人如存在较长一段分居期间，且该段期间内由一方抚养子女，则可以将要求对方支付抚养费的起点定为分居开始的时间。理由有四：其一，如前所述夫妻双方分居期间的财产收入已经相对独立，生活上也无共同支出，作为携带子女一方将自己的一部分收入用于抚养子女，为子女付出，而另一方则不用支出任何费用，其收入则用于个人消费和生活，会造成夫妻间财产的不平等。同时，势必也会使一些父母以分居名义逃避应尽的抚养义务，法律如不加以评价，人们或将争相效仿，不符合社会一般价值，亦不能发挥法律正义的指引作用。其二，父母对于子女的抚养、教育和保护的权利和义务，由父母双方平等享有、共同承担，而非某一方的权利和义务。其三，在离婚纠纷中一并处理解决子女抚养问题，本质上也是维护子女的利益，一并解决可以减少诉累，解决婚姻中的纠纷，化解矛盾。其四，从未成年子女利益最大化的角度讲，子女再诉讼未直接抚养一方，加大矛盾，有损亲情，不利于纠纷的解决。

三、离婚时，要求对方支付抚养费的截止时间

笔者通过检索判决支付抚养费用的裁判文书，发现判决书中大体来讲，对于支付抚养费的截止时间，通行的有两种做法：有些法院判决“至×××年满 18 周岁止”，还有些法院直接判决“至×××具有独立生活能力时止”。

第一种做法符合《最高人民法院关于适用〈中华人民共和国民法典〉婚姻家庭编的解释（一）》第 53 条的规定：“抚养费的给付期限，一般至子女十八周岁为止。十六周岁以上不满十八周岁，以其劳动收入为主要生活来源，并能维持当地一般生活水平的，父母可以停止给付抚养费。”而第二种做法也符合《民法典》第 1067 条的规定：“父母不履行抚养义务的，未成年子女或者不能独立生活的成年子女，有要求父母给付抚养费的权利。”但是，采取第一种做法的人民法院更普遍。

在界定起止时间时，还需把握以下问题：

第一，父母对未成年子女的抚养是无条件的，什么是未成年人有明确的法律概念。未成年人有两层含义：（1）不满十八周岁的公民；（2）十六周岁以上的未成年人，以自己的劳动收入为主要生活来源的，视为完全民事行为能力人。

第二，不能独立生活的成年子女，法律角度如何界定？2001 年实施的《最高人民法院关于适用〈中华人民共和国婚姻法〉的司法解释（一）》（已失效）第 20 条规定："婚姻法第二十一条规定的'不能独立生活的子女'，是指尚在校接受高中及其以下学历教育，或者丧失或未完全丧失劳动能力等非因主观原因而无法维持正常生活的成年子女"。对应的是新实施的《最高人民法院关于适用〈中华人民共和国民法典〉婚姻家庭编的解释（一）》第 41 条，属于原文沿用。依据此法律规定，十八周岁以上正在接受大学教育，就不属于必须要支付抚养费的情形。只有当成年子女没有劳动能力或其他特殊原因导致不能独立生活时，父母才有抚养义务，比如身患残疾的成年子女等。

综上，法院判决处理抚养费问题时，以判决至十八周岁居多，判决至能独立生活时止较少。

四、突破法律规定外的约定，在法律上是否有效

根据前述《民法典》第 1085 条之规定，抚养费支付期限的长短，可以由离婚的夫妻双方协议确定。因此，法律允许当事人以意思自治的方式处理抚养费用问题，亦不限制法律判决外的自愿履行。比如判决书中虽然已经载明，抚养费支付的时间是截止到十八周岁，但是亲子关系良好，且父母具有支付能力的情况下，如果孩子正在接受大学或者硕士研究生教育，绝大多数的父母仍然会支付学费和生活费。甚至有些父母在子女参加工作初期，在子女收入不足以维持独立生活时，仍会支付部分生活费。

具体到实践中，夫妻协议离婚时，针对子女抚养费的协议内容可以多种多样，比如子女的抚养费由一方承担部分或全部均可，负担费用的多少和期限的长短，甚至抚养费具体包括什么项目，都可以由双方协商来确定，协商的内容只要不违反法律的禁止性规定，是双方的真实意思表示，都是有效的。而离婚协议对于双方具有约束力，双方应当按照离婚协议的约定，承担约定应支付的相应学费及生活费。

那么，这样的约定是否与法律冲突呢？子女成年后，父母本无抚养义务，如子女已经上大学，并且也不存在其他丧失劳动能力的情形时，其是否仍有权要求父母给付抚养费呢？

抚养费的支付分为法定义务、约定义务和道德义务。十八周岁之后的抚养费，如果夫妻双方在离婚时或离婚后，通过协商的方式，由某一方支付满十八周岁后读大学期间的生活费、学费，一旦体现在离婚协议书中，双方应按照离婚协议的约定履行。如果认定离婚协议中的该类条款无效，不但违背了民法的基本原则，对离婚协议中涉及的子女及离婚协议携带抚养子女一方的权益均是一种损害，故应本着尊重当事人意思自治的原则，确定该类条款有效。

正是基于此，实践中对于抚养费支付的期限长短，当事人可以自行约定，有些约定至孩子大学毕业，甚至博士毕业，只要在求学期间，都应支付，甚至有些约定至正式工作的第二年。而抚养费的范围，有些将每月固定的款项约定为孩子的基本生活费，而医疗费、教育费则另外据实计算。还有些会将未来子女结婚生子的彩礼或嫁妆、婚房的购买等约定在协议中。总体来说，离婚协议中，双方约定的内容只要不违反法律规定，不损害他人的合法权益，都是有效的，应遵照履行。离婚协议书中若已作出承诺，该约定系双方真实意思表示，协议对双方当事人均具有约束力。如果未履行协议，另一方可以主张权利且人民法院一般会依照协议约定的内容进行裁决。

综上，案例中阳女士可以在提起离婚诉讼时，请求法院判决由对方自分居日起支付抚养费用，但由于司法实践中存在一定争议，故而有获支持，也有不获支持的可能性。同时，在抚养费的支付期限上，诉讼离婚时大部分法院仅判决支付至子女年满十八周岁，即成年时止。如果她可以跟唐先生协商，则最好以协商的方式延长支付期限，也更有利于婚生子女的成长。

律师感悟

法律规定支付抚养费的截止时间是十八周岁，其基本法理在于，十八周岁后，孩子则不再是孩子，已经系具备完全行为能力的成年人，其理应承担起作为成年人的责任，其中亦包括自己解决生存问题。从国家层面上讲，这也是在引导青少年树立自尊自强、独立自主、自力更生的意识。即使年满十八周岁尚在求学，对于家庭困难的学子，可以申请国家助学贷款，利用业余时间勤工俭学；对于家庭条件较好的学子，已完全具备劳动能力，在学业之余亦可通过自己的劳动获得一定的报酬，同时还可以通过取得优异成绩获得国家奖学金等方式筹集学费完成学业，并不必然完全依赖于父母。

但现实生活中，十八周岁的孩子大多正在接受高中教育，再加上如果子女读大学，甚至还要读硕士、博士，为了子女能心无旁骛地完成学业，在没有其他收入来源的情况下，只能靠父母来供养。父母对此也无怨无悔，只要子女有能力上学，就尽力供养。

有时父母对孩子的爱到了无以复加的程度，我们在办理案件时，曾有好几个案件，当事人家庭条件不错，子女结婚生子之后，父母仍在每月给孩子支付生活费、零用钱。

既然子女成年之后，抚养子女已不是法定的义务，那么父母对子女的教育生活费的支出法律性质是怎样的？钱款的往来，或是合同关系，或是赠与，或是借贷？父母对子女的转款，在没有约定性质的情况下，一般会认定属于赠与。怎样将转账的性质进行明确化？是否可以备注为借款？不仅如此，还要在每年年底进行汇总，共计转了多少钱，确认借款的总金额，将借款的双方意思表示进行固定。

站在父母的角度，有必要确认从十八周岁后，到底给子女转了多少钱。一方面什么时候向子女要，是否向子女要都是父母的权利。另一方面要从法律性质上确定，是父母借给子女的，不是父母欠子女的，也不是父母赠与子女的。

9. 离婚后直接抚养孩子的一方，可以单方更改孩子的姓氏吗？

案情简介

李先生正在和妻子协商离婚，孩子出生 20 天后，他因工作原因到外地出差，妻子在未与他商量的情况下，擅自给孩子办理了出生医学证明，并给孩子落户于妻子一家户头，让孩子跟了她的姓。对此，李先生一直耿耿于怀，再加上这几年生意不好做，赚得也少，夫妻感情越来越淡，二人就商量着离婚。他们二人对离婚问题、财产问题、孩子抚养及抚养费给予等问题都达成了一致意见，但对于孩子的姓氏问题一直没有商量好。李先生认为，既然孩子将来由自己抚养,自己又是孩子的亲生父亲,无论从哪个角度讲,都应当在离婚后变更孩子的姓氏;而妻子却认为,无论离婚后孩子由谁抚养,她与孩子的母子关系都割舍不断,跟自己姓也没有任何问题。于是李先生找到律师咨询:在抚养权归自己的情况下,他在离婚后能否持离婚协议书到公安机关给孩子改姓?

律师解析

受传统观念影响,孩子跟谁姓一直是很多家庭,尤其是男方家庭特别在乎和关注的问题。古往今来,随父姓的中国传统观念影响至深,夫妻双方所生育的孩子默认跟父姓,除非对于孩子的姓氏进行过特别说明和明确约定。这就导致某些家庭会因为孩子随了母姓,而引发巨大的矛盾和冲突。同时,由于离婚的夫妻越来越多,离婚后直接携带子女的一方往往也希望将孩子户口迁至自己处,同时给孩子改姓。笔者在日常接待咨询和办理离婚案件过程中,亦遇到很多当事人都关心给孩子改姓的问题。那么,就法律角度而言,持约定有抚养权归属的离婚协议,能否到公安机关给孩子改姓呢?本文将从法律规定和司法实践的角度进行分析。

一、关于子女姓氏的法律规定

首先,需要明确的是,孩子改姓问题既涉及孩子本身的姓名权利,亦属行政管理范畴,既要适用《民法典》中关于子女姓名权的相关规定,还需结合公安机关对于姓名管理的相关规定。

(一)子女可以随父姓,也可以随母姓,具备条件时,还可以选取其他姓氏

《民法典》第1012条规定:"自然人享有姓名权,有权依法决定、使用、变更或者许可他人使用自己的姓名,但是不得违背公序良俗。"第1015条规定:"自然人应当随父姓或者母姓,但是有下列情形之一的,可以在父姓和母姓之外选取姓氏:

(一)选取其他直系长辈血亲的姓氏;

(二)因由法定扶养人以外的人扶养而选取扶养人姓氏;

（三）有不违背公序良俗的其他正当理由。

少数民族自然人的姓氏可以遵从本民族的文化传统和风俗习惯。”

从以上两条法律规定可知，每个自然人都有决定自己姓名的权利，但是受中国传统文化及观念影响，法律上并不允许当事人随意选取姓氏，但随父姓、随母姓、随祖父母或外祖父母或者随其他抚养人姓均可，因此，案例中的孩子随母姓亦是符合法律规定的。而随着二孩、三孩家庭的增多，很多家庭也出现了多个子女分别随父姓或随母姓的情况。

（二）变更姓氏，需至户口登记机关申请变更登记

《户口登记条例》第18条规定：“公民变更姓名，依照下列规定办理：（一）未满十八周岁的人需要变更姓名的时候，由本人或者父母、收养人向户口登记机关申请变更登记；（二）十八周岁以上的人需要变更姓名的时候，由本人向户口登记机关申请变更登记。”

根据前述规定可知，离婚时改姓的问题，并非夫妻双方协商一致子女的名字即算修改成功，应当至户口登记机关按照相关规定申请变更登记，否则该名字无法成为身份证上子女的姓名。而一般未成年的姓名，由父母或收养人申请变更，同时亦需考量子女个人的意愿；而成年人则拥有姓名自主权，自行申请即可。因此，离婚双方因子女姓名发生争议时，因涉及行政管理范畴，人民法院不能简单以民事思维进行处理。

（三）离婚双方需达成一致意见，方可变更子女的姓氏

《公安部关于父母离婚后子女姓名变更有关问题的批复》（公治〔2002〕74号）中规定：“根据最高人民法院《关于变更子女姓氏问题的复函》（〔81〕法民字第11号）的有关精神，对于离婚双方未经协商或协商未达成一致意见而其中一方要求变更子女姓名的，公安机关可以拒绝受理；对一方因向公安机关隐瞒离婚事实，而取得子女姓名变更的，若另一方要求恢复子女原姓名且离婚双方协商不成，公安机关应予恢复。”

从此条最高人民法院的批复可知，离婚后，如果未协商一致，一方要求更改子女姓氏的，公安机关可以拒绝受理；而如果一方以隐瞒离婚的方式已完成了子女姓名的变更，在另一方提出异议时，理应恢复。但这个批复实施至今已有20多年，司法实践中各种情况频发，具体到个案，也不一定完全适用该规定。但需要说明的是，公安机关的各种管理亦随着时代的进步在逐步完善，过去一方私自

给子女改名的情况，现阶段几乎无法实现。

（四）《民法典》及其司法解释层面，仅规定了离婚后的双方不得擅自将子女姓氏改为继父或继母姓氏

《最高人民法院关于适用〈中华人民共和国民法典〉婚姻家庭编的解释（一）》第59条规定："父母不得因子女变更姓氏而拒付子女抚养费。父或者母擅自将子女姓氏改为继母或继父姓氏而引起纠纷的，应当责令恢复原姓氏。"

从此条规定可以看出，为了平衡亲生父母及继父母之间的关系，法律上并不支持直接抚养子女一方擅自将子女改随继父母姓，至于改至随直接抚养一方姓，《民法典》及其司法解释中尚无明确规定。

综上，根据法律规定，对于不满十八周岁的未成年人，由本人或者其监护人共同申请，并应根据本人的年龄和智力状况，尊重本人意愿。其中，对于离婚双方未经协商或协商未达成一致意见而其中一方要求变更子女姓名的，公安机关可以拒绝受理，人民法院亦不宜支持单方提出的变更请求。而共同申请的前提一定是协商一致，对于未成年子女的姓名变更，是由父母双方协商一致。只有协商一致，另一半才会亲自到场办理更改姓氏的手续。

二、关于变更子女姓氏的司法实践情况

由于我国关于离婚后子女改姓问题的法律法规较少，至今仍在使用多年前的批复，尚不完善，于是在司法实践中亦存在不同的处理方式。

（一）一些法院认为更改姓氏属于行政机关的职责，不属于民事案件处理的范围

如在广西壮族自治区容县人民法院审理的（2020）桂0921民初2539号姓名权纠纷案中，男女双方于2020年协议离婚，离婚协议中约定女儿由女方抚养，如日后女儿需要改姓名男方必须协助。离婚后，女儿确系跟随女方生活，在女方提出给女儿改姓时，男方拒绝配合办理，于是女方依据离婚协议的内容起诉至法院，请求判决男方履行离婚协议书中约定的协助为婚生女儿办理姓名变更手续的义务。女方认为，双方签订的离婚协议书约定的各项条款合情合理，且该协议书经民政部门确认，理应有法律效力，而男方违反其中的协助办理女儿改名手续的约定侵害了女方及女儿的合法权益。但法院经审理后，并未支持女方的诉讼

请求，其理由为：

首先，决定姓名的权利属于自然人本身，但前提条件是其具备完全民事行为能力。子女可以随父姓，也可以随母姓。未成年人在变更姓名时，必须征得到监护人的同意。根据我国法律规定，父母是未成年人的监护人，在子女姓名问题上有平等的权利，任何一方变更未成年子女姓名时，都要征得对方的同意。因此，本案中，男方作为女儿的监护人，其监护人资格未被人民法院宣告取消，其作为监护人的权利不因离婚而消除。而且女儿作为未成年人，系无民事行为能力人，不具备自行更改姓名的权利。

其次，公安部 2002 年 5 月颁布实施《关于父母离婚后子女姓名变更有关问题的批复》，批复内容为："对于离婚双方未经协商或协商未达成一致意见而其中一方要求变更子女姓名的，公安机关可以拒绝"，故更改子女姓氏的，需要父母双方协商一致，公安部门的户籍人员才会受理，如父母双方不能达成一致或未和另一方协商，要求给子女更改姓氏，户籍人员也不会受理，因此父母双方需要协商一致，共同到公安机关户籍管理部门办理。父母同为未成年子女的监护人，在子女姓名问题上享有平等的权利，任何一方子女变更姓名时，都需征得对方同意。孩子的姓名具有人身属性，父母双方需尊重对方的意见，任何私下变更孩子姓氏的行为都是不妥的。

再次，女方希望更改女儿的姓名，须征得男方的同意，双方应互谅互让，相互包容，父母双方应把重点放在子女的抚养和教育上，为孩子创造良好宽松的成长环境，更有利于孩子的健康成长。

最后，虽然双方协议离婚时有过协助变更女儿姓名的约定，但至今没有证据证实男方现在仍同意更改女儿姓名，仍愿意共同到公安部门办理相关变更手续。况且，对于女儿更改姓名事项，是否受理、是否符合更名条件、是否给予更改等，这些是公安户籍管理部门行使户籍户口管理的行政事务职责的范围，并不是人民法院民事案件处理的事项。在男方不同意、不主动配合的情况下，对女方的诉讼请求不予支持。

在这个案例中，对于人民法院不支持一方持离婚协议起诉另一方配合变更子女姓名的问题进行了充分的说理，既符合法律规定，亦符合行政机关的管理现状，也反映出单纯在离婚协议中约定另一方配合办理变更子女姓名的义务没有太多实际意义，最终在对方不愿意主动配合时法院也难以依据约定判决处理。

(二)一方擅自变更子女姓氏后,另一方提出异议时,子女姓氏并不当然会恢复

1.擅自变更子女姓氏,法院判决予以恢复。

比如在广西壮族自治区凌云县人民法院审理的(2020)桂1027民初825号姓名权纠纷案中,男女双方于2014年生育一子,于2019年经法院判决准予离婚,其中儿子判由女方直接抚养。女方于离婚后将儿子户口迁入其父(孩子外祖父)户口中落户,并将儿子姓氏变更为随女方姓。男方得知此事后,即要求女方将儿子名字恢复回原姓名未果,于是提起诉讼。法院经审理后认为,女方在未与男方协商一致的情况下,擅自变更婚生儿子的姓名,不符合《公安部关于父母离婚后子女姓名变更有关问题的批复》中的有关规定,故支持男方恢复儿子姓名的诉讼请求。

2.虽系擅自变更子女姓氏,但法院考虑到未成年人本人的意愿及其他因素,未支持恢复姓氏。

在北京市第一中级人民法院审理的(2018)京01民终4718号婚姻家庭纠纷案中,男女双方于2001年生育一子,取名"冒某1"。二人于2005年协议离婚,离婚时约定儿子由女方直接抚养,但女方不得变更儿子姓名。2011年,女方为双方婚生子向其户口登记机关报出生,并以"骆某2"为姓名为孩子申请办理户口登记。后男方主张女方擅自将孩子姓名由冒某1更改为骆某2,违反了离婚协议书中关于孩子姓名的相关约定,故于2016年提起本案诉讼要求恢复儿子姓名。案件一、二审过程中,双方婚生子先后以书面说明和录像的方式明确表示其从小即使用姓名"骆某2",现不愿意更改姓名,且其在出具说明时已年满十五周岁,在录制录像时已年满十七周岁。最终二审法院认为:就双方争议的变更婚生子姓名问题,虽然双方离婚协议书中就婚生子姓名进行了约定,但该事项具有人身属性,且涉及未成年人权益保护问题。对于涉未成年人事宜,应根据其年龄与智力发展状况,尊重其人格尊严,充分保障其合法权益。依据查明的事实,男女双方无法就变更婚生子姓名达成一致意见,但双方婚生子在本案一审审理期间已年满十五周岁,现已年满十七周岁,故可以认为其能够充分表达自己意愿并对此具有合理认知。鉴于双方婚生子在案件审理期间明确表示不愿变更姓名,且现有证据显示,孩子在日常生活与学习中长期使用"骆某2"一名,为充分尊重孩子的个人意志,避免对其日后生活带来不便,本院认为一审法院就男方单方主张

恢复婚生子姓名的主张不予支持正确。

从此案例可以看到，虽然一方擅自变更子女的姓氏，另一方有权利要求恢复，但亦需考虑达到一定年龄层次子女的真实意愿，笔者认为可以参照判断子女抚养权时子女满八周岁需征求子女意见的规定，以八周岁作为考量的年龄起点。同时，如果子女改名时间较长，其目前使用的姓名已经在其人生中留下印迹，为便于未成年子女健康成长，亦不能机械教条式地均支持恢复姓名。

三、实务中，在谈离婚阶段想让孩子跟我姓，怎样操作更好

首先，为了更好地分析更改姓名的法律问题，和大家分享一个真实案例。周先生因丁女士将儿子登记为“丁”姓而产生不满，去法院起诉离婚，两人在法院主持调解后，还对儿子的姓氏进行了约定，约定丁女士配合周先生将孩子的“丁”姓变更为“周”。后来，因为丁女士拒绝配合变更儿子姓氏的手续，周先生再次诉至法院，要求丁女士承担违约责任 10 万元。

原来，在离婚纠纷中因为更改孩子姓氏的问题无法写在法院的调解书中，在双方协商一致的情况下，记录在法院的调解笔录中，约定：丁女士于 2019 年 5 月 15 日前配合周先生更改孩子的姓氏，如被告丁女士不予配合，丁女士支付违约金 10 万元。现因为丁女士拒绝配合周先生更改孩子姓氏的手续，周先生提起诉讼，要求丁女士承担违约责任。法院经审理后认为：周先生和丁女士在调解笔录中达成的，关于丁女士配合周先生办理更改孩子姓氏事宜的约定系双方真实意思表示，且该约定未违反相关法律法规规定，对双方均具有约束力，因丁女士至今未依约履行其义务，且在庭审中明确表示不会配合，已构成违约。周先生要求丁女士支付违约金 100,000 元的诉讼请求，理由成立，予以支持。这个案例是裁判文书网上的公开的真实事件，出自杭州市余杭区人民法院作出的（2019）浙 0110 民初 12889 号民事判决书，感兴趣的朋友可以自行搜索。

那么回归到案例中的李先生，他究竟应该怎么做，才更能实现给孩子更名呢？

在协议离婚时，李先生可以用价值交换，条件筹码等，来搞定这个法律上无解的问题。而且，协商好后，在办理离婚之前就将姓名更改的手续全部办理好，趁热打铁，尽早变更。如果不能及时办理，在离婚协议的条款中，明确要求另一

方配合去办理更改姓名的手续，如果拒不办理，写清楚要求承担相应的违约责任，最好约定违约金5万~10万元甚至更高均可，这样可以有效限制对方的行为，尽量减少诉讼的成本。若一方担心对方更改孩子的姓氏，也可以在离婚协议中写清楚，不得更改孩子的姓氏。

如果是诉讼离婚，因为修改孩子姓氏这一诉求，无法在离婚纠纷中一并处理。但是却可以协商解决，如案例中所示，虽然无法在法院出具的调解书中载明，但是可以在调解笔录中明确该项要求及约定相应的违约责任。但不管通过什么方式处理，一定要将协商的结果通过文字的形式予以固定，否则很难维权。如果上述途径均无法解决，也可以等孩子成年之后，说服孩子自行更改姓名。

律师感悟

司法实务中，关于更改孩子姓名的咨询非常多，因为更改姓名不属于民事案件的受理范围，我们会说服客户跟随谁姓都是自己的孩子。如果客户仍然执着于此，我们会告诉他相关法律规定，在离婚案件中无法一并处理姓名权争议。且单独的姓名权争议，很多法院认为其不属于民事案件受案范围会裁定驳回起诉。如果另一方不同意更改，唯一的方式就是协商，通过谈判或一定的筹码以达到目的。而且如果对方答应了协助更改就应该尽快去办理，按照事先约定的条件去履行。

第三章　财产分割篇

1. 离婚时，可以要求分割哪些财产？

案情简介

杨先生与妻子李女士于2018年结婚，婚后未生育子女。二人均有稳定的工作及收入，杨先生任职于某事业单位，李女士任职于某银行，相较而言，李女士的收入远高于杨先生。2022年2月，二人以付首付办按揭的方式购买了一套商品房，其中首付款系杨先生父亲支付。房屋购买成功后，由于二人背负着每月还贷款的压力，加之商议装修时意见不一，矛盾逐渐升级。2022年7月，杨先生作为原告起诉至法院要求离婚，李女士表示二人感情尚未破裂，不同意离婚，法院经审理后出具不准离婚的判决书，但二人关系并未改善，处于分居状态。2023年2月，杨先生收到法院送达的文书，这次是李女士作为原告起诉离婚，并要求分割以二人名义购买的房屋、杨先生父亲购买登记于杨先生名下的房屋等财产。杨先生考虑到此次诉讼二人必然会解除夫妻关系，诉讼中更重要的是处理财产分割及债务分担问题，而目前李女士在诉状中并没有列举她自己名下的财产，为此，杨先生找到律师咨询：离婚时，二人名下的哪些财产会在案件中进行分割？哪些财产可以不分割？

律师解析

一、离婚时，二人名下的哪些财产会在案件中进行分割

在离婚咨询中，当事人关心最多的，除了子女的抚养权外，就是财产的分割。

而笔者发现，很多时候老百姓对于哪些财产可以分割、哪些财产不能分割，是存在误解的。那么，离婚时，可以要求分割的财产究竟有哪些呢？

根据我国《民法典》的规定，我国夫妻间的财产归属存在两种形式，其一为法定财产制，其二为约定财产制。顾名思义，法定财产制是指按照法律的规定判断财产的归属，而约定财产制则是指夫妻间对财产的归属有书面约定的，按照书面约定为准。通过笔者向杨先生询问，其与妻子李女士间并未签署夫妻财产约定协议书，故二人间的财产分割应当适用《民法典》及其司法解释的规定予以判断。

哪些属于法律规定的夫妻共同财产呢？

在法定财产制下能够在离婚案件中予以分割的财产，首先应当属于夫妻共同财产，如果有些财产是某一方的个人财产，那么另一方是无权要求分割的。根据《民法典》第1062条的规定，"夫妻在婚姻关系存续期间所得的下列财产，为夫妻的共同财产，归夫妻共同所有：（一）工资、奖金、劳务报酬；（二）生产、经营、投资的收益；（三）知识产权的收益；（四）继承或者受赠的财产，但是本法第一千零六十三条第三项规定的除外；（五）其他应当归共同所有的财产。"那么如何理解和把握法律的规定呢？可以从以下几个方面来考量：

第一，婚后挣得的，都算夫妻共同财产。

比如，男女双方结婚后，基本上是各自挣的各自花，没有签署过夫妻财产约定。在结婚三年后，男方用自己挣的30万元购买了一辆奥迪车，女方则用自己省吃俭用的钱付20万元首付买了一套小公寓。如果二人离婚，除非能够协商一致，否则男方买的奥迪车和女方买的小公寓都属于夫妻共同财产，原则上一人一半。这个时候，男方的奥迪车已经贬值到15万元了，但女方的小公寓除去贷款外，尚有剩余价值35万元，一算账，女方还要补男方10万元。通常女方在遇到这个情况后，都会想不通，凭什么我买的房子要分给男方呢？其实就是因为民法典中的法定共同财产制度，虽然车是男方挣钱买的，房是女方挣钱买的，但都是用婚后挣得的款项购买，因此都属于夫妻共同财产。这就好比男方是企业主是大老板，而女方是全职太太家庭主妇，男方每天累死累活挣钱，女方每天打打麻将、美美容，男方挣得的每一分钱都属于夫妻共同财产，离婚时，女方有权利分得一半。这就是夫妻共同财产的道理，只要是婚后挣得的，都算共同的。

具体到每个案件中，除一方转移、隐匿的财产外，属于夫妻共有的财产包括：

婚前一方付首付购买房屋，婚后的还贷部分；婚后购买的房屋、车位、车库、铺面等资产；婚后银行卡的存款、理财、保单、股票、微信零钱余额、支付宝账户余额、现金等金融资产；婚后享有的公司股权分红；婚后因专利、著作权等知识产权产生的收益；婚后购买的车辆等价值较大的动产；婚后缴存的住房公积金、养老保险金个人实际缴纳部分及利息、职业（企业）年金个人实际缴纳部分等其他财产。

在笔者办理的离婚案件中，有很多当事人对于可以分割的财产范围存在误解，最容易被忽视的财产是住房公积金、养老保险账户个人实际缴纳部分、职业（企业）年金个人实际缴纳部分。比如案例中的杨先生与李女士，杨先生收入低，单位的福利待遇亦低于李女士，从杨先生提供的信息来看，单纯的公积金账户余额这一项上，李女士就比杨先生高近 30 万元，如果杨先生要求分割，李女士公积金账户上的余额需要补给杨先生一半，而不论该公积金是否能够从账户中取出。

第二，婚后接受赠与的财产，在赠与人无明确表示的情况下，按夫妻共同财产处理。

另外，有一些夫妻在婚后还会受到父母及亲朋好友的馈赠，比如结婚后男方父母给女方的彩礼，女方父母给女方的嫁妆，子女生产时双方父母的大额红包等，都属于接受赠与的财产。那么这些财产是否属于夫妻共同财产呢？这个就要看在接受赠与时，赠与人是否明确表示只赠与受赠人一人，明确表示过的，算个人财产，未明确表示的，算夫妻共同财产。比如男女双方结婚后，男方父母出资购买了一套房屋，登记在男方个人名下，同时男方父母与男方签订了一个赠与合同，当中明确约定此房屋只赠与男方一人，与他的配偶无关，那么这套房屋就属于男方的个人财产，在离婚时他的妻子是无权要求分割的。所以，在家庭中赠与财产时，最好还是做出单独赠与的安排，以防家庭资产有外流的风险。

第三，婚后继承到的财产，如果被继承人生前未立有遗嘱指明继承人继承后的归属，按夫妻共同财产处理。

随着时代的发展，我国早期的创一代们逐渐老去，大量的家庭财产开始了代际传承，其中最主要的资产仍属房产，而大部分家庭房产传承仍是采用继承的方式，这就导致很多家庭中有继承到的财产。根据《民法典》的规定，继承到的财产属于夫妻共同财产，除非被继承人立有遗嘱并指明继承人继承到财产后不属于夫妻共同财产。也就是说，当事人在结婚后如果继承到了父母的房产、车辆、存款等财产，在父母未立遗嘱的情况下，离婚时是要分割给对方一半的。但是这类财产的分割以“继承到”为限，如果父母已经去世，但财产尚未分割，未登记至继承人名下，夫妻中的另一方需待遗产处理后方能要求分割，法律依据为：《最高人民法院关于适用〈中华人民共和国民法典〉婚姻家庭编的解释（一）》第81条规定，“婚姻关系存续期间，夫妻一方作为继承人依法可以继承的遗产，在继承人之间尚未实际分割，起诉离婚时另一方请求分割的，人民法院应当告知当事人在继承人之间实际分割遗产后另行起诉”。

以上即为夫妻共同财产的判断标准，是财产可以在离婚时予以分割的先决条件。

二、离婚时，二人名下的哪些财产可能不会在案件中进行分割

（一）离婚时权属状态尚不明确的财产

比如夫妻二人在婚后购买了一套商品房，由于种种原因目前仅签署有买卖合同，尚未办理合同备案登记更未办理不动产权证，那么根据《最高人民法院关于适用〈中华人民共和国民法典〉婚姻家庭编的解释（一）》第77条规定：“离婚时双方对尚未取得所有权或者尚未取得完全所有权的房屋有争议且协商不成的，人民法院不宜判决房屋所有权的归属，应当根据实际情况判决由当事人使用。”这套房屋在离婚案件中由于权属不明确，人民法院不一定会分割处理，仅会处理使用权。当然，笔者所在团队亦成功从合同的权利义务角度在离婚案件中分割过尚未取得不动产权证的房屋，详细内容请参阅本书《没有办理产权证的房产，在离婚诉讼中如何处理？》一文。

（二）离婚时，权属涉及夫妻间以外第三人的财产

比如夫妻二人结婚后，男女双方购买房屋时，为了贷得更多款项，将其中一方父或母也列为购房者之一，最终办理的不动产权证上亦有父或母的名字，那么这套房屋即属于涉及案外第三人的财产，在离婚案件中会因为涉及第三人的权利而无法处理。实务中非常多婚内购买的房产，添加了子女名字的房产。为了避税，以一方兄弟姐妹名义购买的房产等，如需处理则要另案起诉。

（三）婚后挣得的，但是已经在日常生活中消费掉了，在离婚时则不再具备分割的条件

有一些当事人在了解到法条中规定“工资、奖金、劳务报酬”以及“生产、经营、投资的收益”都属于夫妻共同财产后，会在起诉时预估出对方结婚期间收入的总和，进而要求按照夫妻共同财产分割一半。笔者还遇到有原告起诉要求分割旧房改造过程中的过渡费，仅是简单以每年发放的费用乘以发放年限。

往往这样的诉讼请求一般都无法获得人民法院的支持，因为婚姻生活中必然伴随日常消费，只要不存在转移、隐匿财产的情况，离婚时能分割的财产以“客观存在”为限。道理其实很简单，虽然双方婚姻关系存续期间因为工作或者创业所取得的财产收入属于夫妻共同财产，但任一方取得的财产收入会随着时间推移不断发生变化，其财产总量也会不断发生增减。在主张分割的一方当事人未举证证明上述款项在离婚时尚有节余及余额的情况下，人民法院不能凭借曾经可能存在的收入作为分割依据。

（四）一方的个人财产

根据《民法典》第 1063 条之规定，夫妻结婚后依然有个人财产，主要包括：

1. 一方的婚前财产。

（1）一方婚前全款购买的房屋。该房屋如直至离婚时未发生权属变化，则仍属于一方的个人财产，另一方无权分割。若婚前房屋婚后进行了房屋置换，用出售的款项新购置了房屋，则新购置的房屋是否仍属于个人财产，需从购房款、权属登记等多角度进行分析。又如婚前房屋在婚后进行了加名，则权属发生了改变，需作为共同财产进行处理。

（2）一方婚前的存款。现金资产属于不特定的种类物，存在流动性的特点，直至离婚时止，婚前的存款是否仍属于个人财产，需从结婚时长、婚后的收入、存款是否存在变化、银行流水等多方面综合分析。总而言之，如果婚前存款在婚后并未进行资产隔离，与婚后收入、日常生活掺杂在了一起，离婚时作为夫妻共同财产分割的可能性极大。

（3）一方婚前的股权、股票、理财产品。这一类财产最主要的争议在于婚后的收益及增值是否属于夫妻共同财产。《最高人民法院关于适用〈中华人民共和国民法典〉婚姻家庭编的解释（一）》第 25 条规定：“婚姻关系存续期间，下列财产属于民法典第一千零六十二条规定的‘其他应当归共同所有的财产’：

(一)一方以个人财产投资取得的收益……”则一方婚前财产在婚后如果存在投资行为，相应的收益属于夫妻共同财产，如股权在婚后所得的分红。但如果股权、股票等产生了增值，增值的部分是否属于夫妻共同财产，要看增值是自然增值还是因为当事人不断投入时间精神进行打理的结果。如果是自然增值则仍属于个人财产；如果属于经营、打理的结果，则大部分法院倾向于认定为夫妻共同财产。当然，股票及各种投资有增值也肯定会有贬值的情况，例如，股票婚前价值100万元，结婚十年之后，股票价值减损到30万元，一方也无法主张该股票价值的损失70万元由另一方承担，而是自行承担投资失利的损失。

(4)其他婚前财产。比如婚前的住房公积金、养老保险个人缴存部分、婚前的车辆等。

2. 一方因受到人身损害获得的赔偿或补偿。此类款项因为具有明确的人身专属性而归一方所有，包括医疗费、护理费、营养费、住院伙食补助费、残疾赔偿金、死亡赔偿金等。一般而言，因遭受人身损害还会产生一定的误工费用，由于误工费用是对于受伤恢复期间收入损失的弥补，故应属于夫妻共同财产。

3. 遗嘱或赠与合同中确定只归一方所有的财产。如前文所述，在接受赠与时或继承遗产时，如果赠与人或被继承人有明确的意思表示，比如赠与合同或者遗嘱，本着尊重其自由意志为出发点，法律允许此类财产认定为个人财产。

4. 一方专用的生活用品。这类财产是指夫妻在日常生活中因一方的特殊需要而购买的生活用品，包括衣物、鞋袜、护肤品等。笔者认为，在确定此项财产时，应以价值不大为限，可以扩展到现在人手一部的智能手机、办公用的笔记本电脑。但是如果是一方个人专用的首饰，既要看单个首饰的价值，亦要看首饰的多寡及整体价值，不能一概而论。如果一个家庭中的女主人偏爱于投资首饰，高达几十件上百件，且每件价值都超过几千元，那么必然要按夫妻共同财产处理方体现法律的公平性。

5. 其他个人财产。比如《最高人民法院关于适用〈中华人民共和国民法典〉婚姻家庭编的解释(一)》第30条规定：“军人的伤亡保险金、伤残补助金、医药生活补助费属于个人财产。”笔者认为，基于我国法定共同财产制度，在适用这个兜底条款时，需坚持从严原则，在无法确定是共同财产还是个人财产时，应确定为共同财产。

律师感悟

离婚案件,虽解除的是身份关系,但更多地掺杂的是财产问题。很多当事人找到笔者所在团队咨询时都会说"律师,不会的,对方不会什么都要求分割的,因为这些都是我挣的",大部分的人在走到最后一步之前都认为夫妻一场,即使现在要分手,也不会闹到不可开交的地步。但细想一下,如果双方没有计较,双方都不在乎,你们为什么不能协议离婚呢?当然,不排除有很大一部分人是因为孩子,特别是过去独生子女时代,孩子是父母手心里的宝,是父母眼中为之奋斗的全部,故而争得面红耳赤也不为过。但自《民法典》实施以来,两周岁以下子女及八周岁以上子女的抚养权问题进一步明确,争议范围也在缩小。从笔者团队办理的案件来看,因为抚养权问题最终走上法庭的远没有因为财产分割而引发的案件多。因此,"不要用金钱拷问人性",不要等到法庭上将你名下财产全部纳入分割范围后再后悔没有接受对方曾提出的协议离婚方案。世上没有后悔药,除非对方放弃夫妻共同财产的分割,否则只要对方提出要求,人民法院都会分割一定的比例给到对方。

当然,笔者也提醒广大朋友,钱财乃身外之物,感情没了,也没必要为财产将对方逼到角落,适当地放弃或许会带给你"柳暗花明又一村"的光景!所以,感情没有了,大度地放手,既放过对方,也能让自己尽快释怀。

2. 决定离婚,但是不了解对方的财产情况,怎么办?

案情简介

周女士与丈夫结婚 20 余年,感情出现危机已经长达四五年,之所以决定走上离婚的道路,是因为近期她丈夫多次找她协商,一再催促她离婚,但是协商之下,对于二人共同购买的唯一一套住房的分割难以达成一致意见。无奈之下,她寻求专业人士的帮助。她是事业单位的职员,收入稳定、财产透明;而她丈夫却是自由职业的生意人,收入不稳定、财产不透明,甚至还有可能存在债务。在找到律师后,她特别关心自己能分割到多少财产,会不会分到一堆债务的问题。律师基于法律规定及司法实践情况跟她解释了各种可能性,包括唯一的住房有可能面临均等分割,可能会查到她丈夫的其他财产线索,诉讼下来她名下的公积金等有被分割的风险等。最终,因为她实在不甘心直接妥协,她决定委托律师提起离婚诉讼。那么,决定离婚,但是不了解对方的财产情况,她究竟应该怎么办,才有可能取得较好的诉讼效果呢?

律师解析

在我们办理的很多离婚案件中,由于感情不和或者其他种种原因,有些夫妻在决定离婚之前,已处于长期不沟通、不交流的状态,经济上也是AA,除了在孩子的费用上存在共同支付外,几乎是各自挣的各自花。如案例中的周女士至离婚时,她自己的财产情况非常透明,而对方的情况她却难以知晓,诉讼下来,极有可能也只是针对现有房屋、她的公积金、养老保险缴费部分等财产进行分割,如果她要房子,她还需要补偿给到对方一半的房产价款。这种情况下,究竟应该怎么办,才能实现利益最大化呢?

一、想尽一切办法搜集整理与对方有关的财产信息

在咨询时,笔者告知当事人尽量回家找寻与对方财产有关的线索与资料,包括但不限于银行卡号、银行存款单、经营相关的协议书等。同时,让她去找一些朋友打听男方的工作情况、财产情况。另外,笔者还运用网络,将与对方有关的网络信息都做了搜集与整理。通过当事人与律师双方的共同努力,找到了男方数个银行账户信息,男方目前经营的建筑劳务公司在招投标时的中标信息,男方疑似购买的一套房屋正处于装修状态的信息。

这些信息有什么用呢?可以在搜集整理后,为诉讼过程中的调查取证提供方向,也可以作为申请调查取证的基础材料。

二、向法院申请调查取证

《民事诉讼法》第67条第2款规定:“当事人及其诉讼代理人因客观原因不

能自行收集的证据,或者人民法院认为审理案件需要的证据,人民法院应当调查收集。”

《妇女权益保障法》第 67 条第 1 款规定:“离婚诉讼期间,夫妻一方申请查询登记在对方名下财产状况且确因客观原因不能自行收集的,人民法院应当进行调查取证,有关部门和单位应当予以协助。”

根据上述法律规定,在民事诉讼中如果当事人因客观原因无法取得与案件有关的证据资料,可以申请人民法院调查取证,同时在最新《妇女权益保障法》又针对离婚案件中的调查取证作出了专门的规定。因此,当事人在不了解对方名下财产情况时,可以向法院申请调取证据,包括调取对方名下银行账户的流水及余额、对方名下房产、车位、车辆、理财、股票、公积金、养老保险账户明细等。

另外,随着法治建设的进步,目前全国大部分法院都实施了律师调查令制度。一方当事人向法院申请调查取证获法院准许后,由法院签发《律师调查令》,当事人的诉讼代理律师持调查令可以向有关单位和个人收集所需证据。通俗理解就是法官比较忙,没有那么多时间亲自去调查取证,于是委托当事人的代理律师代替法官去取证。律师调查令制度给当事人及代理律师申请调查取证提供了便利,同时也缓解了人民法院的办案压力。目前笔者所在团队在办理离婚案件过程中的调查取证几乎都是以申请律师调查令的方式进行的,在不少案件中都取得了较好的效果。我们曾办理过一起全职太太和创一代离婚的案件,全职太太来咨询的时候就透露:第一,她未参与公司经营,对财产情况不了解;第二,怀疑男方出轨,但是没有证据。当我们将男方多家银行的流水调出来后,发现男方给疑似的出轨对象转过大额款项,其中还有男方付中介费、装修费的记录,并且男方还在某妇产科医院有过消费记录。通过这些线索,我们到中介公司、小区物业和妇产科医院调查取证。经过一系列的调查取证后,成功锁定了出轨对象。并在离婚诉讼过程中,提起了针对第三者赠与无效的诉讼,最终离婚诉讼取得了较好的调解结果。我们还办理过一起离婚纠纷,男方常年把经营所得交由女方保管,在委托我们之后,通过调取银行流水发现女方有转账给其父母的习惯,转账金额合计高达上百万元,我们据此主张女方存在转移夫妻共同财产的情形。类似的情形数不胜数,但每个案件的具体情况不一样,结果也会不一样,像周女士家的情形,任何一名律师在完成调查取证前都无法预判结果。

好在最终周女士的案件通过调查取证后,在男方的银行流水中发现其支付购房款的线索,虽然该房屋尚未登记至男方名下,但因为银行流水已足以显示其购买情况,后在法院的组织下,双方进行了调解,女方取得二人曾购买那套住房的全部产权。

如果我方当事人并没有找到男方的银行账户,我们还可以查询对方的银行流水吗?答案是可以,只是稍微麻烦一点,把认为有可能性的银行都开具调查令去查询一遍。

由此可见,现阶段人民法院在审理离婚诉讼案件时,已较为广泛适用调查令制度,至少目前在云南的一些法院没有太大障碍,而大部分银行及其他单位也认可法院调查令的效力,最终会将调查的相应材料提供给律师或直接提交法院。这样的话,即使你不知道对方的收入,律师也可以在诉讼过程中调查取证。诸如社保账户情况、公积金情况等,也都可以持调查令调取。

另外,现在大部分人都使用支付宝与微信,如果想取得对方的支付宝、微信账单,也可以开具调查令到支付宝与微信的总部去调取。只是因为异地的原因,成本较高,也较不方便。在这种情况下,我们一般会在诉讼中,以查询双方名下财产情况为由,向法院提交《责令提交证据申请书》,要求法院责令对方提交一定期限内的微信、支付宝账单,以供查阅使用。

综上,离婚时不知道对方的财产情况,并不代表就毫无办法,可以向法院申请调查取证,也可以委托律师,由律师进行调查取证,只要对方没有做过特殊的安排,几乎都可以从中找到财产线索,进而进行分割。

三、向法院申请财产申报

2016 年 4 月,最高人民法院在全国法院开展了家事审判方式和工作机制改革试点工作,离婚财产申报制度被最高人民法院首次明确提了出来。2018 年 7 月 18 日,最高人民法院制定了《关于进一步深化家事审判方式和工作机制改革的意见(试行)》,该意见第 44 条规定:"对于涉及财产分割问题的离婚纠纷案件,人民法院在向当事人送达受理案件通知书和应诉通知书时,应当同时送达《家事案件当事人财产申报表》。当事人应当在举证期限届满前填写《家事案件当事人财产申报表》,全面、准确地申报夫妻共同财产和个人财产的有关状况。人民法院应当明确告知当事人不如实申报财产应承担的法律后果。对于拒不申报或故意不如实申报财产的当事人，除在分割夫妻共同财产时可依法对其少分或者不分外，还可对当事人予以训诫；情形严重者，可记入社会征信系统或从业诚信记录；构成妨碍民事诉讼的，可以采取罚款、拘留等强制措施。”

在最高人民法院提出离婚财产申报制度之后，各地法院积极落实进行了试点。笔者所在的云南省也于 2019 年开始在全省法院实施财产申报制度。云南省高级人民法院于 2019 年 11 月 29 日发布《云南法院家事案件审理规程》，其中第 20 条规定：“人民法院审理家事案件时涉及财产分割的，可以指令当事人在举证期限届满前申报财产，在向当事人送达受理案件通知书和应诉通知书时，同时送达《家事案件当事人财产申报表》。人民法院要求当事人申报财产，当事人应当在举证期限届满前填写《家事案件当事人财产申报表》，全面、准确申报夫妻关系存续期间或同居关系持续期间形成的共同财产和依法取得的个人财产状况。逾期不申报或不如实申报的，法院应告知其应承担相应的诉讼风险。”根据这一规定，笔者于 2020 年年初代理一起离婚纠纷时，就向法院递交了责令对方如实申报财产的申请。

2023 年 1 月 1 日新修订的《妇女权益保障法》第 67 条第 2 款中，正式将离婚财产申报制度上升到法律层面，法律条文为：“离婚诉讼期间，夫妻双方均有向人民法院申报全部夫妻共同财产的义务。一方隐藏、转移、变卖、损毁、挥霍夫妻共同财产，或者伪造夫妻共同债务企图侵占另一方财产的，在离婚分割夫妻共同财产时，对该方可以少分或者不分财产。”至此，财产申报制度得到进一步全面实施，部分法院还为此下发了实施细则。

因此，在离婚纠纷中，如果当事人对于对方名下的财产情况不甚了解的，可以向人民法院申请财产申报，以便进一步了解情况。从实践经验来看，需要在案件中进行申报的财产包括：(1)收入、银行存款、银行理财产品；(2)房地产等不动产；(3)车辆等价值较大的动产；(4)债权、股权、基金、保险、知识产权等财产性权益。另外，在申报的同时还需向人民法院提交财产凭证，如产权证、银行流水、车辆所有权证、保单等。

综上，在不了解对方财产状况的情况下，诉讼离婚也不一定就会出现不利的结果，还可以通过调查取证、财产申报等方式查清对方名下财产后，争取公平公正的判决。

律师感悟

夫妻感情破裂时，除了因为抚养权争得头破血流，更多的就是因为财产问题。很多人没有真正走到对簿公堂时，都对对方抱有一定的希望，认为即使没有办法过下去，他也不会对“我”那么绝情的，该分给我的多少会给“我”。但从办理过那么多离婚案件的实践经验来看，“钱财”往往才是最易引发纠葛的，真的到了过不下去那一步，大部分的人首先想到的是捂紧自己的口袋，甚至有些人几年前就开始规划了。因为财产具有流动性，动产、金融类资产流动性更强，故而带来了极大的操作空间。我们不鼓励转移财产，那将被法律与道德所不允许，但客观事实是“离婚时，财产掌握在谁的手里大概率就是谁的”，因此，我们鼓励大家都有管理和掌控财富的意识，不要让自己陷入被动的境地。同时，我们坚信“离婚时，有一样东西是对方绝对分不走的，那就是挣钱的能力以及自我价值”，我们鼓励大家一定要有自己足以养活自己的能力，这样在家庭中才会有底气。

所以，无论法律如何发展和完善，有些问题也不是法律和法院能够解决的，未雨绸缪方能在出现问题时从容面对！

3. 婚前一方购房，婚后还贷房产怎么分割？

案情简介

邓女士与王先生于2018年恋爱后结婚，婚后未生育子女。婚前，王先生于2015年以个人名义付首付约30万元购买房屋一套，登记在自己个人名下，已取得产权证，贷款本金为50万元，婚前其已归还贷款约15万元。婚后，每月由王先生自行归还贷款。2021年，邓女士与王先生考虑购买第二套房，于是商议先将王先生婚前房屋的按揭贷款全部还清，二人一共凑了约36万元提前还贷。后邓女士发现王先生有出轨婚外第三者的行为，二人就此闹翻，决定离婚。商量离婚的过程中，邓女士认为房屋虽然是王先生婚前购买的，但是婚后有共同还贷款的行为，除提前还贷的36万元外，结婚后，王先生婚前的房产还贷合计约10万元，都应该属于夫妻共同财产，而且房子还增值了,所以王先生应该分给自己款项。而王先生则认为,婚后每个月是自己还的贷款,与邓女士无关;提前还贷时,邓女士只是凑出了16万元,所以他只愿意将16万元还给邓女士。二人因分歧较大未能达成一致意见,邓女士找到律师咨询:此类房屋的分割在法律上是如何规定的?她要求分割增值部分是否有法律依据?最后算下来,她大概能分到多少钱?

律师解析

婚前一方付首付购买房屋,在日常生活中及离婚纠纷的案件办理中非常常见,大多是如案例中的王先生一样,属于男方购房,支付首付款,领取结婚证后,婚后共同还贷。离婚时,这样的房屋如何分割,法律中有相应的规定,各地法院也均有处理过类似的案例,但由于对法律的理解不一样,也导致各法院处理方式不同,甚至在笔者办理案件过程中,遇到过同一个法院不同法官针对此种情况,作出了截然不同的判决。

一、此类房产分割的法律依据

婚前房屋,婚后有还贷款的情形如何处理,相关的法律依据为:《最高人民法院关于适用〈中华人民共和国民法典〉婚姻家庭编的解释(一)》第78条"夫妻一方婚前签订不动产买卖合同,以个人财产支付首付款并在银行贷款,婚后用夫妻共同财产还贷,不动产登记于首付款支付方名下的,离婚时该不动产由双方协议处理。

依前款规定不能达成协议的,人民法院可以判决该不动产归登记一方,尚未归还的贷款为不动产登记一方的个人债务。双方婚后共同还贷支付的款项及其相对应财产增值部分,离婚时应根据民法典第一千零八十七条第一款规定的原则,由不动产登记一方对另一方进行补偿。"

按照规定,适用此条款处理的房产必须具备以下两个条件:其一,购买方以个人财产支付首付款;其二,登记在首付款支付方名下。如案例中王先生婚前自己付首付,该房屋亦登记于自己名下,所以属于婚前房屋、婚后还贷的情形,适用此条法律规定进行处理。但如果是夫妻二人在恋爱期间买房,男方出首付、税费等款项，登记于女方名下的，则应不满足“以个人财产支付首付款”的条件，不应适用此款处理。再如，夫妻二人在恋爱期间买房，虽登记于女方名下，但双方均有出资，或者男方出资但登记在二人名下的，也都不能适用此条予以处理。

另外，根据此条规定，婚后配偶一方可以要求分割的有两部分，其一为双方婚后共同还贷支付的款项，即实际已经归还进银行的本金及利息；其二为该支付的款项所相对应财产增值部分。

二、哪些属于婚后共同还贷支付的款项

所谓“婚后共同还贷”，重在理解“共同”二字，应理解为使用夫妻共同财产归还贷款，那么哪些情况属于共同还贷，哪些又不属于呢？具体有以下几种情形：

1. 购房者自己使用婚后工资、收入或公积金归还贷款，属于婚后共同还贷。

根据《民法典》第 1062 条之规定，在双方无明确财产约定时，任一方于婚后取得的工资、收入及公积金等均属于夫妻共同财产，所以每月使用该部分款项归还银行贷款均属于共同还贷支付的款项。比如案例中王先生每月用自己的工资或者公积金归还贷款，虽系王先生使用自己的收入支付的，邓女士仍有权要求分割。这部分仅需要将婚后还贷投入的资金做简单相加即可，案例中王先生每月还款合计约 10 万元，这部分款项邓女士按照均等分割至少可以分得一半，即 5 万元。

2. 购房者的配偶转账协助归还贷款，亦属于共同还贷支付的款项。

案例中，王先生和邓女士为购买第二套房提前还贷而凑了 36 万元归还银行，在双方无特别约定的情况下，该款项原则上会被认定为共同还贷支付的款项。特别是在两人该笔款项均系婚后所得的情况下，无论是王先生付得多，还是邓女士付得多，最终大概率会均等分割，即一人一半，各分得 18 万元。此时，站在王先生角度的或许会为王先生鸣不平，如果邓女士出了 26 万元，王先生只出了 10 万元，也是一人 18 万元吗？在均是婚后收入的情况下，几乎会如此分割，理由就是夫妻共同财产制度！婚后取得的收入都是共同财产，男方在外挣钱，女方在家当全职太太，一样享有一半，角色互换的情况下，亦是同样的道理。

3. 购房者使用婚前存款帮忙归还贷款，不属于婚后共同还贷。

如前所述，认定共同还贷的前提为使用夫妻共同财产，在目前《民法典》制度下，允许婚姻中的男女双方享有个人财产的权利，婚前的财产即属于个人财产。如果购房者系使用婚前的存款归还每月的贷款，则不能认定属于婚后共同还贷。当然，实践中这种类型的举证责任较为严苛，如果银行流水显示婚前有存款，且该银行账户在婚后未发生明显的入账，转至还贷账号的流水亦很清晰，则能够达到证明目的。但如果银行流水虽能显示婚前有存款，但婚后存在款项进出的情况，那么则会出现混同，一旦混同后会相对难以证明。所以，如果要使用婚前存款归还贷款，最好能够保证银行流水的清晰，否则会因举证不能而承担不利后果，相应款项会被认定为共同还贷而需分割给对方。

4. 购房者的父母帮忙还贷，一般不会被认定为婚后共同还贷。

实践中，有一部分家庭会由于各种原因会存在子女买房，父母出资帮忙归还贷款的情况，笔者团队在办理案件过程中亦遇到过多起婚后由父母出资还贷款的案件，那么父母帮忙归还贷款是否属于共同还贷呢？

首先，关于父母帮忙还贷的事实需有证据予以证实，比如每月银行扣款前均有父母转款相应金额入扣款账户的记录，则父母还贷的事实较容易证明。但如果父母系取现后，以存款的方式存入子女账户，或中间又有微信转账，父母子女之间又存在其他财产往来的，则会因为没有对应关系而难以证明。

其次，在能够证实是父母帮忙还款的情况下，大部分法院会认定该款项系父母对自己子女的赠与而判归一方所有。比如在辽宁省沈阳市中级人民法院审结的（2018）辽 01 民终 8548 号离婚纠纷案中，男女双方结婚后购买一套房屋，在产权登记时，女方书面声明放弃该房屋所有权。女方对于房屋首付款，没有主张权利，但主张分割婚后还贷部分。法院据此“书面放弃声明”，确认该房屋系男方个人所有。但法院认为，考虑到其作出放弃声明的本意不应为放弃对婚后共同还贷部分的权利，故法院认为女方有权请求分割婚后共同还贷部分的财产。庭审中，男方提供证据证明最后一笔大额还款 77，274 元为其母亲转账赠与，最终法院认为该笔款项应为母亲对男方个人名下房屋的赠与，女方无权参与分配。另外，在笔者团队办理的一起由昆明市西山区人民法院审理的（2022）云 0112 民初 22672 号离婚后财产纠纷中，男方婚前付首付购买一套房屋，婚后由其母亲归还按揭贷款，女方主张分割婚后共同还贷部分未获支持，法院认为，该房屋为男方婚前购买，首付款在婚前支付，登记在男方个人名下。现查明，该房屋婚后还贷资金来源于男方母亲，在未明确的情况下，应视为男方母亲对男方个人债务的清偿，故婚后还贷部分不属于夫妻共同财产，女方无权要求分割。从这两个案件可以看出，虽然我国《民法典》第1062条第1款第4项中明确规定“继承或受赠的财产”为夫妻共同财产，但在一方父母举证为己方子女的房屋出资情况下，一般法院会视为对自己子女的赠与或债务的清偿而算作个人财产。

三、在房屋增值的情况下，如何计算共同还贷款项及所对应的财产增值部分，即补偿金额如何确定

（一）最高法的参考意见

关于共同还贷款项及所对应的财产增值部分的计算，即补偿金额如何确定的问题，在实践中各法院间并未统一，并且法律中也没有明确规定。《民法典》实施后，最高人民法院民一庭组织参与司法解释清理工作的相关同志撰写了《最高人民法院民法典婚姻家庭编司法解释（一）理解与适用》一书，对《民法典》条文背后的法理、逻辑，以及审判实践中需要注意的问题等，逐条进行阐述，以供理解与适用时参考。关于婚前购房，婚后还贷的补偿问题，在该书第667页写道：“双方婚后共同还贷支付的款项及其相应财产增值部分”的计算，可以用公式表示为：应补偿数额＝（共同还贷数额÷总购房款）×房产的现值×50%。在我们办理案件的过程中，一般会认为，该书系最高人民法院对相关法律条文在理解与适用上所做的解析，在法律无明文规定且实践中尚无定论的问题上，具有一定的实践参考价值。

从上述公式可以得知，在计算补偿数额时需确定三个金额。其一为共同还贷数额，前文已经做过分析，以共同还款的数额相加即可，如王先生的房屋婚后还贷数额为：每月还款合计10万元＋提前还贷36万元＝46万元。其二为总购房款，一般法院认为包括三项费用，第一项为房屋购买时的总成交价款，如案例中的总付30万元＋贷款本金50万元；第二项为房屋购买时的其他费用，比如契税、印花税、营业税、评估费、中介费等，但不包括公共维修基金和物业管理费，因为这两项并非交易产生的费用；第三项为房贷需支付的总利息，如案例中王先生的贷款利息总和为：婚前归还的15万元＋婚后归还的46万元－贷款本金50万

元 =11 万元。如果是尚未全部还清贷款的房屋,一般法院系计算已归还的利息之和。其三为房产的现值,以双方当事人协议确定的价值为准,如无法协商一致,则需委托评估机构对房屋的现值进行评估,以评估结果为准。

比如案例中的王先生与邓女士,二人在法庭上协商一致确认房屋现值为 170 万元,在无证据证明其他费用支出情况时,最终王先生需补偿邓女士的金额为:[共同还贷 46 万元 ÷ 总购房款 91 万元(首付 30 万元 + 贷款本金 50 万元 + 利息 11 万元)] × 房产的现值 170 万 ×50% =429, 670 元。

(二)实践中的具体适用情况

实践中,有一部分法院会按照前述最高人民法院的参考意见计算补偿款,亦有一部分法院有所差别,具体又有以下几种情形:

1. 仅计算共同还贷部分,未支持对应增值部分。

在笔者曾办理的一起离婚纠纷中,笔者代理婚前买房的男方,主张补偿的是女方,最终法院判决时以"女方未提交证据证明房屋存在增值",而仅判决男方补偿女方共同还贷款项的一半。

2. 用共同还贷款项 × 不动产升值率,而计算不动产升值率时,需考虑结婚时的房屋价值与分割时的房屋价值。

比如山东省烟台市中级人民法院在其审结的(2023)鲁 06 民终 424 号离婚后财产纠纷中,其对于婚前房屋婚后还贷的补偿数额维持了一审的判决结果,一审的计算方法为:婚后共同偿还贷款 × 不动产升值率 ÷ 2,不动产升值率 = 离婚时不动产价格 ÷ 不动产成本(结婚时不动产价格 + 共同偿还利息 + 交纳费用) ×100%。在此案一审诉讼过程中,经原告申请法院对外委托,价格评估公司对房屋价值进行了鉴定,价格鉴定基准日为结婚日及委托日,该价格评估公司出具评估报告,对两个基准日的房屋价格作出了评定,最终法院予以采信并作出判决。又如北京市第一中级人民法院在其审结的(2022)京 01 民终 6596 号离婚后财产纠纷中,对于补偿数额的认定维持了一审法院的判决结,一审法院认为,双方婚后共同还贷支付的款项及其相对应财产增值部分,应补偿数额 = (共同还贷数额 ÷ 总购房款) × 房屋现值 ×50%,总购房款为结婚时房屋价值及共同还贷期间产生的利息总额。

3. 支持共同还贷 + 婚内全部的增值。

笔者团队办理的一起云南省石屏县人民法院(2021)云 2525 民初 737 号案

件中，该法院认定使用夫妻共同财产清偿房贷33,303.12元，至今该涉案的房屋已经增值（2019年该小区二手房的交易价格在每平方米2800元至3000元，2021年每平方米在4000元至4800元），法院确定每平方米增值为1500元，实际增值20,790元（139.86平方米×1500元/平方米）。原告用夫妻共同财产支付房贷及房屋增值部分合计243,093.12元（房贷支出33,303.12元＋房屋增值209,790元），系夫妻共同财产。法院据此判，由不动产登记一方，补偿另一方243,093.12元的一半，即121,546.56元。

在如何计算增值部分，法律适用不统一，各省各级法院完全凭借自己的理解，最高人民法院在书籍中所写的指导观点在计算不动产成本时考虑的是购买的价格成本，而实践中亦有部分法院系以结婚时的房屋价格作为成本来计算，鉴于法律法规中并无规定，目前尚无统一的裁判标准，亦无法简单判断孰对孰错。

笔者认为，在不考虑特殊情形下，比如购买房屋十年后结婚，结婚一至两年离婚这样的极端情况，采用最高人民法院在书籍中提出的观点计算或更具实操性。首先，对于结婚时房屋价值的确定，实践中易产生争议，相较而言房屋购买成本比较容易确定。其次，房产增值是一个持续的过程，而双方共同还贷款项确系对于房屋购买时总成本的投入，差别仅在于投入的时间。

四、房价下跌了，怎么补偿

中国的房价市场持续了很多年的增值，但既然是市场调节，有增值必然也会有贬值。笔者办理的案件，确实也遇到过几起房价下跌的情况，尤其是最近几年，房价出现了连续几年下跌的情况。购买房时价值较高，还了几年房贷之后，离婚时房产的现价值反而比购买时还要低。面对这种房产没有增值反而贬值的情况，笔者认为产权登记一方仍要给另一方共同还贷本息一半的补偿。因为一方婚前购买什么地段、什么楼层、什么朝向的房产是自己的选择，另一方只是被动地参与共同还贷，购买的产权登记一方应承担房产降价的风险。

律师感悟

在中国传统观念之下，男女双方缔结婚姻，大多仍是由男方婚前买房，女方婚后共同居住并一起承担房贷。由男方准备婚房的传统模式,有利于男方在离婚纠纷的谈判中占主动权。针对只有婚前首付、婚后按揭、仅此一套房产的案件,女方大多会抱怨,和他一起生活那么年,房子是他的,还只能分割还贷部分,对我也太不公平了。是的,但婚姻法律制度保护的婚后共同财产,是共同挣取的,靠婚姻索取财富的价值观不被提倡,更不会被法律支持。

4.婚前一方购房,婚后约定为夫妻共同财产,离婚时是一人一半吗?

案情简介

陈女士与刘先生于2014年10月登记结婚,2016年7月生育一子。刘先生因犯贪污罪、受贿罪,于2019年8月被刑事拘留,2020年被判处有期徒刑八年,现服刑于某监狱。陈女士向法院提起离婚诉讼,刘先生收到法院通知后联系其父母,希望父母帮其委托律师处理离婚事宜。

刘先生于2013年11月作为买受人与云南某房地产有限公司签订《商品房购销合同》,购买坐落于昆明市盘龙区×××小区房屋一套,支付购房首付款245,964元,贷款570,000元。刘先生作为权利人于2017年11月办理该房屋产权登记,同日取得产权证,刘先生婚前偿还房屋贷款36,215.5元。陈女士和刘先生于2017年12月签订《夫妻财产约定》并进行公证,双方约定涉案房屋产权归夫妻二人共同所有,该房屋所产生的一切债权债务均由夫妻二人共同享有和承担。自2014年11月起至2019年7月,涉案房屋偿还贷款180,613.7元,自2019年8月至2022年3月,涉案房屋偿还贷款共计人民币94,203.8元。2021年4月,偿还房屋贷款义务人转至刘先生父亲名下。截至2022年3月,房屋剩余贷款488,310.04元。现该房屋由刘先生父母居住。

刘先生父母找到律师咨询,称儿子刘先生愿意离婚,孩子由妻子抚养,但女方陈女士起诉称要求房屋判归她所有,刘先生希望房屋能判给自己,由父母继续居住。现在刘先生父母咨询的主要疑问点在于:刘先生与陈女士婚后签署的《夫妻财产约定》是否有效？最终是不是涉案房屋一定会按照共同共有一人一半分割？

律师解析

一、《夫妻财产约定》是否有效

关于夫妻财产约定，我国现行《民法典》第1065条规定："男女双方可以约定婚姻关系存续期间所得的财产以及婚前财产归各自所有、共同所有或者部分各自所有、部分共同所有。约定应当采取书面形式。没有约定或者约定不明确的，适用本法第一千零六十二条、第一千零六十三条的规定。

夫妻对婚姻关系存续期间所得的财产以及婚前财产的约定，对双方具有法律约束力。"

根据此法律规定，夫妻之间可以通过书面形式约定财产的归属。可纳入约定的财产范围既包括婚前的，也包括婚后的。财产归属的形式，可以是归各自所有，归共同所有，或者部分各自所有、部分共有所有三种其一。

案例中刘先生与陈女士针对涉案属于刘先生婚前购买的房屋，签署夫妻财产约定，将该房屋约定成夫妻共同共有，并办理了公证。在无证据证明签署协议时存在胁迫、违背真实意思表示等情形存在时，该《夫妻财产约定》应当被认定为有效，且对双方有法律约束力，任一方不得随意变更或撤销。

刘先生父母称，当时刘先生之所以跟陈女士签署该约定，系因为陈女士名下无房，但其名下公积金累计已达30余万元，为了提取公积金而去将刘先生婚前房屋约定成共有，最终陈女士在拿到公证书次日去办理了公积金提取手续，所以该《夫妻财产约定》并非刘先生的真实意思表示。实践中，笔者遇到不少类似于刘先生的夫妻，为了提取配偶名下公积金而办理《夫妻财产约定》，将一方名下房产约定为二人共有。当我们询问这些当事人"你是否清楚法律后果"时，他们往往回答"我想着就是提公积金而已！"但事实证明，在事后无证据证明签署约定的真实目的是提取公积金，而双方没有房屋共有的真实意思表示的情况下，《夫妻财产约定》带来的法律后果往往是配偶能分走一半的房产，这几乎是所有人都无法接受的！

那么要证明一份经过公证的《夫妻财产约定》不具备法律效力，究竟需要什么样的证据呢？简单来说就是能证明签署《夫妻财产约定》的真实目的的相关证据，比如签署前夫妻二人的聊天记录、录音录像、书面说明材料等。但是，此类证据由于时间久远加上很多人有删除聊天记录的习惯，很难举证，可能只能寄希望于纠纷发生时，有意识地引导取证，但是大多数人此时有了警觉，极难取证。案例中的刘先生最终未能提交任何证据证明二人签署该约定单纯系为提取公积金。因此，刘先生与陈女士签署的《夫妻财产约定》系有效的协议，将会成为定案的依据。

当然，实践中有一些夫妻签署的未办理公证的《夫妻财产约定》会因为法律上的瑕疵而不被认定。比如，一对夫妻在婚后针对房屋、车辆签署了一份《婚内约定》，协议中约定了房屋及车辆的归属，但《婚内约定》中关于房产等不动产及关于车辆等大宗财产的条款中均载明“若一方提出离婚，则视为自愿放弃以上共同财产。若因出轨、家暴、遗弃、失踪、失联、恶意迫使一方提出离婚等原因导致受害一方提起离婚的，受害方可经人民法院裁决获得以上共同财产”。最终这样的约定条款被法院认定为无效，理由为：上述条款系在双方婚姻关系存续期间内为维护婚姻作出，并非单纯对双方婚前财产归属的约定，涉及对婚姻自由权的限制，婚姻自由权属于人格权益的范围，不得放弃、转让和继承，夫妻中一方是否提起离婚及因何种缘由提起离婚，属于情感道德领域的范畴，法律不禁止夫妻间签订此类协议，但也未赋予该类协议强制执行力，不能以此作为夫妻共同财产归属的依据。因此，如果《夫妻财产约定》中加有违背法律基本精神的条款会被认定为无效，但几乎全部被公证过的《夫妻财产约定》都不会出现因法律原因无效的可能性。

如果只是签订了财产协议，但未办理公证，这样的协议效力如何呢？这里需要具体看协议约定的内容如何？比如福建省福州市中级人民法院 2013 榕民终字第 1222 号民事判决书，一审持有的观点是“《夫妻财产共有协议》系原、被告对婚前财产的真实意思表示，不违反法律，合法有效。虽然，原、被告之间签订有《夫妻财产共有协议》约定诉争房产为夫妻共有，但根据《最高人民法院关于适用〈中华人民共和国婚姻法〉若干问题的解释（三）》第 6 条和《合同法》第 186 条第 1 款规定，房产的产权仍登记在被告郭某名下，并没有变更产权，被告有权撤销赠与。”原告不服提出上诉后，二审法院的观点是“诉争房产系被上诉人郭某婚前的个人财产，被上诉人虽然约定诉争房产为双方共同共有，应当认定为被上诉人将其婚前所有房产赠与上诉人共有，根据《最高人民法院关于适用〈中华人民共和国婚姻法〉若干问题的解释（三）》第 6 条的规定，因现诉争房产仍登记在被上诉人个人名下，并未进行共有登记，故原审法院认定被上诉人在诉争房产没有变更登记之前，有权撤销赠与，于法有据，予以维持”。一、二审的观点归纳下来是，因婚内财产协议的内容，涉及房产赠与内容的，根据《民法典》合同编第 658 条的规定，在房屋产权未办理过户也就是财产的权利转移之前，赠与人有任意撤销权。

既然夫妻之间的财产协议易被认定属于赠与，且一旦被认定赠与，赠与人享有任意撤销权。实务中，《民法典》婚姻家庭编和合同编、物权编存在诸多矛盾之处，加之社会生活纷繁复杂，司法适用在短时间内不可能统一，那么站在财产协议要求取得财产所有权一方的角度，应该如何规避另一方的任意撤销权呢?

解决方案一，尽快办理房产的登记过户手续。根据《民法典》物权编第 210 条规定，房产以登记作为公示要件，登记过户后就视为权利已经转移，这样赠与人的任意撤销权排除适用。但即使这样，仍然不能排除赠与人按照原《合同法》第 192 条行使法定撤销权。

解决方案二，对双方签订的赠与协议进行公证。根据《民法典》合同编第 658 条第 2 款的规定，经过公证的赠与合同，不享有任意撤销权。所以，签订《赠与合同》后，受赠人应当尽快督促赠与人进行公证，公证后将排除赠与人适用任意撤销权。

解决方案三，双方在签订赠与协议时，增加“赠与人放弃任意撤销权”的条款，意思自治是民事活动中的重要法律原则，既然当事人自愿放弃行使该权利，法律就不应再加以干涉，充分尊重当事人的意思自治。

以上三个方案是层层退守的关系，首先是办理过户，如果因为各种原因无法办理过户，退而求其次，将签订的婚内财产协议去公证处办理公证。如果由于各种原因无法办理过户，也要婚内协议财产中，加上放弃任意撤销权的条款。

二、有了约定，最终是不是涉案房屋一定会按照共同共有一人一半分割

案例中的陈女士在诉状中称，她与刘先生是自愿签署的夫妻财产约定，房屋

虽未办理过户登记，但该房屋依法应当认定成夫妻共同财产，且按照照顾女方权益的原则，应给女方多分，男方少分。即使按照《夫妻财产约定》中的“共同共有”来分割，她也至少应当分到一半。那么，在《夫妻财产约定》合法有效的情况下，是否意味着这套房屋要按照女方的说法一人一半，甚至女方多分，男方少分呢？

按照目前的司法实践来看，对于这一问题存在两种裁判观点，第一种认为《夫妻财产约定》是夫妻自愿签署，系双方真实意思表示，应当按照约定中的财产归属，结合夫妻间感情破裂的具体情况判决相应财产的分割；第二种则认为，夫妻财产的分割，除了要看是否有过约定，是否属于夫妻共同财产外，往往还要考虑财产的来源、夫妻双方在财产中的贡献大小、财产目前的状况等因素，所以即使约定了某项财产为共同共有的财产，仍有可能存在一方多分，另一方少分的情形。

在这里，我们先来看一下何为“共同共有”。《民法典》第 299 条规定“共同共有人对共有的不动产或者动产共同享有所有权”，与“共同共有”相对应的是“按份共有”，在“按份共有”模式下，各共有人之间对于财产享有的份额是确定的，因此也可以得出“共同共有”是不分份额的共有。既然不分份额，是否当然一人一半呢？司法实践中并无定论，但大部分法院在处理类似问题时会按照一人一半来认定。

回归到本案，夫妻二人虽将男方婚前购买的房屋约定成了共同共有的夫妻共同财产，但涉案房屋系被告婚前支付首付款购买，排除被诱骗签署《夫妻财产约定》的可能性。男方自愿将自己婚前购买的房产约定成夫妻共有房产的举动必然包含了“为了增进夫妻感情、加强彼此信任、巩固夫妻关系”的情感因素，结合涉案房屋的购买、偿还贷款、现阶段男女双方的居住生活情况以及即将解除夫妻关系的客观事实，笔者认为应当给男方多分，女方少分。最终法院采纳了笔者提出的代理意见，判决涉案房屋归男方所有，其中由女方取得涉案房屋 30% 份额，即男方补偿女方房屋现价值 30% 的折价款。

无独有偶，在浙江省杭州市中级人民法院出具的（2020）浙 01 民终 4427 号离婚后财产纠纷民事判书中，针对男方婚前购买，婚后又过户登记至双方二人名下房屋的分割，亦未按照一人一半分割房产。在该案中，一审法院考虑到房屋由男方婚前个人出资，房产登记簿上记载双方二人名字的目的是增进夫妻感情，加强彼此信任、巩固夫妻关系，结合婚后双方共同清偿了购买此房所负债务120,000元、结婚时间长短等因素，一审法院确认由男方给予女方房屋价款20%的补偿。二审法院认为，共同共有财产的分割应考虑共有人对财产的贡献大小等因素，案涉房屋系男方郑某于婚前购买，且在双方离婚后仍由男方居住管理，在双方均主张房屋所有权，二审中男方亦明确表示不同意竞价的情况下，一审法院确定由男方取得案涉房屋所有权，并无不当。结合男方婚前付清房屋全款、婚后夫妻双方共同偿还债务的数额、结婚时间长短等因素，一审法院判令由女方孙某取得案涉房屋20%的份额，由男方郑某以双方认可的房屋价值为基数给予女方孙某相应折价款，应属合理。

同时，针对此类情况，《上海市高级人民法院关于审理婚姻家庭纠纷若干问题的意见》第13条规定：夫妻一方婚前出资购置房屋，权利登记在双方名下的，为夫妻双方共有财产。如未约定按份共有，可认定共同共有，但在离婚分割该房产时，出资一方可适当多分。

综上，即使二人签署夫妻财产约定，将一方婚前房屋约定成共同共有的夫妻共同财产，并办理了公证，也依据该公证办理了产权过户手续，该房屋也不一定是一人一半，另一方有可能仅能取得20%～30%的份额。

律师感悟

房产作为家庭中极其重要的资产，离婚纠纷中争议大，情况繁杂。如案例中刘先生的家庭，其在婚前购买房屋时，钱款全部来自其父母，到离婚时儿媳陈女士提出要求房屋归她，老人是难以接受的，再看到儿子曾与儿媳签署过《夫妻财产约定》更是如五雷轰顶。中国的家庭结构决定了夫妻关系和睦时不分彼此，包括钱款财产。一旦感情破裂，各奔东西时，能够洒脱说再见，不在乎财产的少之又少。因此，在高离婚率的当下，无论男女老少，在婚姻生活中都需要有一定的财富保护意识。同时，在签署诸如《夫妻财产约定》的协议书前，最好能够先了解相关协议产生的法律后果，预判未来的风险，谨慎对待。

5. 没有办理产权证的房产，在离婚诉讼中如何处理？

案情简介

龚女士与邓先生结婚五年，婚后于2022年以龚女士名义与某房地产开发公司签署购房合同购买商品房一套，二人共支付首付款50余万元，办理按揭贷款180余万元，由龚女士按月还款，该房屋尚未交房亦未办理不动产权证。现龚女士与邓先生因感情不和要离婚，但对于包括前述房产在内的财产分割未能达成一致意见，需至法院诉讼离婚。龚女士听朋友说没有办产权证的房屋无法在离婚诉讼中分割，但又觉得如果真的分割不了，日后再行处理会有诸多麻烦，于是找到律师进行咨询，想了解婚后购买的该套房屋究竟能否在离婚诉讼中处理？如果可以处理，法院会如何处理？

律师解析

在房价持续走高的今天，离婚案件中有很大一部分纠纷都与房产的归属与处理有关。而基于目前的房产销售政策，夫妻离婚时，有一部分房屋属于期房，或尚未交付使用，或虽已交付但仍未办理不动产权证书。那么在离婚诉讼中，此类房屋到底能否处理呢？笔者接下来将从法律规定及司法实践两个层面进行解析。

一、关于尚未取得产权证的房屋在离婚等诉讼中如何处理的相关法律规定

《民法典》第216条规定，“不动产登记簿是物权归属和内容的根据”；《民法典》第240条规定，“所有权人对自己的不动产或者动产，依法享有占有、使用、收益和处分的权利”。我国现采用房屋登记制度，完成登记方才享有房屋的所有权，未依法登记的，不产生物权之效力，无法确认其所有权。因此，对于尚未取得产权证的房屋，法律上会认为当事人还不享有房屋的所有权。

正是基于此,关于尚未取得产权证的房屋在离婚诉讼中如何处理,《最高人民法院关于适用〈中华人民共和国民法典〉婚姻家庭编的解释(一)》第77条明确规定:“离婚时双方对尚未取得所有权或者尚未取得完全所有权的房屋有争议且协商不成的,人民法院不宜判决房屋所有权的归属,应当根据实际情况判决由当事人使用。

当事人就前款规定的房屋取得完全所有权后,有争议的,可以另行向人民法院提起诉讼。”

此条规定适用于两种房屋情形,情形一为尚未办理不动产权证的房屋,如案例中龚女士与邓先生购买后未交房未办证的房屋;情形二为虽已办理不动产权证,但由于系房改房等原因,属当事人与单位等共有状态的房屋。根据此条规定,在离婚诉讼中,人民法院不宜判决房屋所有权的归属,但能判决由哪方当事人管理使用,从物权的角度考虑,这里的使用包括占有、使用和收益权。以上即为人民法院在离婚诉讼中处理尚未办理不动产权证的房屋的法律依据。

二、在司法实践中,针对尚未办理不动产权证的房屋,人民法院的处理方式

(一)对房屋相关事宜均不处理

虽然前述法律规定了对于尚未取得不动产权证的房屋,人民法院应当处理房屋的使用权,但仍有相当一部分法院对涉案房屋的相关法律事宜均不处理,要求另行协商,协商不成另寻合法途径解决。

比如笔者所在团队曾于2021年承办一起由昆明市五华区人民法院审理的离婚案件,在该案中有一套夫妻共有的房产尚未办理不动产权证,被告提出明确意见要求在案件中予以分割,但最终该院出具民事判决书,以“关于被告所提坐落于×××的房屋,因尚未取得所有权证,不宜在本案中进行处理,故原、被告可待前述财产取得所有权证后另行协商处理,协商不成可另寻合法途径解决”为由,对该房屋未予处理。

另外还有一些法院会以房屋尚有贷款未还清为由要求当事人待贷款还完后再行起诉。如山东省济宁市中级人民法院于2023年3月裁判的一起离婚纠纷判决书中,以“因双方以该房屋作为抵押向银行贷款,现房屋贷款仍未还清,抵押尚未解除,且双方对于共有房屋的分割未能达成一致,双方可在将房屋贷款偿

还完毕后，就房屋贷款及所有权分割问题另行起诉”为由，对该房屋未予处理。之所以部分法院对未还清贷款的房屋不予处理，是因为此类房屋即使取得产权证亦被认定为未取得完全所有权。比如辽宁省台安县人民法院于 2022 年 8 月裁判的一起离婚后财产纠纷中，法院以“本案中，案涉房屋尚有贷款未清偿，房产证原件被冻结。原、被告尚未取得案涉房屋的完全所有权，本案中不对该夫妻共同财产进行处理，待原、被告取得房屋的完全所有权后，可以另行诉讼进行分割”为由，对房屋亦未予处理。

因此，对于尚未取得不动产权证的房屋或已取得产权证但尚被抵押的房屋，部分法院既不处理所有权也不处理使用权，需待办理产权证后再行协商，协商不成的，只能另行起诉。笔者不赞同人民法院的此种做法，因为短期内可能无法办理产权证书，银行贷款的期限很多长达 20 年甚至 30 年时间，无法办理产权证，势必在离异夫妻间产生不可避免的争端，既不利于社会矛盾的解决，也会产生更多的诉累。

（二）判决房屋使用权的归属或分配，待办理产权证后再处理所有权事宜

根据前述法律规定，对于尚未取得不动产权证的房屋，人民法院不宜判决房屋所有权的归属，应当根据实际情况判决由当事人使用，故有一大部分法院在处理这类房屋时严格依照此条规定，在判决书中对使用权的归属进行明确，具体大致有以下三种处理方式：

1. 在判决书中明确房屋由一方使用，如有按揭贷款则由使用一方承担。

此种处理方式在人民法院的判决书或调解书中比较常见，法院一般会按照房屋居住使用的现状，结合照顾子女、女方及无过错方权益的原则，最终确定使用权的归属。比如涉案房屋在男女双方分居后一直由女方使用，则判决由女方继续使用的概率更大；同时在涉及抚养权问题的离婚案件中，如果夫妻二人只有一套共有房屋，则会考虑由抚养孩子一方携子女共同居住。在一方享有居住使用权的情况下，如果房屋尚有按揭贷款未还清，则一般由取得使用权的一方负责归还剩余贷款。

2. 在判决书中将一套房屋分配给双方共同使用，明确各自使用的范围，如有按揭贷款则平均承担。

一些法院考虑到案件双方当事人的实际情况，为了明确双方的权利义务，会判决将一套房屋的使用权分配给到双方。比如一些农村盖有两层以上的小产权

房，法院在双方对使用权有争议时，会根据房屋的层数、房间数以及面积分配由一方使用一层，楼梯及可共用部分由双方共同使用。还有一些法院会针对一套商品房作出判决由一人使用一间或两间，卫生间、厨房、客厅等部分共用的判决书，如北京市丰台区人民法院于2018年11月审结的一起离婚后财产纠纷中，考虑到双方无其他住房，判决“房屋内南侧西数第一间由迟某居住使用，南侧西数第二间、北侧一间由李某居住使用，厕所、厨房、客厅由迟某与李某共用”。

另外，还有一部分法院认为既然属于夫妻共同财产，则双方均享有使用权，至于具体如何使用，应由双方自行协商，法院不宜对使用权过于细化，于是确认双方均有使用权，房屋按揭贷款按份或平等归还。

笔者认为，一套商品房判决一人使用一部分的判决方式不妥，这样的判决结果，实则并未真正解决有争议的双方当事人面临的纠纷，极易导致二人出现更不可调和的矛盾。离异夫妻本就是因感情破裂而导致离婚，能上升到法庭审理层面的更是存在不可调和的矛盾，双方根本不具备共同居住使用的基础和条件，判决离婚后共同居住，导致双方在继续共同居住时极易产生其他矛盾。

3. 在判决书中明确房屋由一方使用，另一方按月享有经济补偿。

如果房屋按揭贷款已还完，在双方均要求房屋的使用权，而最终判决确认由一方使用的情况下，考虑到公平合理性，部分法院会判决由使用一方在使用期间按月支付给对方经济补偿。

北京市丰台区人民法院于2022年1月判决的一起离婚后财产纠纷中，判决房屋归一方居住使用的情况下，认为在房屋取得所有权证之前，另一方的权利可通过经济补偿方式实现，故参照周边同等地段同等房屋租金标准酌情确定由居住方每月补偿另一方4000元。在该案中，作为未使用的一方提出了明确的诉讼请求，请求判令对方支付其自离婚时至起诉时止共计27个月的租金作为其无法享受居住权益的补偿。由此也可以看到，人民法院围绕当事人向法院提出的诉讼请求进行审理，根据不告不理的原则，对于合理合法的部分则予以支持，对于不合理的部分予以驳回。当然，在此类案件中，如果未使用房屋一方没有提出要求补偿的诉讼请求，其也难以享受到补偿的权益。故涉及同类型的案件，如何提出诉请，将直接影响案件结果。

（三）在判决处理房屋使用权的同时确定分割及补偿方案

在离婚纠纷中，大部分的当事人都希望可以一次性解决纠纷，减少日后的麻烦。而对于尚未取得产权证的房屋,在处理使用权的同时,以使用权归属的方式,明确取得产权证后房屋所有权的归属,不失为解决纠纷的一种妥当的方式。江西省吉安市中级人民法院于 2019 年 3 月裁判一起离婚后财产纠纷,在该案中维持一审“房屋归王某使用,待办理不动产权证后,归王某所有。由王某补偿房产价值的一半 25 万元给夏某”的判决结果。另在山东省沂南县人民法院 2022 年 11 月裁判的一起离婚后财产纠纷中也作出了类似判决,判决“位于 × × × 的房屋及车位一个由张某居住使用,待具备办理产权登记条件时归张某所有,张某支付李某 1 房屋及车位应分割份额 575,000 元。”

笔者认为,此种处理方式既兼顾了房屋未办理产权证的情况下无法确定所有权归属的法律规定,又能将纠纷一次性解决,不失为一种好的解决方式。

(四)判决分割房屋的合同权益

判决房屋合同权益的归属,实际是以分割合同权益的方式确定房屋的分割方式及归属。虽然房屋所有权尚不确定,但购买者与房产出售方的合同关系是确定的,不论将来房屋是否交房,能否办理不动产权证,购买者均可根据购房合同中的约定以及法律的规定主张权利,此为不同于物权的债权。因此,在离婚诉讼中,为避免离婚后因房屋的交付、使用、房贷的归还、归属等再产生争议,可以在离婚诉讼中,就购房合同所对应的权利与义务进行处理,即判决合同的权利义务归于一方。

目前,这一处理方式,已有多个法院在案件中适用。比如,北京市丰台区人民法院在其审理的(2020)京 0106 民初 1312 号离婚后财产纠纷案中,判决“一、谢某、胡某与固安京御幸福房地产开发有限公司于二〇一四年七月三十一日签订的《商品房买卖合同》中权利义务由谢某概括继受;二、谢某于本判决生效之日起三十日内支付胡某房屋折价款 200,000 元。”又如,吉林省吉林市丰满区人民法院在其审理的(2021)吉 0211 民初 145 号离婚后财产纠纷案中,判决“一、韩某于 2016 年 8 月 27 日与吉林市中海海华房地产开发有限公司签订的《商品房买卖合同》(预售),合同编号:2016 – GJSQ – 5666 项下的权利义务由何某享有,剩余贷款由何某偿还,待具备办理不动产登记条件时韩某协助何某办理该不动产登记,办理不动产登记的费用由何某自行负担。”而江苏省镇江市京口区人民法院早在 2017 年就作出过类似判决,在该院审理的(2016)苏 1102 民初 4078 号同居关系析产纠纷中,判决“一、原告刘某、被告王某某于 2015 年 12 月 17 日与镇江和融房地产开发有限公司签订的《商品房买卖合同》项下的权利义务由原告刘浩一人继受。二、镇江市优山美地××#2601室房屋剩余按揭贷款由原告刘某一人负责偿还，原告刘某于本判决生效后十日内补偿被告王某某4249.98元。”类似的判决还有广西壮族自治区南宁市（地区）中级人民法院于2017年出具的（2016）桂01民终1230号民事判决书、浙江省杭州市滨江区人民法院于2020年出具的（2019）浙0108民初5821号民事判决书等。

另在山东省东平县人民法院2020年9月审理的一起离婚后财产纠纷（2019）鲁0923民初3605号民事判决书中，不仅判决了使用权，还处理了合同权益，判决结果表述为："一、原被告夫妻共同财产即位于×××的房产及车库由被告居住并使用，并享有购买该楼房的合同权益；二、被告于本判决生效后十日内支付原告上述夫妻共同财产价值分割款299,400元。”笔者认为，此种判决的处理方式具有典型借鉴意义，既符合法律规定，又从合同权益角度实现一次性解决纠纷的结果，值得推广。

同时，为便于执行，建议由合同签订方取得购房合同的权利与义务。虽然在婚姻关系存续期间，夫妻中任一方签订购房合同购买的房屋，在无特别约定或特殊情况之下，均属于夫妻共同财产，即对房屋出售方享有的债权应属于夫妻二人共同所有。但毕竟离婚诉讼属于购房合同外的法律事件，处理的是离婚时二人分割财产的问题，为避免将来在执行中存在问题，建议在夫妻一方签署购房合同的情况下，最好由合同签订方取得购房合同的权利与义务。

综上，在离婚诉讼中，如果涉及未取得产权证的房屋，法律上规定不宜处理所有权，应当处理使用权。但实践中，为避免诉累，本着尽量为当事人一次性解决争议的初衷，人民法院已给出一定的处理方式。如在判决使用权归属的同时，确认待日后办理产权证后房屋的归属及补偿金额，又如以判决处理合同权益归属的方式一次性解决当事人的纠纷。另外，在仅分配使用权的案件中，未取得使用权的一方主张经济补偿亦是一种平衡利益的方式。笔者所在律师团队已在部分离婚案件中采取分割合同权益的方式处理房屋的分割，不仅得到了当事人的认可，也获得了承办法官的肯定。相信这样的一次性处理方式，未来会适用到更多的离婚案件中！所以案例中龚女士所提及房屋存在一次性解决纠纷的可能性，关键在于如何说服法官！

律师感悟

在目前的司法环境及《民法典》体系之下，部分情形并无统一的处理方式，最终在个案的处理上因法官的自由裁量权而存在差异。那么在案件中如何实现诉讼目的，当事人委托的代理律师会起到关键性作用，其中包括诉讼请求的确定、类似案例的检索、代理意见的呈交等。正所谓“打官司的过程实际是说服法官的过程”，所以如何说服法官是当事人及代理律师都需要考量的，诉讼方向及策略的选择直接决定了诉讼最终的走向。

6. 婚后父母出资帮忙买车、买房，离婚时算谁的？

案情简介

田叔叔的儿子小田结婚四年，小两口婚后生育一女。去年年底，小田发现妻子刘女士以回娘家为由频繁与陌生男子私会，有一次正好被小田撞见，双方大打出手，感情彻底破裂。田叔叔于儿子婚后四个月出资约 80 万元购买一辆汽车，登记在儿子名下，由儿子、儿媳使用；又于儿子婚后第二年出首付约 200 万元以儿子名义购买一套别墅，后办理不动产权证亦登记在儿子一个人的名下，每月所还按揭贷款由田叔叔转账至小田贷款银行账户后由银行划扣。田叔叔曾多次组织儿子和儿媳商谈离婚事宜，但因婚后儿子名下房产及车辆的归属存在较大分歧，未能达成一致意见，现在只能通过法院诉讼离婚。于是田叔叔找到律师咨询：诉讼离婚时，儿媳妇能否要求分割他出资买在儿子名下的车辆及房产？

律师解析

现代社会，父母在子女结婚后为子女出资买车、买房的情况非常普遍，一旦子女的婚姻感情破裂，离婚时不仅要分割夫妻双方婚后共同财产，还可能要分割父母出资的部分。因此，父母的出资究竟如何定性便成为案件中需要审查的关键因素。从目前的司法实践来看，由于每个案件的具体情况有所差异，当事人在策略选择时亦有所不同，故而同样是父母出资的情况下，也出现了不同的定性与判决。

一、关于父母出资款项认定的法律规定

在离婚案件中，如果夫妻二人对婚前婚后的财产未作出明确的夫妻财产约定，则依据《民法典》第 1062 条及第 1063 条之规定按照法定共有制判断财产的归属，即婚后取得的财产原则上以夫妻共同财产来认定。但是父母出资购买的车辆或者房屋毕竟涉及原生家庭家人的付出，故而法律允许当事人通过意思自治进行约定。比如在款项系赠与的情况下，《民法典》第 1062 条第 1 款第 4 项规定："受赠的财产"归夫妻共同所有，而第 1063 条又规定"赠与合同中确定只归一方的财产"为一方的个人财产，即父母在子女婚后出资时明确表示只赠与自己子女的，不作为夫妻共同财产处理。又如《最高人民法院关于适用〈中华人民共和国民法典〉婚姻家庭编的解释（一）》第 29 条第 2 款规定："当事人结婚后，父母为双方购置房屋出资的，依照约定处理；没有约定或者约定不明确的，按照民法典第一千零六十二条第一款第四项规定的原则处理。"这个规定可以理解为：父母与子女可以针对父母所出款项及财产的归属进行约定，有约定的按约定处理，没有约定的则按夫妻共同财产处理。由此可见，出资时的意思表示及约定尤为重要，能减少很多不必要的麻烦。

以上是法律上对于父母为婚后子女买车买房出资款项认定的规定，但由于父母出资的情形不同，每个家庭的情况也有所差异，在司法实践中往往不能单一按照上述法律规定处理，最终相关财产是否会作为夫妻共同财产分割，与当事人所提主张以及提交的证据均有关系。

二、司法实践中人民法院对于父母出资款项性质及财产归属的认定

总结下来，自《民法典》及其司法解释实施以来，父母为子女买房、买车出资的，具体出资的定性与归属，存在以下三种可能性：

其一，认定为赠与夫妻双方，属于夫妻共同财产；

其二，认定为赠与自己子女，属于子女的个人财产；

其三，认定为债权债务关系，财产属于夫妻共同财产，债务属于夫妻共同债务，需要偿还给父母。

以下用三个案例分别予以说明。

案例一：父母出钱为女儿买车，被认定为赠与夫妻双方。

李某女与董某男结婚后，出资 25 万元购买了轿车一辆，其中 15 万元系李某女父亲转账给李某女，再由李某女转至汽车销售公司。在离婚诉讼中，李某女提交了其与父亲的银行流水，确能证实其父亲出资情况，她认为自己父亲出资部分系对自己个人的赠与，对应的车辆价值应属于自己的个人财产。董某男则认为，李某女提交的银行流水仅能证明出资情况，并不能证明李某女父亲在出资时有明确表示过仅赠与李某女一人，因此，应当认定为夫妻共同财产。法院审理后认为：涉案车辆系在双方婚姻关系存续期间购买，虽然李某女父亲在买车前有转款给李某女的情况，但双方无夫妻财产约定，现也无证据显示李某女父亲在转款时明示该款项只赠与李某女个人，故对于李某女主张其父亲出资部分所对应车辆价值属其个人财产不予支持。

案例二：父母出钱为儿子儿媳买房，被认定为赠与儿子一人。

刘某男与周某女在婚姻关系存续期间购买商品房一套，购房合同中载明的购房人为夫妻二人。购房时刘某男的父母出资 35 万元。离婚时刘某男认为，其父母的出资应属于他的个人财产，而周某女认为，刘某男父母出资时并未明确赠与给他个人，应属于夫妻共同财产。为此，二人诉至法院。诉讼过程中，刘某男向法庭提交其父母于诉讼前两个月出具的声明一份，主要内容为购买房产时刘某男父母出资 35 万元，是对儿子刘某男的单方赠与，所对应的房产份额归刘某男所有。周某女认为出具声明应在事发当时，赠与行为不能出现后补，该声明应属无效。法院审理后认为：刘某男父母出资的 35 万元，虽是事后出具声明赠与刘某男个人，但属于刘某男父母真实意思表示，综合本案实际情况，应认定是对刘某男个人的赠与。

案例三：父母出钱为儿子儿媳买房，被认定为借款。

苏某男与赵某女，在婚姻关系存续期间购买住房一套，其中苏某男母亲出资 30 万元。离婚时，苏某男主张，其母亲出资的 30 万元系对二人的借款，属于夫妻共同债务。赵某女则认为，苏某男母亲出资时并未明确表示是借款，应当按照法律规定,推定为对二人的赠与。离婚案件审理时,二人均未对苏某男母亲的出资性质进行举证。离婚案件法官经审理后认为:关于苏某男母亲的出资,在客观上,苏某男的母亲出资30万元,用于购买案涉房屋。苏某男主张系借贷关系,但是并未举证予以证实;赵某女主张系赠与关系,亦无举证证实。法院认为,父母出资是否属于赠与或者借贷,应当有相应的证据予以证实,并不能直接以转账的外观即认定其法律性质。鉴于对该款项的性质认定还涉及案外人苏某男母亲的程序和实体权利,可以由苏某男母亲另行主张。

而后,苏某男母亲王某向法院提起民间借贷诉讼,要求苏某男与赵某女共同偿还其出资的30万元,并提交银行流水予以佐证。法院经审理后认为:王某以转账凭证主张其与苏某男与赵某女之间系民间借贷关系,在提供金融机构转账凭证的情况下,王某对借款关系的存在完成了初步举证责任。赵某女辩称双方之间系赠与关系,应承担举证责任,但赵某女并无证据予以证实,双方系赠与关系的理由不能成立,赵某女应承担举证不能的法律后果。因王某与苏某男、赵某女存在特殊的身份关系,王某在出借款项之时未要求出具借条也在情理之中。结合本案实际情况,30万元属于数额较大的款项,在赵某女主张赠与不能成立的情况下,应视为王某以帮助为目的的临时性资金出借,子女应负有偿还义务,故苏某男、赵某女对案涉款项应予以偿还。

笔者所在的团队在办理类似案件中,还遇到了父母出资为子女购房,主张代持关系的。父母将首付款直接付至开发商的账户内,产权登记在自己子女一方,办理贷款依据银行的要求却是夫妻二人办理的贷款,每月按揭贷款的还款都是父母将款项取出,直接存入扣款的账户内(虽然不是逐月存入,但基本对得起来)。再结合该房屋系由父母使用居住等的情况,法院据此认定该房屋与另一方无关,另一方无权主张分割。

综上,父母为子女出资购房购车的出资性质如何认定,实务中争议非常大,尚无统一定论,需要具体案件具体分析。但遇到类似案件时,当事人选择的诉讼策略及方向亦十分重要。在同样是主张赠与的情况下,案例二中的当事人提交了其父母后补的《声明》,直接导致法院认定了赠与一人。因此,在诉讼中如何说、如何做,将直接影响案件结果。

三、诉讼离婚时，田叔叔儿子名下的车辆及房产是否属于夫妻共同财产

从上述分析可以看到，同样是父母出资的情况下，离婚时子女一方如何主张及是否有意思表示的相关凭证将直接影响案件结果，故田叔叔要想保住登记在儿子名下的车辆及房产，首先需要明确双方关于出资关系的约定，同时根据约定向人民法院举证出示证据。因为田叔叔陈述相关车辆及房产均系由其出资，且登记在自己子女一人名下。在离婚时，他可以主张系赠与儿子个人的财产，以防止被认定为夫妻共同财产。同时，由于前述案例中亦有倒签的情况说明或约定被采纳的先例，故田叔叔与儿子亦可以签订《补充协议》或类似的情况说明以佐证赠与一人的意思表示，再结合律师从法律规定以及法理层面阐述代理意见，尽量实现保全财产的诉讼目的。但诉讼均有风险，事后的安排远不及事前的防患效果好，故而任何一名律师都无法保证案件结果。

因此，田叔叔所购车辆及房产是否属于夫妻共同财产，一方面取决于其儿子在离婚诉讼时的主张及证据，另一方面亦取决于办案法官的自由裁量权，只能尽量从保全的角度做出最合适的安排来予以争取。

事前的安排，远比事后的应急补救，来得更主动、更直接。根据《民法典》婚姻家庭编第 1062 条及第 1063 条的规定，有约定的从约定，如果没有约定或约定不明确的可能被认定属于夫妻共同财产。为了避免财产外流，保护父母一代的财产，提前订立协议可以更好保护自己的合法权益，该类协议或声明主体一般限于父母与自己子女之间，也不会引起矛盾。站在出资父母的角度，可以有哪些方法可供选择和安排呢？

方法一，签订赠与合同。法律依据就是《民法典》第 1063 条第 1 款第 3 项，赠与合同中确定只归一方。在赠与财产的同时，签订《赠与合同》，并在赠与合同中明确赠与的财产类型，赠与的时间，只赠与一方，和子女的配偶无关。

方法二，签订借款合同。有约定的从约定，从法律的角度讲，父母没有义务为子女购房买车出资；从情感的角度来讲，父母之所以为子女购房买车出资，目的是为养儿防老，在自己孤独无助时，老有所依，不是绝对的无偿。那么为了避免财产外流，小两口离婚而分父母财产的情况出现，可以在借款的同时，签订借款合同。而且借款合同中写明借款的金额，借款的用途，还可以约定利息，但不

要约定还款期限。该借款合同从隐蔽性的角度讲,只有自己子女的签字,不会额外增加家庭矛盾。父母可以等时机到了,“想”主张权利时再拿出,因为没有写明还款时间,也不存在诉讼时效的问题。同时,该借条虽然只有自己子女的签字,因为借来款项的用途用于购置夫妻共同财产,依据《民法典》第1064条的规定,该债务也会被法院认定属于夫妻共同债务。所以,提前预防和规划,有借款合同在手,就有了更多的主动权。

方法三,签订代持协议。依据具体的实际情况,还可以签订诸如代持协议的文件,明确约定该资产的出资人是父母,该资产是子女代父母持有。

律师感悟

在我国当前社会背景及法制体系下,作为组建家庭的男女双方,既要重视情感的经营,亦要重视财富的安排。在大部分年轻夫妇购房仍需牵动全家老小的今天,夫妻双方及其父母都要秉持审慎态度,有权利亦有责任对相关财产的归属进行约定。虽然法律并不鼓励夫妻之间借婚姻获取财产,但夫妻关系决定了法定共有制的社会属性及合法性,只有法律保障、夫妻协力的情况下,家庭才能以健康的姿态存续。我们不得不重视高离婚率之下家庭瓦解带来的诸多纷争,其中最激烈的当属财产引发的纠纷,“不要用金钱拷问人性”虽不足以被赋予座右铭式的地位,但也能反映财富在引发纠纷时的能力。因此,我们建议在诚信及照顾情感的基础之上,各个家庭都能以客观约定为标准处理婚姻家事案件,特别是涉及到父母出资的情形,事前的约定远好过事后的安排。

7. 婚前财产置换成婚后房屋,离婚时如何分割?

案情简介

王先生与杜女士于2016年10月12日登记结婚。2018年8月,王先生出售其婚前按揭的房产,获得房屋价款330万元,其中该房中婚后共同还贷款约15万元。2018年10月,王先生作为买方支付首付款180万元购买房屋一套，登记于王先生个人名下，但是王先生与杜女士作为共同借款人办理贷款合同，为该房屋贷款 120 万元，直至目前，该房在婚姻关系存续期间共偿还贷款约 21 万元，剩余贷款本金约 110 万元。现王先生与杜女士感情破裂，二人均同意离婚，但对于婚后王先生购买的房屋如何分割难以达成一致意见。王先生认为该房屋是他自行购买，并且首付款都来源于婚前房产出售后所得的价款，杜女士要求分割没有依据。而杜女士则认为，该房屋虽登记于王先生一人名下，但购买于婚后，并且由二人共同贷款，亦有共同还款行为，故而应当属于夫妻共同财产。在商谈过程中，杜女士提出要求王先生补偿其 75 万余元，计算方式为现房屋价值 260 万元减去剩余贷款 110 万元，剩余部分二人平均分配。王先生对此无法接受，决定诉讼处理，故而咨询到律师：涉案婚后购买的房屋，在起诉到法院后，人民法院一般会如何处理？他不想分割款项给杜女士的诉求能否得到法院的支持？

律师解析

案例中王先生所购房产的情形，实际是婚前房屋在婚后出售后发生转化的问题，即使用婚前房屋销售所得的款项购买婚后的房屋。按照《民法典》中对于法定财产制度的规定，婚前的房产属于一方的个人财产，婚后所得以按共同财产处理为原则，以按个人财产处理为例外。而案例中婚前房产在婚后发生转化后是否还属于个人财产，不能单一地以婚后财产的形成时间来考量，还与购买主体、付款情况等有关。这一问题在目前司法实践中尚无统一定论，法律适用不统一，不同法院仍存在不同的处理方式。

一、看婚后财产的登记情况，登记于己方名下，相较于登记于双方名下更有优势

案例中王先生的婚前房产及婚后房产均登记于自己名下，这与登记于夫妻双方名下仍有一定的区别。离婚纠纷涉及房产分割的案件，既需适用《民法典》婚姻家庭编中离婚财产分割的相关规定，亦需结合《民法典》物权编的相关规定予以考量，而我国在对于不动产的权属管理上采用登记生效主义，且在《民法

典》第217条中明文规定“不动产权属证书是权利人享有该不动产物权的证明”，故而在婚后购买且登记于夫妻双方名下时，极易因登记为共有而导致房产被法院判定为夫妻共同财产，在离婚时按一人50%来分割。因王先生将婚后房产登记在己方名下，其在离婚诉讼中实现保住个人财产转化部分的诉求胜算会更大。需要说明的是，在使用夫妻共同财产购买房屋或夫妻双方均有对等出资购买房屋的情况下，只要是婚后购买，无论是登记在夫名下还是妻名下，均属夫妻共同财产，不以登记来考量。

另外，笔者也注意到，王先生名下的房产虽登记在其个人名下，但按揭贷款系夫妻二人共同办理，作为杜女士势必会以这个点来强调该房屋属夫妻共同财产的属性，但笔者认为，结婚后由夫妻二人共同去办理贷款、共同签字是绝大部分银行的硬性要求，只要结婚后购买的房产需要按揭贷款，银行均需要夫妻二人共同办理银行贷款。单身的提供声明，离婚需要提供离婚证等。该银行贷款合同上二人共同签字与该房屋的实际归属之间并无必然联系。但也提示各位婚后买房的朋友们，如果存在婚前财产转化入婚后房屋的话，尽量杜绝另一半以共有人名义或共同借款人名义签署任何文件，以绝后患。

二、看出资流水是否完备，是否有婚前财产转化入婚后财产一一对应的关系，如果存在婚前财产与婚后财产混同情况的，会因举证不能而承担不利的诉讼后果

打官司打的是证据，诉讼中的当事人对于自己提出的诉辩主张均有举证责任。在离婚纠纷中，由于财产的归属以共有为原则、以个人所有为例外，主张系个人财产的一方将负担更重的举证责任。案例中的王先生如果经举证后无法证实婚前财产转化的事实，将承担不利的诉讼后果，案涉房屋会被按照夫妻共有房产（原则上一方50%）来分割。

比如在广东省广州市中级人民法院审理的（2022）粤01民终2687号离婚纠纷案中，黄某在婚后与父母共同购买了一套商品房，其中黄某享有该房屋50%的产权份额。在案件审理过程中，黄某主张该房屋中其享有的产权份额系其婚前个人财产转化而来，应属于其个人财产，其配偶无权分割，并提交证据证明其婚前在香港汇丰银行存有港元存款且婚后有提取婚前存款的行为。最终法院审

查后认为：根据法律规定，婚姻存续期间所得的财产为夫妻共同财产，黄某主张为其个人财产的转化，其应承担举证责任。经审查黄某所提交的证据，虽能证明其有在婚后提取婚前的存款的行为，但其提取港元现金与支付房款的账户交易明细无法对应，对方对此也不予确认。因此，黄某应承担举证不能的后果，对其主张购买房屋的资金全部来源于其婚前财产，法院不予采纳。

那么要想证明财产转化问题，最直观的证据为有一一对应关系的银行流水。例如在笔者团队所办理的一起离婚纠纷中，当事人于结婚后出卖婚前房产获得房款约 100 万元，随后一周左右购买婚后房产，将该 100 万元转至卖家银行账户，由于卖房与买房时间相隔较近，钱款又尚未发生混同，其银行流水已经足以证明婚前财产转化的问题，最终该事实得到法院的确认。

但是在实践中，由于钱款存在不特定、流动性的特点，而大部分当事人在婚姻中又缺乏管理财富的意识，故而易导致婚前婚后财产混同，进而难以完成举证责任，这样也极易导致由婚前财产转化而来的婚后财产完全作为夫妻共同财产来分割。

所以，婚后换房既是高概率事件，也是高风险事件。为了能够避免婚前财产被转化婚后共同财产，需要提供做一些安排，既不伤感情，还把房子换了。站在换房一方的角度，应做以下安排。

第一步，开一张新卡，用于存入售卖婚前房产的款项。

第二步，将婚前房产变卖，与买家签订买卖合同，并将相应的款项打入预先开办的卡中。

第三步，签订新买卖合同，用售卖旧房的款项支付新房的购房款。这里需要注意的是，新开办的银行卡，专门用于收取售卖旧房款，付新房款，不做他用。并保留好相关的收付款凭证，房产证，卖房公证书，买新房的公证书等。

之所以要单独开张卡，不混作他用，是为了规范管理房款资金来源和去向，防止售卖房款说不清楚。规范管理售房资金，对于证明售房款为个人财产，将起到重要作用。

此种操作下，再能够落户自己的名字更好，如果由于各种原因需要落户二人的名字，至少可以保护婚前房产售卖的款项不至于混同说不清。

三、对于此类房屋如何分割,目前司法实践中无统一定论,而如何在案件中陈述有利于己方的代理意见,极有可能影响案件的结果

关于涉及婚前财产转化成婚后财产的部分,在离婚诉讼或离婚后财产纠纷诉讼中如何分割的问题,目前各大法院并无统一的裁判标准,各地法院依然有截然不同的裁判结果,作为案例中的王先生,应当在完成举证责任的基础上,委托律师陈述利于己方的代理意见,以争取最好的案件结果。目前司法实践中主要有以下几种裁判观点:

其一,将婚前财产部分认定为对对方的赠与,按各 50% 的份额分割婚后财产。

在笔者团队办理的一起由昆明市五华区人民法院一审,昆明市中级人民法院二审的离婚案件中,女方于婚后一年左右以自己名义购买商品房一套,为该房支付首付款 95 万元,由男方作为主借款人向银行办理了按揭贷款,由男女双方共同归还贷款。其中首付款中的 84 万元有证据证明来源于女方婚前房产出售的款项。女方提出明确主张,认为该房首付款中 84 万元对应的房屋产权份额应当属于其婚前财产的转化,仍为其个人财产。但最终法院经审理后认为:该房屋签订合同、支付首付款及归还按揭贷款均发生于男女二人婚姻关系存续期间,虽然不动产权证登记于女方个人名义,首付款中的 84 万元是女方的婚前个人财产,但是女方自愿将婚前财产用于支付婚后购买的房屋中,视为女方对男方的赠与,故为夫妻共同财产,判决一人享有 50%。

其二,按照婚前婚后财产投入比例分割。

在北京市第二中级人民法院审理的(2015)二中民终字第 05332 号离婚纠纷中,程某与洪某婚后以洪某名义购买位于北京市海淀区房屋一套,其中购房款由洪某出卖其婚前个人所有的房屋所得卖房款 115 万元以及出卖双方婚后共同所有的房屋所得卖房款 130 万元构成。最终法院认为:首先,关于洪某婚前房屋所得卖房款 115 万元,此部分财产原属洪某婚前个人财产,婚后虽发生原有财产价值形态的转化,但无论转化到婚后哪一房产中、转化为何种形态,转化后所对应的财产部分仍属于洪某个人所有,在离婚分割时,婚前财产占转化后财产的比例应归洪某个人。至于其他购房款系使用了出卖双方婚后共同所有的卖房款,故

除 115 万元以外的其他购房款所占比例双方应平均分割。综上，该房屋经评估的市场价值为 2,738,900 元，程某占 21.89% 份额即 599,545.21 元，洪某占 78.11% 份额即 2,139,354.79 元。双方对房屋的归属未能达成一致意见，原审法院酌情确定该房屋归程某所有，但程某应支付洪某折价补偿款 2,139,354.79 元。

在这个案件中，由于婚后买房时钱款来源较为清晰，婚前婚后款项投入的资金比较明确，最终法院的判决结果亦相对较公平，既保障了一方对于婚前财产转化部分的权利，又维护了夫妻共同财产制度，是笔者比较认同的处理方式之一。

其三，确认婚前财产转化部分为一方个人财产，婚后共同部分酌定补偿。

在北京市第三中级人民法院审理的(2020)京 03 民终 10777 号离婚后财产纠纷中，双方于 2014 年 4 月 17 日登记结婚，2014 年 7 月 16 日男方出售其婚前房产，获得总房款 238 万元。2014 年 7 月 23 日男方购买了案涉房屋，房屋总价款 277 万元。2014 年 9 月 11 日案涉房屋登记至男方名下。一审法院与相关房地产经纪公司沟通，称该房屋目前报价应可以达到 540 万元至 550 万元。最终法院认为：(1)从合同签订的时间及款项的流向看，男方将其婚前所有的房屋出售用以购买案涉房屋具有连贯性和一致性，相应的款项应认定为其婚前个人财产。(2)从男方的账户明细中可以看出支付购买案涉房屋款项的账户中既有男方出售房屋所得价款，亦有理财收益、工资收益及其他款项，且在付完房款后账户内仍有剩余，该些款项混同在一起无法区分，故一审法院对于其中双方结婚至支付房款期间的工资收益及无证据证明系个人财产的款项，认定为夫妻共同财产。综合以上情况一审法院认为案涉房屋应归男方所有，由男方给予女方一定折价补偿为宜。判决涉案房屋归男方所有，男方支付女方房屋补偿款 23 万元。

经检索，笔者注意到，在婚后房屋中既投入了一方婚前财产也投入了婚后夫妻共同财产的情况下，有不少法院采取此种方式分割处理。笔者认为，这种方式亦有其可取之处，在保障一方婚前财产的前提下，又不会拘泥于完全按比例分割的局限，人民法院可以综合案件中双方的分割意见、房屋市场价值，考虑当事人对房屋的贡献、婚前财产出资比例、偿还贷款情况以及照顾女方权益的角度，判决综合确定相应的折价补偿款。

综上，案例中王先生婚后购买的房屋，按照其陈述有一部分属于婚前财产的转化，有一部分归还贷款的款项系夫妻共同财产，如果其陈述有足够的证据予以证实，那么属于夫妻共同财产的部分需要分割给杜女士。同时其婚前财产转化部分，最终能否实现认定为个人财产，取决于法官的自由裁量权，有可能会认定为共同所有，亦有可能按比例计算出其应得款项，还有可能由法院按照个人财产和共同财产的金额酌情确定王先生需补偿杜女士的款项。

律师感悟

在夫妻共同生活中，财产往往不分彼此，这是婚姻的本质所决定的，所谓同甘共苦需要双方均有所付出，或许男方多付出的是金钱，而女方多付出的是劳动。如果婚姻一直很美满，就不存在财产分割的问题，怎么出资都不会过分，毕竟是奔着白头偕老而去，再多的财富到生命尽头都一文不值。假如婚姻出现了裂痕，那么财富的来源就会变成争议的主线，你出了10万元，对方出了20万元，这家长里短的事情将上升为法律问题。从目前的法律规定及司法实践来看，大部分发达地区的人民法院越来越倾向于否定借婚姻获得财产的价值理念，而更趋向于尊重及保护婚前个人财产。这对处于婚姻中财产弱势的一方而言并非好事。当然，房屋作为家庭中最重要的资产，如果处理不当亦会招来不必要的争端，甚至可能让一家几代人的心血付诸东流。所以，如果想要对财产有所保障，不仅要依赖于法律规定，依靠法院的判决处理，更应有提前保护财富、规划财富的意识，遇到法律问题提前咨询法律专业人士。

8. 对方是大老板，可以分割他经营的公司吗？

案情简介

李女士与刘先生结婚十余年，刘先生是一名企业主，经营着数家公司，李女士则是某国企普通职员。婚后，刘先生负责家庭大额支出，包括出资买房、买车，还负担着孩子的学习生活费用，两边老人的赡养费等。十余年来，李女士从未参与刘先生的经营活动，对于各家公司情况不甚了解，但是她与刘先生聘请的会计小王是朋友，从小王处得知，刘先生经营的公司中有两家效益非常好，年收入都是上百万元的，并且还有几十万元债权未收回。这两家经营较好的公司具体情况为：一家公司系刘先生与其朋友陈先生共同成立，二人为该公司股东，成立于刘先生与李女士婚前，婚前刘先生实缴出资20 万元，婚后刘先生实缴出资 80 万元；另一家公司系刘先生于婚后成立，工商登记的股东为刘先生、李女士以及陈先生三人，认缴出资未进行实缴出资。在李女士与刘先生协商离婚事宜时，刘先生表示公司并无可供分配财产，家中能分配的仅为房产及车辆，且他在外还欠有不少债务，他提出房产及车辆一人一半分割。李女士则认为，实际情况并非如刘先生所说，两家公司都有利润、有增值，她应当享有权利。为此，李女士找到律师咨询：对于刘先生名下的公司股权对应的权益，她是否有权利要求分割？如果可以分割，应该怎么分割？

律师解析

全民创业时代，很多家庭都涉及公司股权及收益的问题，在离婚诉讼中亦很常见，但由于公司股权的分割既需考虑婚姻共同财产制度、维护双方合法的财产权益，又涉及公司法律管理制度、维护市场经济秩序的问题，因此，在离婚诉讼中对于公司股权的处理相对较为复杂。由于李女士主要关心的是刘先生名下两家收益较好的公司如何分割处理的问题，故本文也将围绕上述两家公司情况进行解析。

一、对于刘先生名下的公司股权对应的权益，李女士是否有权利要求分割

不管是公司股权还是其他财产，在离婚诉讼中能够在夫妻间分割的都须属于夫妻共同财产，而根据《民法典》第 1062 条的规定，婚后取得的财产及收益，在不属于孳息及自然增值的情况下，都按照夫妻共同财产处理，其中也包括投资经营的收益。故而，婚后形成的公司股权属于夫妻共同财产，婚前形成的公司股权则要看婚后是否有增资、是否有增值，不管是婚前拥有的公司股权还是婚后成立所拥有的公司股权，公司股权的收益均属于夫妻共同财产。

（一）婚前成立的公司，婚后的实缴出资部分对应的股权价值属于夫妻共同财产，应当予以分割

公司虽然成立于二人婚前，但由于婚后有使用夫妻共同财产实缴出资，故在刘先生无证据证明实缴出资款项不属于夫妻共同财产的情况下，该实缴出资所对应的股权属于夫妻共同财产，李女士有权利要求分割。

（二）婚前实缴对应的公司股权在婚后产生的收益属于夫妻共同财产，应当予以分割

刘先生名下于婚前实缴出资的股权仍属于其婚前个人财产，但由于他主业即为经营公司，该股权在婚后如产生收益，则会被归类于投资的收益，亦属于夫妻共同财产，李女士可以要求分割该收益。

（三）婚后成立的公司，相应股权对应的价值属于夫妻共同财产，应当予以分割

刘先生于婚后成立的公司，李女士为挂名股东，那么夫妻二人名下的股权均属于夫妻共同财产，李女士有权利要求分割。

综上，李女士有权利要求分割刘先生名下公司股权及相应的收益。

二、刘先生名下的公司股权，具体可以怎么分割

（一）能够协商一致的情况下，可以与另一名股东陈先生商量后，由李女士成为公司股东或获得折价补偿

1. 刘先生婚后成立的公司，由于李女士已经是该公司股东，虽为挂名，但不影响其股东资格，故在夫妻二人能对股权分割达成一致意见的情况下，可以直接在二人之间调整股权比例来进行分割。比如，刘先生持股 60%，李女士持股 30%，平均分割的情况下，一人分得 45%，由刘先生将其名下 15% 的股权转让给李女士，即可完成分割。这一分割过程无须经过陈先生同意。再者，如果刘先生与李女士协商一致是由刘先生补偿李女士款项，李女士退出股东资格，则二人按照协商一致的金额履行，并由李女士将其名下 30% 的股权转让给刘先生即可完成分割。

2. 刘先生婚前成立的公司，由于李女士并非该公司股东，而该公司又涉及股东陈先生的合法权益，故即使刘先生与李女士能够针对股权的分割达成一致意

见，在李女士想成为公司股东的情况下，按照《公司法》及《最高人民法院关于适用〈中华人民共和国民法典〉婚姻家庭编的解释（一）》第 73 条之规定，应取得陈先生的同意，如陈先生不同意李女士成为股东，则要看陈先生是否行使优先购买权，如不行使，李女士仍可成为股东，如行使，李女士取得股权对价的补偿款。

（二）无法协商一致的情况下，由人民法院根据股权及公司经营情况，结合双方表达的意愿判决，一般存在分割股权份额、分割财产利益、折价补偿三种方式

如前所述，能够协商一致的情况下，仅需经过股东会讨论表决来完成股权的分割。但如果不能协商一致，对于股权如何分割处理，在目前《民法典》及其相关司法解释中并无规定，从各法院公开的裁判文书来看，具体存在判决分割股权份额、分割财产利益及折价补偿三种方式。

1. 分割股权份额，由另一方取得部分股权，成为公司股东。

其一，双方均是公司股东，对于股权价值及股权分割方式无法协商一致时，人民法院可以判决双方分割股权，各占一定比例。比如案例中的刘先生婚后成立的公司，由于李女士亦是公司股东，如果李女士要求折价补偿，但刘先生又不同意，并且股权价值也无法达成一致意见时，人民法院可以基于双方均是股东身份，判决平均分割二人名下的股权。

其二，一方不是公司股东，对于股权价值及股权分割方式无法协商，但案外股东陈先生表示同意李女士成为公司股东，或陈先生虽不同意但又不行使优先购买权的情况下，人民法院可以判决分割陈先生婚后实缴部分对应的股权。

特别提示：作为非公司股东一方离婚时或离婚后起诉要求分割对方名下股权时，切勿将诉讼请求定为“请求判令分割原告持有××公司百分之几十的股权，成为公司股东”。之所以不提倡这样列诉讼请求，原因在于人民法院审理案件围绕当事人的诉讼请求进行，在分割股权时将诉讼请求定为“成为公司股东”，一旦遇到任何障碍，诉请将面临被法院驳回的风险。比如辽宁省锦州市古塔区人民法院 2022 年 4 月出具的（2022）辽 0702 民初 440 号离婚后财产纠纷的民事判决书中，女方提起诉讼要求分割股权，明确诉求为成为公司股权，在审理过程中，男方提交女方起诉后针对女方能否成为公司股东召开股东会议形成的决议，其他股东决议不同意原告成为公司股东。法院经审查后认为：有限责任公司具有人合性，现双方对于公司股权如何分配不能达成一致且公司股东均不同

意原告成为公司股东的情况下，女方直接诉请持有公司股份成为公司股东不符合法律规定，最终驳回原告的诉讼请求。因此，笔者建议，在离婚案件或者离婚后财产纠纷案件中要求分割对方名下股权时，诉讼请求可以列成“请求依法分割被告持有的×××公司的股权”。

2. 分割股权财产利益。

分割股权财产权益的方式，一般适用于一方为公司股东，而另一方不是公司股东，关于股权的分割及价值无法达成一致意见，其他股东不同意该方成为公司股东，而股权价值又无法确定的情形。对于这种形式的分割，最终人民法院的判决结果一般表述为“现登记于某某名下的某某公司××% 股权的 50% 的财产利益归某某所有。”

比如辽宁省沈阳市中级人民法院 2021 年 7 月出具的(2021)辽 01 民终 6616 号离婚后财产纠纷民事判决书中，刘某在婚姻存续期间实缴某某公司进行增资，对应 25.3% 的股权，其原配偶刘某起诉要求分割。庭审中，李某、刘某并未对股权分割、转让事宜达成一致，也未征询某某公司其他股东意见，李某要求刘某给付折价补偿。最终法院认为：由于李某并非公司股东，现又无证据表明其他股东意见，因此李某无法基于其享有 25.3% 股权的 1/2 份额主张成为该公司的股东；双方亦未对股权价值达成一致，李某要求刘某给付折价补偿的请求难以支持，故对刘某持有的某某公司中 25.3% 股权的财产利益应依法予以分割。判决：现登记于刘某名下的某某公司 25.3% 股权的 50% 的财产利益归李某所有。

但是，笔者认为这样的判决存在诸多问题，作为未持股的配偶一方，要求分割公司股权的初衷大多是获取金钱补偿，而非管理或经营公司。但是此种判决结果的实现，需要了解公司的经营状况，知晓公司是否存在分红，分红多少，未持股的配偶一方，为了实现该判决结果，可能会引发一系列的问题，进一步激化矛盾。

3. 折价补偿。

对于股权的分割，人民法院还可以采取股权归一方所有，对另一方进行折价补偿的方式处理。比如案例中的刘先生与李女士，股权仍归刘先生所有，由刘先生按照一定的标准补偿给李女士，这里补偿的基础应当是股权的价值，而非股权对应的出资额。股权价值的确定一般有以下几种方式：

第一，协商确定。在案件中，一般法院会先行组织原、被告双方对于股权价值进行协商，能够达成一致意见的情况下，人民法院可以根据双方确定的价值进行分割，由持有股权一方补偿另一方对应的折价款。

第二，评估鉴定。在双方无法协商一致的情况下，人民法院可以经原、被告申请或依职权启动评估鉴定程序，由专业的评估鉴定机构根据双方提交的资料对公司股权的价值进行评估，最终作为分割的依据。但在实践中，由于大部分有限责任公司，特别是中小企业，存在管理不规范的情况，往往难以提供符合评估鉴定要求的完备资料而导致评估困难。另外，原告起诉要求分割股权，从《民事诉讼法》"谁主张，谁举证"的规定来看，其应当对于股权价值承担举证责任，也有一些法院会以原告无法举证或无法提供相应可供评估的资料为依据，而最终无法确定股权价值。比如，笔者在前文列举的辽宁省沈阳市中级人民法院（2021）辽 01 民终 6616 号离婚后财产纠纷案中，李某一审时提出评估申请，一审法院亦委托资产评估鉴定，但李某非公司股东，无法提供评估资料，而刘某虽为公司股东，但其并不持有公司经营档案材料，最终导致无法评估，进而无法确定股权价值。

第三，参考公司申报纳税时的资产负债表确定。根据现行税务相关法律的规定，公司需定期向税务机构提交资料以申报纳税，其中包括资产负债表，在该表中会载明所有者权益（净资产），在双方无法对股权价值协商一致，又未能评估鉴定时，可以以该净资产金额作为公司的净值，进而计算出股权对应的价值。在河南省高级人民法院审理的（2015）豫法民一终字第 70 号离婚后财产纠纷案中，女方孙某起诉男方崔某，要求分割崔某在婚内取得的某某公司 23% 的股份，二人系 2014 年 4 月 3 日经法院判决解除婚姻关系，原离婚诉讼立案时间为 2012 年 12 月。一审法官组织二人对该 23% 的股权份额进行协商，但协商未成，且该公司其他股东均不同意孙某成为该公司股东，孙某在法院释明的情况下表示不要求对上述股权份额进行资产评估。后一审法院以离婚案件立案时间作为节点，参照当月该公司纳税申报材料中的资产负债表中所载所有者权益（净资产）数额计算得出 23% 股权份额对应的价值，由崔某补偿孙某一半。二审法官肯定了一审法院以资产负债表中的所有者权益数额作为基数计算股权价值的做法，理由为：虽然通过资产评估能够更准确地确定股权价值，但本案未能进行鉴定，而申报纳税资料来源于税务机关，系某某公司向税务机关纳税时自行申报的，以正常理性判断，一家公司向税务机关报税时虚增公司资产的可能性较低，而双方又都对该组证据的真实性表示认可，故以资产负债表为依据认定股权补偿价款不会损害双方利益。笔者认为，在股权价值难以经过评估鉴定来认定，双方又无法协商一致的情况下，以资产负债表中的数据作为计算股权价值的依据有其可取之处，既不损害双方利益，又能一次性解决争端。

三、一方婚前股权的收益和增值，另一方如何要求分割

案例中，刘先生名下婚前成立的公司中有部分股权属于其婚前个人财产，如前文所述，该部分股权不因结婚而发生转变，但该股权在婚后产生的收益及增值属于夫妻共同财产，那么李女士有权要求分割这部分收益及增值，那么李女士怎么才能实现其要求分割的目的呢？

首先，我们来看增值问题。分割公司股权的增值，首先需确定股权价值，包括结婚前的股权价值及离婚时的股权价值，所谓的增值即是两者之差额，如无差额，也就无增值可分割。那么股权价值的确定，就如前文所述有三种方式，协商确定、评估鉴定和依照资产负债表中的所有者权益确定。同时，因为证明股权存在增值的举证义务在于主张分割一方，如果因为涉案公司未提供账簿等材料导致未能完成，可能无法获取法院支持。

其次，我们来看收益问题。其一，如果要求分割的收益是一方作为公司股东已经获得的收益，因该收益已经转化为个人收入，作为配偶直接要求分割对方的现金资产即可。其二，对于未转化为股东收入的公司利润，由于公司与股东是两个不同的主体，无论是股东还是股东的配偶，均难以在离婚诉讼中要求分割。在广州市中级人民法院审理的(2020)粤01民终23823号离婚后财产纠纷案中，女方起诉要求男方支付其婚前持股公司在双方婚姻存续期间的经营收益中的50%，该公司企业所得税汇算清缴鉴证报告、企业所得税汇算清缴纳税调整报告显示该公司自2012年至2019年净利润合计为118万余元，婚姻关系存续期间，女方为家庭主妇，无收入来源。男方提交证据证明，其在2012年1月1日至2018年10月31日共向女方转账153万余元，此转账款项包括家庭开支和购房费用。最终法院认为：企业的利润并不代表就是企业股东可以实际得到的收益，企业可以将利润分配，也可以不分配，将相关利润留在企业中弥补之前的亏损或转为企业的资本金或公积金以保持企业的更好发展。因此女方仅凭公司的年度

审计报告中所载明的净利润数额，并不能证明男方因拥有该公司股权而实际取得了相关的收益或具体的收益数额。同时，女方在婚后没有参加工作，整个家庭的经济来源和日常开支全部依赖于男方经营公司所得收益，双方在婚后亦添置有房产等大额财产，在此情形下，女方要求分割公司经营利润的诉求，难以支持。

综上，离婚案件中公司股权的分割是集公司管理法律制度与离婚财产分割制度于一体的综合性法律问题，不能单一适用婚姻相关法律，亦不能不考虑公司人合与资合的特性。作为非股东一方，虽然拥有分割的权利，但其权利的行使不能超出公司法律的允许范围。案例中的李女士虽有权要求分割相应股权及增值，但具体的分割方式除了要与刘先生协商外，亦需取得另一第三人股东的意见。

律师感悟

虽然随着时代的发展，在离婚纠纷中涉及分割股权或股权收益的案件越来越多，但由于其适用法律的综合性，处理方式的复杂性，该财产权利的分割仍属于离婚案件中的难点问题。在涉及第三人持有股权的案件中，大部分法官会以该公司股东涉及第三人为由而不予处理，这在一定程度上增加了当事人处理纠纷的诉累。

另外，大部分不实际参与经营公司的一方，在离婚诉讼中要分割股权的实质目的并非要成为公司股东，而是想要通过分割股权获得一定的现金补偿。之所以想要现金补偿，原因在于公司的管理具有人合性，离婚后的双方能够在一起和谐共事、共同经营的可能性极低，更何况未参与经营一方可能对于该公司的经营事项一窍不通，难以享有真正的权利。所以笔者认为，股权分割方式中的分割股权份额以及分割股权财产利益，对于要求分割一方来讲，或许没有太大意义，后续享有权利的过程又极有可能引发其他诉讼。回到要求现金补偿的问题，虽说通过本文论述，我们知道想要实现现金补偿不是难事，可以以一定的方式确定股权价值，但这些都建立在公司管理规范，按照相关法律法规申报纳税的情况下，而实际上大多数中小私营企业都存在经营不规范的问题，即使面上经营规范，可能也会为了减少成本，未将实际收入申报至税务机构。因此，也给另一方享有财产利益制造了障碍，或减少了可期待利益。

9. 发现配偶转了钱给第三者,可以要回来吗?

案情简介

林女士与凡先生为多年夫妻,婚后生育两名子女。2022 年上半年的一天,一名李姓女子与林女士联系,声称她遭受凡先生的骚扰,凡先生赖在她家楼下不走,请林女士来将其老公带回,林女士对此持怀疑态度,故未予理会。几天后,李姓女子加了林女士微信,将其与凡先生在一起的照片发至林女士手机上,并邀约林女士见面。面谈后,林女士发现这个李姓女子确实与丈夫存在不正当男女关系,丈夫亦对二人的关系不置可否,但表示愿意回归家庭,共同抚养子女长大。林女士考虑到孩子尚年幼,故原谅了凡先生出轨的行为,并让凡先生写下书面保证书。三个月后,林女士在送孩子上培训班的路上,又遇到丈夫和李姓女子举止亲密,林女士上前制止丈夫的行为时与李姓女子发生冲突,为此还被带到派出所。回到家后,林女士气愤不已,提出离婚。在离婚诉讼过程中,林女士通过查询凡先生的银行流水,发现凡先生前后多次向李姓女子转账,合计金额高达 18 万元。林女士为此咨询律师,她能否向李姓女子主张要回凡先生擅自转账支付的款项?如果可以,她能要回全部还是部分?

律师解析

一、林女士有权要求李姓女子返还凡先生擅自赠与的款项

首先,在夫妻双方未针对财产事宜进行约定的情况下,应当适用《民法典》的规定,将凡先生的收入均认定为夫妻共同财产。我国《民法典》第 1062 条及第 1063 条规定,夫妻间以财产共有为原则,以分别所有为例外,在无特殊约定时,任一方所挣得的款项配偶均享有权利,在非因生活所需而支出大额款项时,理应征得配偶的同意,否则可能会因为侵犯配偶合法财产权而属无效。案例中,

凡先生转账支付给李姓女子的款项，原则上均属于夫妻共同财产，而作为夫妻间任一方，除因日常生活需要，否则不享有单方处分财产的权利。

其次，李姓女子与凡先生之间的不正当男女关系，违反《民法典》婚姻家庭编的相关规定，违背公序良俗，如果凡先生支付给李姓女子的款项均系赠与，则林女士有权利要回。我国《民法典》规定“民事主体从事民事活动，不得违反法律，不得违背公序良俗”“夫妻应当互相忠实”，凡先生在有配偶的情况下，与李姓女子保持不正当关系，既有损夫妻感情，亦违背公序良俗，二人的行为应当受到法律的谴责。而如果凡先生转账支付给李姓女子的款项均系无偿赠与的情况下，即不属于因家庭日常生活而支出，损害了林女士的夫妻财产权利，林女士有权利要回。那么凡先生所转款项是否属于赠与，应由谁承担举证责任呢？笔者曾代理一起配偶主张第三者返还款项的诉讼案件，庭审时，第三者及原告的配偶均无理由未到庭参加诉讼，法官在审理时提出，作为原告应当对涉案款项属于赠与承担举证责任。笔者则向法官提出相反意见，认为作为配偶一方仅需举证证明其夫或妻与第三者存在不正当男女关系，同时存在转款行为，即可主张双方之间系无偿赠与而要求返还，至于是否属于其他法律关系，应由第三者承担举证责任。该观点与裁判文书网中公开的诸多法院在类似案件中的观点一致，也最终得到该案法官的采纳。在这里需指出，如果第三者参与了开庭，且在举证期限内提交证据证明相关款项并非赠与，如共同生活的支出、借款、共同经营等，则配偶一方不一定能将款项要回。比如在笔者所在团队办理的另一起类似案件中，原告虽举证证明其配偶向第三者转款，但最后第三者举证证明其向原告配偶亦有转账行为，且转账款项远大于前者，法院经审理后驳回了原告要求返还款项的诉讼请求。

因此，林女士能主张要回的款项应当是凡先生无偿赠与李姓女子的款项，如果款项并非赠与，而属于其他法律性质，那么不一定能要回。

二、林女士能要回全部还是部分

林女士要求返还的款项，须先行扣除非赠与的其他款项，比如借款、转回的款项等，对于剩下的部分，她有权利要求全额返还。有人认为，既然款项属于夫妻共同财产，那么就是一人一半，林女士作为凡先生的配偶也应当只享有 1/2，她能要回的款项应当是属于她个人的部分。这一观点普遍存在,但并未得到法院的认可。大部分法院在审理此类案件时,均认为配偶一方可以要回的是全部而非一半。同时,在最高人民法院的司法观点中,亦认为应当要回全部。理由为:在夫妻关系存续期间,夫或妻对于财产的共有是不分份额的共同共有,夫妻共同财产应作为一个不可分割的整体,在双方的关系未达到法定能够分割财产的条件时,任一方起诉要求分割财产都难以得到法院的支持,亦无法对共同财产划分个人份额。因此,夫妻一方擅自将共同财产赠与他人的赠与行为应为全部无效,而非部分无效。所以林女士能要回的款项应当是扣除正当支出和转回款项的全部而非部分。

三、林女士在离婚诉讼中不能直接要求分割该部分款项,其可通过另案不当得利或赠与合同纠纷主张第三者返还

目前的司法实践中,大部分法院在审理离婚纠纷时,不会处理涉及夫妻外第三人的事项,比如涉及案外第三人的借款、案外第三人与夫妻共有的财产等,因此,由于凡先生转账给李姓女子的款项涉及李姓女士的权利,所以林女士难以在离婚诉讼中直接要求分割该款项。但在离婚诉讼之外,林女士可以将第三者李姓女子作为被告,提起赠与合同纠纷或不当得利纠纷要求该女子返还款项。一般其诉讼请求可以列为:(1)请求确认凡先生对李姓女子的赠与无效;(2)请求判令李姓女子返还原告××元;(3)诉讼费用由李姓女子承担。在案由方面,一些法院列为赠与合同纠纷,因为涉及确认双方之间的赠与行为无效。一些法院又列为不当得利纠纷,因为第三者取得财产无法律上的依据,本质上属于不当得利。笔者更倾向于前者,理由为此类案件本质上是处理出轨方与第三者之间无偿赠与是否有效的问题,在确认无效之后相关财产才属于不当得利,因此将此类案件列为赠与合同纠纷更符合案件的实际情况。

四、原则之下亦有例外,在部分特殊案件中,原配一方要求第三者返还赠与款项的诉求未得到法院支持

笔者所在团队曾代理一起类似案件中的第三者,在那个案件中,原告系出轨

方及其配偶，二人共同主张权利，要求第三者返还全部接受赠与的款项，涉案金额高达上千万元。该案有以下特殊性：其一，出轨方家庭资产庞大，数以亿计；其二，出轨方与第三者公开在一起长达近二十年的时间，且第三者系“被小三”，她一直以为出轨方早已与其配偶离婚，处于离异状态；其三，出轨方配偶常年在国外生活。在代理该案件中的第三者时，笔者所在团队律师提出以下观点：第一，虽然被告系第三者的身份，但出轨方对其恶意隐瞒婚姻状态，具有主观故意及严重过错，如果赋予主动出轨一方要回款项的权利，无疑将增加社会公众出轨的热情，使明知自己有配偶而与他人发生不正当关系的当事人违法成本降低，法律不应当成为不法行为人挽回违法成本的工具；第二，出轨者的配偶在长达二十年的时间里未对第三者的身份提出质疑并主张权利，可见其对于婚姻相对方及家庭财产情况持放任态度，应对其放任的结果承担责任；第三，在长达近二十年的时间里，出轨方合计赠与第三者上千万元的款项，最大一笔高达上百万元，可见出轨方能够直接支配相关款项，且依据出轨方家庭资产情况，相关款项的赠与不足以撼动原告方的家庭日常生活，未对家庭生活、生产造成严重影响，相较于其家庭资产而言，不应当属于重大开支。最终法院采纳了笔者所在团队提出的意见，判决驳回了原告的全部诉讼请求。

综上，离婚时，如果发现对方转了钱给第三者，当款项属于赠与的情况下，作为夫妻中的一方，有权利要求第三者返还全部款项，但该诉求难以在离婚诉讼中与是否离婚等事项一并处理，需另行提起诉讼解决。同时在某些特殊情况下，原配也不一定能拿回相关款项，需具体情况具体分析。

律师感悟

站在配偶的角度，出轨本已无法原谅，既违反夫妻之间忠诚义务的法律规定，严重伤害了夫妻感情；也违背公序良俗，为社会主义核心价值观所不容；更违反我国婚姻法律财产制度，将本属于夫妻之间的钱款转账给存在不正当关系的第三者，是可忍孰不可忍。法律来源于生活，法律规则也是社会生活最基本的反映。一方面，法律支持配偶起诉第三者要回非法赠与的全部款项。但另一方面，公民的婚姻关系比较隐蔽，如果一方刻意隐藏，另一方也无从得知，现实生活中也存在诸多被小三的情况。社会新闻中被所谓渣男欺骗，被骗生子的情况也比比皆是。对于出轨方携带配偶起诉第三者索要款项的行为,法律应该予以制止,法律不应当成为不法行为人挽回违法成本的工具,这样无疑将增加社会公众出轨的热情,使明知自己有配偶而与他人发生不正当关系的当事人的违法成本降低。

10. 离婚时,婚后购买的人身保险如何分割?

案情简介

魏先生与妻子卢女士于2005年结婚,魏先生为再婚,卢女士为初婚。魏先生与前妻生育有一子,取名魏某1,随同前妻生活,婚后双方又生育一子,取名魏某2。婚姻生活中,夫妻二人共同经营一家茶叶公司,家中现金资产大多存于卢女士银行账户。卢女士于婚后购买多份人身保险,有重疾险、意外险、理财险等,均系以卢女士为投保人,被保险人则涉及卢女士本人、魏先生及二人婚生子魏某2、卢女士父母,相关保费均系由保险公司从卢女士账户划扣。三年前,魏先生为了能平衡两个孩子的关系,在他收取了一笔茶叶转让款后,在未告知卢女士的情况下,为大儿子魏某1也购买了一份理财型保险,交纳保费30万元。现双方感情破裂,正在协议离婚,双方对于现金及房产、车辆的分割基本达成一致意见,但对于保单的分割尚有分歧,于是魏先生找到律师咨询:(1)婚后购买的人身保险是否都属于夫妻共同财产?(2)为子女或父母购买保险,是否构成转移夫妻共同财产?(3)婚后购买的人身保险在离婚时应当如何分割?

律师解析

一、婚后购买的人身保险是否都属于夫妻共同财产

(一)何为人身保险

笔者认为,要分析人身保险是否属于夫妻共同财产,首先需了解人身保险的

定义及囊括的范围。根据《保险法》的相关规定，人身保险是以人的寿命和身体为保险标的的保险。从市场上保险公司的险种来看，人身保险有四类：人寿保险、年金保险、健康保险、意外伤害保险。人寿保险是以人的寿命为标的的保险，如终身寿险、定期寿险等；年金保险一般是有储蓄性质的分红型保险，以生存为保险标的；健康保险一般包括医疗险、重疾险等；意外伤害保险是指在被保险人发生意外的情况下，由保险公司按照保险合同的约定支付保险金的保险。在离婚案件中，大部分涉及有争议的保险是人寿保险、年金保险以及为被保险人提供长期或终身保障的健康保险及意外伤害保险，其中以人寿保险及年金保险居多。

另外，一份人身保险存在保险人、投保人、被保险人、受益人四种角色。其中保险人指的是承保的保险公司；投保人指的是买保险的人，即与保险公司签订合同缴纳保费的人；被保险人指的是其人身受保险合同保障的人；受益人指的是人身保险合同中由被保险人或者投保人指定的享有保险金请求权的人。受益人包括生存受益人和身故受益人，生存受益人一般是被保险人本人，身故受益人则是指定的人，可以是投保人，也可以是被保险人，还可以是其他可以成为受益人的人。其中，投保人与被保险人可以是同一人。在投保人与被保险人不是同一人的情况下，要求投保人对被保险人具有保险利益，根据《保险法》的规定，具有保险利益的关系包括本人、父母、配偶、子女或其他有抚养、赡养关系的近亲属。

（二）婚后购买的人身保险是否都属于夫妻共同财产

判断人身保险是否属于夫妻共同财产，需要从以下几方面考量：

1. 保费的来源。

在夫妻间未对财产归属作出明确约定的情况下，一般在婚姻关系存续期间购买的人身保险，投入的保费会被法院认定为夫妻共同财产，进而保险大概率也会被认定为夫妻共同财产。实践中，也有一些当事人会在案件中抗辩保费并非来自夫妻共同财产，根据“谁主张，谁举证”的原则，应由提出抗辩的一方承担保费来源的举证责任，如果所举证据不足以证实相关事实，则保险仍应按夫妻共同财产处理。

2. 保险是否尚在有效期内。

由于保险存在短期险和长期险，部分保险的保障期限较短，而部分保险的保障期限是长期或终身，另还有一部分保险可能已经因为发生保险事故进行理赔后已经终止，故婚后购买的人身保险存在离婚时是否还处于有效期内的区别。

对于已终止、失效或离婚前早已退保的保险，一般法院不会作为离婚时的夫妻共同财产分割，而尚处于有效期内的保险才被法院处理。当然，对于已经发生保险事故理赔而终止的保险，虽已不会纳入共同财产进行分割，但如保险金仍然存在的话，要根据保险的具体情况及保险金的数额，判断是否要在夫妻间分割，因此问题更多涉及的是对于保险金性质的认定，在本文中将不再论述。

3. 保险的被保险人情况。

如前所述，人身保险中存在被保险人，就家庭层面而言，被保险人可以是本人、配偶、子女、父母或其他有抚养、赡养关系的人员。一份人身保险也因为被保险人的不同，财产性质也不同。实践案例中，一般夫妻离婚时涉及分割的人身保险会根据被保险人的不同区别处理，而不一定作为夫妻共同财产处理。之所以以被保险人情况来判断，是因为根据保险的性质以及《保险法》的相关规定，人民法院普遍认为被保险人是保单的核心人物，其不仅有权决定何人为受益人，在大部分险种之下亦是能真正享受保险利益的人。因此，在离婚案件中，夫或妻作为投保人以自己或配偶为被保险人投保的人身保险，均会按照夫妻共同财产处理；若夫或妻作为投保人，但被保险人是夫或妻以外的第三人，比如婚生子女、前婚生子女、一方父母，则不一定完全按照夫妻共同财产进行分割。

综上，魏先生与卢女士家庭购买的人身保险，在双方均无证据证明保费并非来源于夫妻共同财产的情况下，对于尚在有效期内以夫妻二人作为被保险人的人身保险，会被按照夫妻共同财产处理；以婚外其他人，如一方父母、前婚生子、婚生子为被保险人的人身保险，则不一定会按夫妻共同财产处理，需要具体情况具体分析。

二、为子女或父母购买保险，是否构成转移夫妻共同财产

如前所述，以夫妻以外第三人作为被保险人投保的人身保险，不一定会按照夫妻共同财产，笔者将按照不同情形具体分析如下：

1. 以双方婚生子作为被保险人投保的人身保险，一般会被认定为对子女的赠与而不纳入夫妻共同财产分割；但距离离婚时间较近，一方擅自购买，金额又相对较大的保险，仍应按夫妻共同财产分割。

实践中，很多家庭购买保险时会为子女投保，比如重疾险、医疗险等人身保

障型的，再如教育金等年金型的，大部分法院在处理涉及子女为被保险人的人身保险时，会以保单涉及婚生子女的合法权益和对子女的赠与为由，判决不予分割。一般法院在这样处理的时候，会在判决书中写明“如未来投保人将该份保单退保或使用了涉案保险的款项，另一方可再行主张权利”。

但是，并非所有涉及婚生子女的保险都不会作为夫妻共同财产分割。比如在北京市第二中级人民法院审理的（2022）京 02 民终 2826 号离婚后财产纠纷案中，原告起诉要求平均分割被告为婚生女购买的商业保险的保费 50 万元，最终法院支持了原告的该项诉请。具体案情为：2018 年 4 月 17 日，被告作为投保人，以二人婚生女为被保险人购买一份分红型保险，保费 17 万余元。后被告又于 2018 年 5 月 28 日追加保费 33 万元。二人于 2018 年 8 月 10 日离婚，离婚时被告未告知原告此份保单的购买情况。现原告认为被告购买上述保险时未经其同意，对购买保险行为不予追认，要求分割保费 50 万元。法院审理后的裁判理由为：该购买保险的行为发生在二人婚姻存续期，交纳的保费属于夫妻共同财产，系被告单独作出决定，而购买商业保险不属于夫妻共同生活中的必要支出。除法院写在判决书上的裁判理由外，笔者认为，被告在离婚前三到四个月这样的敏感时间内以女儿为被保险人购买人身保险，其既未告知原告，亦未征得原告的同意，而该保险也不是抚养女儿的必要性支出，理应分割所支出的保费。

2. 以一方前婚生子或父母为被保险人购买的人身保险，其支出保费一般按照夫妻共同财产分割，但并不当然属于转移夫妻共同财产。

我国《民法典》规定，在无特殊约定的情况下，夫妻间财产属共有，双方均有平等的处理权，对于日常生活所需的款项，都可以自由支配，但如果非因生活所需而擅自处分财产，会被认定为无权处分，侵犯另一方的合法财产权益。在为前婚生子或一方父母购买人身保险的时候，大部分法院在购买方无证据证明购买时已与对方协商一致的情况下，会以侵犯另一方对夫妻共同财产的支配权，判决购买方以保费为基础对另一方进行补偿。

虽说擅自为自己父母购买保险，侵犯了另一方的财产权益，但是并不当然构成转移财产。比如在四川省德阳市旌阳区人民法院审理的（2021）川 0603 民初 6633 号离婚后财产纠纷案中，被告在婚姻关系存续期间，以自己为投保人为与前妻生育之子购买三份人身保险，合计支出保费 54 万余元，原告对此不知情，提起诉讼要求分割保费，并提出被告擅自为自己前婚生子购买大额保险的行为，应认定为转移夫妻共同财产,法院最终支持了原告要求分割保费的诉讼请求,由被告补偿原告50%的保费。但对于原告提出的转移财产问题,法院认为:被告购买案涉保险,并非在原告与被告夫妻关系恶化时突发购买,且父母在生活中对自己子女的帮扶,系家庭成员间互相帮助,是为了维护和睦、文明的家庭关系,故对被告以夫妻共同财产支付保费的行为,不宜认定为被告在转移夫妻共同财产。由该案例可以看出,在婚姻关系存续期间为父母或子女购买人身保险的行为不宜认定为转移财产,但如果是之前无购买保险习惯,而是在关系恶化后以自己父母或子女为被保险人购买保险,则仍有被认定为转移财产的可能性。

综上,魏先生在婚内为其前婚生子购买的保险极有可能需分割给卢女士一半的保费,卢女士为其父母购买的保险也是同理,但因二人均有类似行为,且均非在关系恶化时购买,故而不一定会被认定为转移财产。

三、婚后购买的人身保险在离婚时应当如何分割

关于婚后购买的人身保险在离婚时如何分割,前文已经对夫或妻为一方前婚生子女或父母购买人身保险需分割保费进行过论述,也分析了为婚生子女购买的保险可能不纳入夫妻共同财产分割的问题,此处不再赘述。在这一部分,笔者将重点分析夫或妻作为投保人,使用夫妻共同财产为自己或配偶购买的尚在有效期内且未发生过理赔的人身保险如何分割的问题。

(一)投被保险人均为一方的人身保险

1. 保单属投保人所有,由投保人补偿保单现金价值的一半给另一方。

关于投被保人均为一方的人身保险在离婚时如何分割的问题,在《第八次全国法院民事商事审判工作会议(民事部分)纪要》中有所规定,该次会议是最高人民法院于2015年12月23日至24日在党的十八届五中全会提出"十三五"规划建议新形势下召开的一次重要的民事商事审判工作会议,会议针对民事审判中的新情况、新问题,在法律与司法解释尚未明确规定的情况下,就热点难点问题提出处理意见,对于及时满足民事审判实践需求,具有重要指导意义。虽然该会议纪要尚不具备法律法规或司法解释的地位,但其中内容代表着全国法院系统针对某一问题形成的一致意见,因此已然成为各法院处理案件的指引。

在该会议纪要关于夫妻共同财产认定问题中规定:"婚姻关系存续期间以

夫妻共同财产投保,投保人和被保险人同为夫妻一方,离婚时处于保险期内,投保人不愿意继续投保的,保险人退还的保险单现金价值部分应按照夫妻共同财产处理;离婚时投保人选择继续投保的,投保人应当支付保险单现金价值的一半给另一方。”

根据这一规定,投被保人均为一方的人身保险,无论离婚时或离婚后是否退保,另一方可以要求分割的是保险单的现金价值。现金价值指的是一份保险单截至目前根据保险合同的约定,累积的实际价值,通俗来讲就是一份保单现在值多少钱。一般来讲,长期险都有现金价值,如重疾险、定期寿险、年金险等,并且大部分保险单的现金价值是随着时间的增加而增加的,一开始现金价值小,保单存续时间越长,现金价值越大,这与投入的保费金额及对应的收益有关,具体金额受保险合同约束。

由此可以看到,上述会议纪要中规定可以分割的现金价值与所投入的保费并非同一概念,而往往存续时间较短的保险单的现金价值远低于保费。比如在上海市闵行区人民法院审理的(2021)沪 0112 民初 2374 号离婚后财产纠纷案中,原、被告双方各自购买一些人身保险,其中原告在婚内合计缴纳保费 81,921.94 元,而被告则远远高于原告,高达 930,687.78 元。另外,在现金价值方面,原、被告所购保险的现金价值远低于投入保费。如原告于 2011 年 5 月购买的某重疾险,婚内共缴纳保费 55,063.3 元,截至 2020 年 7 月离婚时,现金价值仅为 26,720 元;再如被告于 2007 年 11 月购买的一份两全保险(分红型),至结婚登记时 2009 年 3 月已缴纳保费 11,776 元,婚内又缴纳保费 100,096 元,至离婚时现金价值仅为 56,400 元。

综上,投被保人均为一方时,离婚时根据前述会议纪要的相关规定,无论是否退保,另一方可以要求分割的仅为现金价值。支持分割现金价值而非保费这一观点的学者或法官普遍认为:投保人身保险合同所支付的费用属于已经发生的消费性支出,该款项支付后已转化为保险单,而保险单有自身的价值及财产权益,不能以投入的费用予以衡量,且截至离婚时,持有保单的一方享有的也仅仅是现金价值,故分割现金价值更符合财产的现状。就好比夫妻二人出资 30 万元买车,开了五年后离婚,车子只值 8 万元了,要求现金补偿的一方无法以投入的 30 万元要求分割,而仅能以 8 万元为基数,保单也是同一道理。

2. 保单归投保人所有,由投保人补偿婚内所投入保费之和的一半给另一方。

实践中,针对具有养老、储蓄、理财等性质的人身保险,不乏有法官从公平角度出发,从保单的性质出发,未按照前述会议纪要的规定分割现金价值,而是判决分割婚内所投入的保费。

主要理由为:这类人身保险的财产价值是动态、可变的。从投入的角度看,在合同约定的缴费期限内其每年都需投入保费。从收益的角度看,在合同约定的缴费期限届满后,被保险人或受益人即可获得约定收益,该收益一般大于所投入的保费,且随着时间及被保险人年龄的增加,后期保险利益也将逐步显现。一方面,因离婚而分割人身保险时,在投保一方未表示退保的情况下,既要考虑投入的金额,也要考虑后期收益。但收益的考量难以精确,原因是一份尚在缴费期限内的保单,很难计算确定现阶段所投入的保费所对应的未来收益的金额,还要受到人的寿命等不确定因素的影响。另一方面,人身保险分割后,对方将不再享有保险未来的收益。因保险种类、期限各异,如离婚时不分割,留待以后解决必将使纠纷久拖不决,耗费双方极大精力、物力,难免加重诉累。因此,综合各种因素,按保单的现金价值分割,双方利益不能平衡,对另一方明显不公,在未来收益难以确定的情况下,最起码应以所投入保费作为分割基数,由一方补偿另一方,方符合公平原则。

持这一观点判决的案件不在少数,如前述举例的上海市闵行区人民法院审理的(2021)沪 0112 民初 2374 号案件,又如江苏省苏州市吴江区人民法院审理的(2020)苏 0509 民初 5616 号案件、河北省秦皇岛市北戴河区人民法院审理的(2020)冀 0304 民初 33 号案件等。

笔者认为,人民法院在审理涉及投被保人均为一方的人身保险分割的离婚案件时,应当根据保单的类型及性质、现金价值的高低、未来收益情况以及该份保单是否已缴完全部费用区别对待。对于具有理财性质且不退保的保险,宜从保费及现金价值相对比的角度出发,取两者之高者作为分割基数。或借鉴广东省广州市海珠区人民法院在审理(2018)粤 0105 民初 16121 号案件时的做法,对于已支付全部费用的保险,判决分割现金价值;对于未缴清保费的保险,判决分割保费。

(二)互为投被保人的人身保险

由于夫妻关系存续期间的共同财产制度,以及一些人身保险存在投保人豁免的条件,且夫妻之间作为配偶对另一方享有保险利益,故在实践中,不乏有夫妻互为投被保人的情形。

在离婚分割这类保险时，如果双方能协商一致，在保费支出相当的情况下，可以通过变更投保人以完成分割，如将原本为妻投保的人身保险的投保人丈夫变更为妻子本人，这样就能使保险的投被保人一致，各自名下的归各自所有。

若双方无法协商一致，则可能出现以下情况：

其一，双方保单均作退保处理，分割退回的款项，即现金价值。

其二，起诉至法院，由人民法院判决处理。一般人民法院会将保险项下的财产利益判决归被保险人所有，再按保单的现金价值或者保费补偿对方，具体补偿方式与前述投被保人为一方的保险分割一致。一份保单之所以判归被保险人所有，而非投保人所有，原因在于：首先，投保人虽享有保险合同的处置权，但人身保险系以被保险人的身体、寿命为标的，是一份保险合同中唯一不得变更的角色；其次，投被保人虽都享有变更身故受益人的权利，但投保人行使该权利时须经被保险人同意，一份保单的身故受益人由被保险人决定；最后，投保人缴纳保费后，虽享有一定的保险收益，如拥有保单贷款权，但生存保险金（如重疾理赔款等）由被保险人享有。因此，一般法院认为人身保险中的核心角色是被保险人，其亦是保单的实际受益者，应以被保险人作为确认保单归属的根据。

综上，魏先生与卢女士可以针对二人作为被保险人投保的人身保险进行协商处理，以各自作为被保险人的归各自所有为宜，如保费或现金价值上有所差异，可以按照互补差额。

律师感悟

随着时代的发展，人身保险已逐渐普及，基于其保障功能及理财功能，大部分的家庭亦在不断配置，如孩子出生后第一时间购买重疾险、医疗险，孩子长大一些购买教育金类的保险等，父母以投保的方式为子女提前谋划的例子越来越多。同时，经济状况较好的家庭，还会把人身保险，特别是终身寿险作为财富传承的工具，以求实现按意愿传承、减少传承中的麻烦、指定传承等目的。因此，在离婚时，很多夫妻就会面临保险的分割。但法律中对于离婚时人身保险的分割尚无明文规定，为解决实践中的难题，才出现了《第八次全国法院民事商事审判工作会议（民事部分）纪要》中的相关规定，但也仅规定了其中一种情形，且有待商榷。笔者认为,针对保险的分割并不能一概而论,应根据具体情况具体分析判断,进而作出最公平合理的判决。

作为专业办理婚姻家事案件的律师,笔者所在团队在日常接待咨询时,发现不少考虑离婚的当事人都有保全财产的想法,也经常谈及是否可以通过购买人身保险来规避自己名下的现金资产被分割的风险。对于这个问题,笔者所持态度一向明确,待问题发生时再做安排,属于关系恶化时突发购买,一旦被对方发现,无论是以何人为被保险人,都有支付一半保费给对方的风险。如果此时你投保的保险并非你所愿、所想、所要,退保又将带来极大损失,则会出现得不偿失的后果。

11. 闹离婚期间,哪些情况会被认定为转移财产?

案情简介

胡先生与周女士夫妻多年,二人婚后在胡先生老家某农村新建两层房,后该房屋纳入城中村改造范围,因拆迁安置手续均系胡先生办理,故周女士对于安置补偿的情况不甚了解。2021 年 9 月,胡先生以感情破裂为由提起离婚诉讼,因周女士不同意离婚法院判决不准二人离婚。判决后,周女士感受到胡先生离婚的决心,于是开始去了解拆迁补偿的情况。在此之前,每次问及胡先生,胡先生都以安置补偿款未到位为由搪塞周女士。后经周女士向村委会工作人员打听,方知早在 2020 年 5 月补偿款 50 万元就已支付至胡先生银行账户。周女士找到胡先生,要求分得一半拆迁款,胡先生却说他收到款项后,将该款投入餐饮经营,现已全部亏损。周女士无奈之下找到律师咨询,询问:如果胡先生的银行账上真的没有钱了,他的行为是否属于转移夫妻共同财产?周女士能否要求胡先生将拆迁款的一半给自己?

律师解析

依据《民法典》第 1062 条、第 1063 条、第 1064 条之规定,夫妻在没有针对财产作出书面的特别约定情况下，缔结婚姻后，无论是男方挣的钱还是女方挣的钱，都属于夫妻共同财产。而在离婚时，如果二人针对财产问题无法协商一致，就会进入诉讼程序。在诉讼中，常常有当事人在了解了对方的财务情况后，指责对方转移财产，并且要求多分，该诉求符合《民法典》第 1092 条的规定。

《民法典》第 1092 条规定：夫妻一方隐藏、转移、变卖、毁损、挥霍夫妻共同财产，或者伪造夫妻共同债务企图侵占另一方财产的，在离婚分割夫妻共同财产时，对该方可以少分或者不分。离婚后，另一方发现有上述行为的，可以向人民法院提起诉讼，请求再次分割夫妻共同财产。

虽然法律对于婚姻期间转移财产的行为进行了否定性评价，但在实际案件处理中却错综复杂，特别是在考量现金存款的支出是否构成转移的问题上，法院会严格把握界限，不会轻易作出认定。

一、实践中，不会被认定为转移财产的主要情形

其一，涉及多笔分次取现，且金额相对不大的款项，不能当然认定为转移财产。

在笔者团队代理的一起离婚纠纷中，女方作为原告起诉男方要求离婚以及分割财产，经向法院申请律师调查令调取到男方的银行流水后，发现男方在女方向法院起诉后至开庭前短短三个月的时间内，从工资卡中陆续取出现金 30,000 元，其中单次最大金额 10,000 元。在庭审过程中，我们代表女方提出男方在微信、支付宝均有正常消费支出账单的情况下，短时间内取现 30,000 元，如果没有正当理由，则应认定为转移财产，男方须补偿女方 15,000 元分割款。男方辩称其取现款项系用于个人日常生活及交付给父母作为生活费用。最终法院判决认为：女方提交的证据无法证实提现的实际用途和男方有转移财产的行为，故对女方要求分割男方提现款项 30,000 元的主张不予支持。

其二，转款给亲属的，有些法院未认定属于转移财产。

在广东省佛山市南海区人民法院审理的一起案件中，根据调查令调取的银行流水材料反映，女方在婚姻关系存续期间与其母亲、姐姐存在多笔资金往来，但相关的资金往来并非单向行为，其母亲、姐姐亦多次向女方转账款项。男方在案件中主张女方私自转款给其母亲及姐姐的行为属于转移财产，但法院审理后，

基于双方互有转账的情况,最终认为,根据日常生活法则可知,亲属间存在资金往来符合伦常,资金往来的可能性非常多,不能因为亲属之间存在资金往来关系就认定女方的转账行为是转移夫妻共同财产,进而未支持男方分割相关款项的诉求。

其三,一方为公司企业经营者,款项转入转出行为相对频繁的,也不能当然认定为转移财产。

在一起离婚后财产纠纷案件中,女方通过调取男方的银行流水,发现男方自二人关系恶化起,存在大额取现的情况,主张男方属于转移财产,要求分割相关款项。法院经审理后认为,根据相关银行流水可知,男方从事经营活动,其账户内的资金往来非常频繁,既有多笔大额资金转入,亦有多笔大额资金转出,男方名下各账户之间的转存行为亦非常频繁,其资金往来原因存在多种可能性,其取现亦存在多种可能性。故此,不能因为其资金往来频繁、有大额取现情况就直接认定男方存在转移夫妻共同财产的行为。

以上三种情形下,大部分法院在综合考虑具体情况后,难以认定转移财产。

二、法院最终认定为转移财产案件的主要特点

其一,实践中最终能让法院认定存在转移财产,相应被转移的款项应当予以分割的情形,大部分都处于离婚诉讼前后且涉及金额较大。

在笔者团队代理的一起离婚纠纷中,男女双方相互调取了对方的银行流水,截至案件一审第一次开庭前,男方名下银行卡余额约为 40 万元,女方名下银行卡余额约为 70 万元。至第二次开庭(中间间隔 40 天)时,男方名下银行卡余额仅剩 10 万元,女方名下银行卡余额仅剩 45 万元,双方均对对方卡内余额提出异议。其中,男方辩称,其名下 40 万元银行存款,在第二次开庭前,有一部分用于转账支付律师费用,一部分用于转账清偿购买房屋时的借款,另有一部分系公司款项,仅系从其账户过账,后已转账归还公司,且提交了银行转账记录为凭。女方辩称,其名下 70 万元银行存款,在第二次开庭前,有 10 万元已用于生活和自己攻读硕士学位的学费,另有一笔款项 9 万元转账给其父亲用于支付其父母帮助她抚养子女产生的费用。最终,关于男方的存款余额,女方对清偿购买房屋时的借款不予认可,但因该款项所涉及房屋因尚未取得产权证,不在本案中一并处

理，故法院对该笔清偿款项未做评价，未予以分割；女方对律师费用及涉公司的款项予以认可，故法院确认相应款项不再予以分割。关于女方辩解的款项用途，男方均不予认可，法院最终认定按照 70 万元的存款进行分割。理由一，生活和学费开支的 10 万元，首次开庭至二次开庭中间，时间相隔较短，女方又对相关款项的支出缺乏合理说明；理由二，父母帮助子女照顾孩子，子女向父母支付必要的费用符合目前的社会生活规则，但女方系在男方起诉离婚后，方才向其父亲进行转款，明显与前述日常生活规律相悖，故法院对女方的辩解依法不予采信。故女方的存款余额按照第一次开庭前确认的金额分割。

在这起案件中，男女双方减少存款的行为均发生在诉讼过程中，最终法院在判决离婚时，需对减少的原因进行评价，一般更倾向于将钱款支出存在正当理由的举证责任分配给减少存款的一方。

还有一些案件，双方虽进入离婚诉讼中，但法院综合双方情况，并未判决离婚，但如果一方在诉讼前后存在转移财产的行为，另一方可以另行诉讼要求分割婚内财产。安徽省萧县人民法院曾审理过一起类似案件。在该案中，男方于 2021 年 11 月以夫妻感情破裂为由向法院提起诉讼，法院于 2022 年 1 月作出不准离婚的判决。2021 年 10 月 15 日 ~ 2022 年 2 月 15 日，男方陆续从其名下银行账户内支取存款共计 25 万元。后女方以男方转移夫妻共同财产，且不向其母子支付生活费为由，提起婚内分割共同财产之诉。法院经审理后认为，男方于 2021 年 11 月向法院递交起诉状提起离婚诉讼，其在 2021 年 10 月 ~ 2022 年 2 月，在未告知女方的情况下将夫妻共同存款 250,000 元取出；除 2021 年 10 月 15 日支取的 70,000 元是在男方父亲治疗期间，有其提供的病历、清单佐证用于其父亲治疗，剩余 180,000 元均未能提供有效证据证明款项支出的合理用途，存在转移夫妻共同财产、损害夫妻共同财产利益的嫌疑。现女方要求分割夫妻共同存款，理由正当，于法有据，本院对该 180,000 元共同存款予以平均分割。

上述两起案件，一起为离婚纠纷，另一起为婚内夫妻财产分割纠纷，最终转移存款一方未举示证据合理说明的部分，均被认定为去向不明，需要予以分割，且两起案件所涉金额均较大。

其二，夫妻分居期间，一方利用控制财产的便利，做出减少财产的行为，又不能合理解释说明的，一般法院会认定为转移财产。

在湖南省永州市中级人民法院审理的一起离婚案件中，男女双方自 2019 年

2月起,因夫妻感情不和,二人经常在各自父母家中居住,处于长期分居状态。2020年5月,男方领取房屋拆迁安置补偿款50万元,男方承认领取该款后未主动告知女方。后女方知晓男方领取款项的事实后,要求男方将部分款项分配给她使用,遭到男方拒绝,女方遂提起了婚内夫妻财产分割诉讼。诉讼中,男方称其将该款项投入餐饮经营,现已全部亏损。经一审、二审,法院最终认为,该拆迁安置补偿款属于男女双方的夫妻共同财产,且数额较大,男方在领取款项后,未主动告知女方,致使女方不能支配管理。同时,男方称其领取款项后因经营行为已亏损,但未提供任何证据证实,应承担举证不能的法律后果。一审、二审法院均认为本案中,应由男方举证证明其对补偿款的支配,属于《民法典》第1066条规定的"一方有隐藏、转移、变卖、毁损、挥霍夫妻共同财产或者伪造夫妻共同债务等严重损害夫妻共同财产利益的行为"之情形,在其无法完成举证的情况下,相关款项应当予以分割。

其三,离婚后,发现对方在感情未破裂时曾存在转移存款的行为,可以算作转移夫妻共同财产,进而要求分割。

除离婚时或分居期间,一方存在减少财产的行为,又无法合理解释的,会被认定为转移财产外,在感情未破裂时,一方存在类似行为的,也会被认定为转移财产。针对此问题,原《婚姻法》与现行的《民法典》在规定上有明显不同。原《婚姻法》第46条规定的认定转移财产的行为时,限制性的规定为"离婚时,一方有……"而《民法典》在第1092条中却删掉了"离婚时"的表述,故从法条的规定来看,只要存在莫名减少大额财产的行为,不论是离婚时还是离婚前,抑或感情尚好时,都会被认定为转移财产。

上海市金山区人民法院曾在一起离婚后财产纠纷中,作出过类似认定。男女双方于2006年12月登记结婚,2019年7月经法院调解离婚,离婚时未对共同财产进行分割。2021年7月,男方起诉至法院,主张2016年9月至2019年7月,女方名下银行账户上合计150万元的净支出,存在转移财产的情况,应当予以分割。女方辩称,其因代自己的父母理财,上述支出款项,多数属2016年起归还父母的理财款,共计有88万余元,其余62万余元属其日常开销所花费等,现该款项已不复存在,不能分割。而男方则认为,女方不存在代其父母大额理财一事,根据女方的银行流水,仅能确认9万元系由女方父母汇入女方账户,可在支出款中扣除,同时,确认小额支出系女方日常开销,余款应系夫妻共同财产,现已被女方转移，应当予以分割。法院审理后认为，女方提供的证据不足以证明其父母交付其大量资金由其代为理财的事实，且女方并未提供证据证明此款项已用于家庭共同生活，故对女方提出的 2016 年起归还父母的理财款 88 万余元的主张，不予支持，仅确认 9 万元属其父母款项，其余款项均属夫妻共同财产，女方有转移此款行为，应视为该款项在女方处，应予以分割。另外，女方主张 62 万余元已用于日常花费，法院结合女方的收入、居民日常消费习惯、当地消费水平等因素，确认女方为家庭共同生活支出必要费用在所难免，亦符合常理；同时，法律不能苛求当事人一方对自身生活中所有的收入支出项目有详细的记录并以相关证据证明；再者，男方也有自己的稳定收入，亦会对家庭共同生活有所支出。法院酌定 62 万余元中 30 万元系女方用于家庭共同生活等，剩余 30 万元应属于夫妻共同财产，予以分割。

三、一方未经过另一方同意，处置除现金外的其他夫妻共同财产，亦会被认定成转移夫妻共同财产

经过在裁判文书网中检索相关案例，我们发现在夫妻关系破裂时，涉及转移财产的案件，大部分与现金存款有关，一般系通过调查对方的银行卡流水获得相关线索。而有一部分案件，亦会涉及其他财产，比如登记在一方名下的房屋或车辆。在目前房屋登记制度下，发生私自将共同所有的房屋出售已经少见，但私自出售车辆比较常见。笔者办理的一起离婚纠纷案件，在离婚诉讼期间，男方将自己名下的车辆私自出售交将款项挥霍，该车辆被认定属于夫妻共同财产，男方出售车辆的行为最终被认定属于转移共同财产。

四、案例中胡先生在无证据证明其钱款有正当理由支出的情况下，极有可能会被认定为转移夫妻共同财产，周女士有权利要求胡先生补偿其至少一半

案例中，拆迁补偿款属于夫妻共同财产，且数额较大，任一方无权单方进行处分。胡先生在领取该款后不仅未主动告知周女士，还对周女士多番隐瞒，明显存在转移、隐瞒的故意。胡先生虽称将该款投入餐饮经营，现已亏损，正式进入诉讼后，应由其承担举证责任，如其无法向法院提供证据证实，则应承担举证不

能的法律后果，最终需将拆迁款纳入夫妻共同财产进行分割，并且根据《民法典》第1092条的规定，应当对胡先生少分或不分。

律师感悟

面对一段即将分崩离析的婚姻，有些人竭尽全力的想如何挽回这段婚姻，可另一些人却已经算计着如何合法安全地转移婚内财产，转移夫妻共同财产，使得另一半少分或者不分财产。虽然《民法典》中对于转移夫妻共同财产的法律后果有明确的规定，但由于夫妻财产的多样性和财产的流动性，如何界定转移财产的行为，尚无统一定论。结合目前司法实践来看，大部分法院对于小额存款等财产的转移持宽容态度，一方面符合财产使用的特性，另一方面也给未掌握财富一方带来实质上的不公平。

但公平总是相对的，法律也不保护"躺在权利上睡觉的人"。如果感情出了问题，在日常生活中需要多留意，如果发现不同寻常的资金变动，或者大笔过于频繁的支出，一定要当心。一旦发现另一半有转移、变卖财产的心思，注意留存证据，提高法律意识。只有及早意识到对方的操作，才可能在发生时更好地捍卫自己的权利。

第四章　债权债务篇

1. 离婚时哪些债务属于夫妻共同债务？

案情简介

刘某和妻子通过网络游戏相识，认识不久后便登记结婚了，最初双方感情还不错。但是随着日常生活中的相处，妻子的消费习惯逐渐被刘某发现，妻子的花销特别大，买各种名牌衣服和奢侈品包包，到高档餐厅消费，自己挣的钱远不够妻子花。最初，基于夫妻情意和家庭和睦，刘某帮妻子平了一些信用卡债务，但妻子的债务仍然越来越多，刘某也有心无力，已然还不起了。后来，妻子为了支撑各种高消费，就开始找刘某的亲戚朋友借钱，并到各种网贷平台贷款。现在，刘某想知道，妻子的这些债务他要一起承担吗？

律师解析

我国现行《民法典》第 1064 条，针对夫妻共同债务作了明确规定，该条款内容来源于《最高人民法院关于审理涉及夫妻债务纠纷案件有关问题的解释》（已失效）。

根据《民法典》第 1064 条的规定，夫妻共同债务有三种情形。

一、基于共同意思表示所负的债务

这个共同意思表示的表现形式可以是共同在借款的书面凭证上签字，也可以是事后追认和认可。

1. 共同签字。这是司法实践中最容易被认定的,也是争议最小的一种情形。只需要看借条、借款合同或其他借款凭证上的签字,不需要查明所借款项的去向或用途,就可以认定是否属于夫妻共同债务。比如大多数银行、小额公司的放贷都属于此类情形,为了防范还贷风险,均会要求贷款人及配偶共同签字。

2. 事后追认。实务中,事后追认较难认定,如何才算是事后追认?事后追认一般是指债务人的配偶在债务发生后,明确向债权人表达对该债务的认可与还款的意愿,主要表现形式有:口头承认或以电话、短信、微信、电子邮件等形式与债权人联络表示承认该债务,最为典型的和债务人一起签订还款承诺书、还款计划等。

3. 司法实务中,法院在认定共同意思表示时,不限于共同签字和事后追认两种情形,还有一种情形是若有证据证明配偶一方对负债明确知晓,且没有提出任何异议。比如出具借条时配偶在场、所借款项汇入配偶掌握的银行账户或配偶名下的银行账户、配偶方曾经归还过该借款本息等情形,都可以推定配偶另一方有共同举债的合意。推定共同意思表示,这类情形在实务中比较复杂,争议较大。

比如福建省莆田市中级人民法院作出的(2019)闽03民终1618号民事判决书,大概案情是:2013年12月,林某将150万元出借给邓某,邓某出具借条后,林某将150万元汇入曾某账户,2016年12月,林某诉至法院,要求邓某、曾某承担共同还款责任。2018年9月邓某与曾某协议离婚。针对林某将款项汇入曾某的账户的法律性质,一审福建省仙游县人民法院经审理认为,虽然借款款项是汇入曾某银行账户,但并不能推定曾某曾有共同借款的意思表示。根据《最高人民法院关于民事诉讼证据的若干规定》第2条规定,应当由林某承担举证不能责任,借款应认定为邓某的个人债务。一审判决后,林某不服提起上诉,二审认为涉案150万元借款汇入曾某名下的银行账户(尾号0366),曾某虽抗辩该银行账户实际由邓某掌控,但其对该主张并未举证证明,故不予采信。据此,应推定就本案借款邓某、曾某夫妻二人有共同举债的合意,本案债务应当认定为夫妻共同债务。

笔者还检索到一起案件,福建省闽清县人民法院作出的(2022)闽0124民初1461号民事判决书,针对借款人将款项汇入配偶一方账户,而配偶一方否认共同债务的,法院认为,根据中国人民银行《银行卡业务管理办法》第28条规定

"个人申领银行卡（储值卡除外），应当向发卡银行提供公安部门规定的本人有效身份证件，经发卡银行审查合格后，为其开立记名账户；凡在中国境内金融机构开立基本存款账户的单位，应当凭中国人民银行核发的开户许可证申领单位卡；银行卡及其账户只限经发卡银行批准的持卡人本人使用，不得出租和转借。"案涉借款是汇入陈某的银行账户，且陈某辩称其与黄某之间长期有经济往来的意见，可以证明陈某对账户中黄某转入的款项及用途是详知的，亦可证明陈某对许某向王某的借款行为是知情并认可的，因此案涉借款系许某与陈某夫妻双方的共同意思表示。

从前述法院的判决情况来看，如果债权人已经证明将款项打入举债人配偶名下，即已完成了初步的举证义务，如果非举债方配偶抗辩认为该银行账户由举债一方掌控，应承担举证责任，举证不能的，则需承担不利的法律后果。

综上，"共同意思表示"这一标准，可分为共同签名、事后追认和其他共同意思表示。其中"其他共同意思表示"的认定最复杂、争议最大。发生纠纷时，债权人需充分举证证明配偶中非举债方意思表示的明确性，而债务人配偶应为自己对债务的不知情作出充分的解释和说明，法院会结合案件事实背景、综合全案证据，进行谨慎的认定。

二、虽以个人名义，但为家庭日常生活需要所负的债务

由于是以个人名义所借，因此在认定夫妻共同债务时，难点在于"家庭日常生活需要"这一标准该如何界定？

最高人民法院民一庭负责人在解读《最高人民法院关于审理涉及夫妻债务纠纷案件有关问题的解释》，接受记者采访时陈述，通常所说的家庭日常生活，学理上称之为日常家事。日常家事代理制度，是指夫妻一方因家庭日常生活事务而与第三人交往时所为的法律行为，视为夫妻共同意思表示并由配偶承担连带责任的制度。国家统计局有关统计资料显示，我国城镇居民家庭消费种类主要分为食品、衣着、居住、生活用品及服务、交通通信、教育文化娱乐、医疗服务等八大类。家庭日常生活的范围，可以参考上述八大类家庭消费，根据双方的职业、身份、资产、收入、兴趣、家庭人数等夫妻共同生活的状态，和当地一般社会生活习惯予以认定。家庭日常生活需要是指通常情况下必要的家庭日常消费，主

要包括正常的衣食消费、日用品购买、子女教育、老人赡养等各项费用,是维系一个家庭正常生活所必需的开支。

另外,一些地方性法院亦有相关规定,如《浙江省高级人民法院关于妥善审理涉夫妻债务纠纷案件的通知》第2条规定,以下情形可作为各级法院认定"为家庭日常生活需要所负债务"的考量因素:(1)单笔举债或对同一债权人举债金额在20万元(含本数)以下的;(2)举债金额与举债时家庭收入状况、消费形态基本合理匹配的;(3)交易时债权人已尽谨慎的注意义务,明确或有证据证明曾经审查过举债人及其家庭支出需求、借款用途等,有充分理由相信债务确系为家庭日常生活需要所负。

浙江省高级人民法院将举债金额作为是否属于夫妻共同债务的判断标准之一,但目前我国《民法典》及其司法解释中,在涉及共同债务时,并没有以借款金额的大小来考量是否超出"家庭日常生活需要"的相关规定。笔者认为,我国城镇居民家庭消费八大类所涉及的数额相差非常大,借款数额的大小仅是衡量是否超出"家庭日常生活需要"参考标准之一,具体到案件中,仍需结合夫妻共同生活的状态(如双方的职业、身份、资产、收入、兴趣、家庭人数等)和当地一般社会生活习惯予以认定。

因此,第二种情况下,虽以个人名义所借,但实际用于共同生活,比如买车、买房、出国旅游等,则依然属于夫妻共同债务。

三、以个人名义超出家庭日常生活所需的债务,但是债权人能够证明债务用于夫妻共同生活、共同生产经营或者基于夫妻双方共同意思表示的

这种情形在实务中最难认定,争议也是最大的。

先说共同生产经营,司法实务中,以下情形常被认定为夫妻共同经营:其一,夫妻双方承认共同经营公司;其二,债务人配偶曾任或现任公司的法定代表人、董监高等重要和关键职务,该任职也包括在工商系统中挂名;其三,债务人配偶为公司股东;其四,债务配偶不是股东也未任职,但在公司购买社保;其五,债务人配偶与公司无涉,但间接分享债务人的经营收益,甚至家庭全部生活来源就是债务人的公司收益。

那么,超出"家庭日常生活需要"举证责任由谁来承担?《民法典》第1064

条未作出规定,只是将"一方超出家庭日常生活需要举债是否用于夫妻共同生活或者共同生产经营"的举证责任分配给了债权人。由于夫妻生活的隐蔽隐私性等特点,作为债权人的第三方很难举证证明夫妻一方所举债务是否用于或超出"家庭日常生活需要"。因此,也有一部分法院在举证责任分配时,将是否超出"家庭日常生活需要"的举证责任分配给非举债方配偶。如在河南省郑州市中级人民法院作出的(2019)豫 01 民终 120 号民事判决书中,曹某出借 530,000 元给杨某,杨某向曹某出具借条,陈某与杨某原系夫妻关系,因杨某未按照约定归还,曹某诉至法院,要求陈某与杨某承担连带清偿责任。一审判决该债务由杨某与陈某承担连带还款责任,陈某不服提起上诉,陈某上诉称涉案借款 530,000 元已超出日常家庭生活所需,在债权人曹某并未举证该笔借款用于夫妻共同生活、共同生产经营或者基于夫妻双方共同意思表示的情况下,应认定为杨某的个人债务,陈某不应承担共同还款责任。首先,对于 2011 年 12 月 29 日,杨某向曹某私自借款 530,000 元,并出具借条的事实陈某并不知晓,在借款关系发生后,杨某一直未告诉其与曹某之间存在借款关系,直至 2015 年 10 月,陈某才从丈夫处知道本案欠款。借款关系发生时,陈某并未在借条中签字确认,也未事后追认。其次,陈某家境殷实,其收入能够满足日常生活所需,并且在本案借款发生期间陈某并未购买任何大宗产品。后二审认为,首先,陈某认可涉案借款发生时,其与杨某仍系夫妻关系。其次,涉案借款发生时河南 × × 国际航空有限公司的法定代表人系杨某,现法定代表人陈某 2 又系陈某的妹妹,与陈某均具有利害关系。最后,曹某提交的杨某通过河南 × × 国际航空有限公司对公账户的进行还款的银行流水,也可以证明杨某将涉案借款用于公司经营的事实。故,一审法院认定涉案借款属于杨某与陈某的夫妻共同债务,实体处理并无不妥。

因此,涉及债权人要求举债方配偶承担责任的夫妻共同债务纠纷,除了共债共签比较明确外,其他情形均需要举证证明。尤其是大额款项借出,如只有债务人一人签字,法律明确规定需要债权人举证证明该大额债务是基于共同的意思表示,用于夫妻的共同生活,或用于夫妻共同的生产经营,虽然部分法院基于保护债权人的角度,会重新分配举证责任,但对于债权人来讲,其举证压力依然更大,这就要求债权人在出借款项的时候,需要详细了解债务人的家庭状况、意思表示情况、借款用途等情况。

前述案例中,因妻子的各类借款均没有丈夫刘某的签字,可以先排除第一类基于共同意思表示所负的债务。其次,借来的款项均系刘某妻子自行挥霍,并未用于夫妻共同的生活或生产经营,所以也不属于第二类债务。那是否属于第三类债务呢?从债权人的角度讲,认定属于夫妻共同债务,需要举证证明借款的用途用于共同的生活和经营,完成这样的举证非常困难,且上述借款并未与刘某共同使用,确属刘某妻子自行挥霍。另外,刘某妻子对外借款时刘某均不知情,事后亲戚朋友也未取得刘某的追认,直至东窗事发时刘某方才知晓。所以,若东窗事发时妻子的各类债务,刘某均未追认或表示偿还,原则上属于妻子的个人债务,不需要刘某承担共同的还款责任。

律师感悟

夫妻共同债务问题,实务中很难处理,法律问题非常复杂。

从债权人角度讲,当准备出借款项的时候,不仅要考察债务人个人的偿还能力,还应该考察债务人的婚姻情况和家庭经济状况,明确债务是个人债务还是夫妻共同债务。为减少风险,让举债人夫妇共债共签是最稳妥的方案。若不能共同到场或共同出具债权凭证,也可借助一些巧妙手段维护自身合法权益,比如知会并征得债务人配偶同意再出借,或将款项打出债务人配偶名下银行账户,毕竟多一个人多一份偿还的希望,除非您出借时就不考虑对方是否能偿还。

从夫妻举债方角度考虑,为明确债务由个人承担还是夫妻共同承担,在借款时就应当对举债用途和借款流转明细做出详细安排,个人债务就无须配偶知晓和参与,也不要用于夫妻共同生活或经营,更不要将借款直接转给配偶一方,自己的债自己还。若是共同债务则相反,至少夫妻内部得有个明确约定,包括但不限于书面、短信、微信等形式。若债务已经形成,为避免该债务被认定为夫妻共同债务,尽快搜集证据证明借款并非用于夫妻共同生活、共同生产经营,同时要求配偶谨慎对待该债务,避免被债权人通过电话录音、短信等形式固定追认债务的意思表示,从而被认定为共同债务;相反,若为避免该债务被认定为个人债务,则通过书面协议、电话、微信、短信或邮件等方式将所负债务取得另一方配偶的确认或追认。

从债务人配偶角度考虑。应当谨慎对待配偶的个人借款行为,一旦与配偶共同签署借款协议或追认配偶的债务,将面临承担共同还款的法律风险。所以对自己不可预知或能力范围之外的借贷一定要慎重，对借款用途一定要清楚。对于配偶经营的公司/个体工商户，如果自己不参与经营，不建议担任任何职务。如果是共同经营，建议定期了解该公司或个体工商户的财务状况，谨慎对待借款。另外，夫妻之间也可以签订书面财产约定，明确债务归属，虽不一定能对抗第三人，但至少在夫妻面临婚姻风险时设置了一道防火墙，避免引火烧身。

夫妻之间患难与共本乃人之常情，共同奋斗、共同打拼本就是为共同迈向美好幸福的婚姻生活。但当一方脱离共同轨道且无法挽回时，也需避免让无辜之人陷入万丈深渊。

2. 债务问题在离婚纠纷中如何处理？

案情简介

张先生与王女士结婚八年，婚后一起做生意，但生意不好做，一直都靠借债度日。二人名下有各种类型债务，有刷信用卡消费和套现欠下的，有银行的消费贷、抵押贷，有借其他亲戚朋友的钱，总共100多万元。有些在王女士名下，有些是张先生借的。王女士对于张先生名下的债务不甚了解，估计张先生名下还有一些是王女士不知道的债务。现在二人准备离婚，但对于债务的承担未能达成一致意见。王女士咨询：起诉离婚后法院会分割处理这些债务吗？我听说，债务的承担问题，法院首先要求我们协商，如果协商不成，不会判决债务直接由谁来承担，而是另案起诉，真的是这样吗？这是增加我们的麻烦啊。正是因为协商不了才找法院起诉，到了法院仍然还是劝我们协商，协商不了为什么还要就债务问题另案再起诉呢？

律师解析

婚姻中存在债务的，离婚时涉及债务的承担，最好的方法是协商解决，只要双方协商一致，该债务不管是个人债务还是共同债务，都可以约定由某一方承担大部分或全部。如果协商不成，进入诉讼阶段，法院对于一方主张夫妻共同债务,而另一方不认可的,法院通常会告知双方,涉及的债务问题另案处理,那为什么债务问题不在离婚纠纷中一并处理呢,有没有什么法律依据呢?

一、一方举债,另一方不认可的债务,一般不会在离婚纠纷中处理

实践中,由于各种原因,人民法院在审理离婚案件时,除非是共债共签且双方对于本金余额等无争议的债务,否则人民法院一般不在离婚纠纷中处理债务问题。主要原因如下:

首先,夫妻共同债务的认定,本身就是一个异常复杂的法律问题。根据《民法典》第1064条的规定,夫妻共同债务从当事人意思表示的角度分为共债共签型、一方举债但用于共同生活生产型。实践中,债务是否直接发生,金额多少,有无还款?借得的款是否用于夫妻共同生活或共同生产经营?何为家庭日常生活所需?共同生产经营的认定标准是什么?谁来举证证明等都非常复杂。详细请参阅本书《离婚时哪些债务属于夫妻共同债务?》一文。

其次,在离婚纠纷中,双方有争议的债权债务关系,法院难以考证。离婚纠纷中,有争议的债务,一般都属于一方举债型。举债的夫妻一方大多是向亲属(父母兄弟姐妹或亲戚朋友)借款,即使借得的款项用于家庭共同生活,基于债务人与债权人的特殊身份关系,法院对债务的认定更注重意思表示的真实性、借款的真实性、借款金额、真实用途及是否还款。所以,虽然有转款的客观记录,但是转款时的意思表示究竟是什么?特别是发生在父母与子女之间的款项,到底是借款还是赠与,是赠与单方还是赠与双方?需要回归到款项流转时的真实意思表示以及转款之后是否主张过权利来判断。而不是等到子女诉讼离婚时,才突然要求夫妻俩按共同债务承担还款责任。虽然举债一方可能举证存在银行流水,但是否属于借款,有无其他的经济往来,都是需要调查的事项。借款的金额到底是多少,是否归还过?借款的实际用途及款项的具体流向怎样?每一个问题都需要充分举证质证。

最后,债务问题涉及非婚姻关系以外的第三人,不宜在离婚纠纷中处理。离婚纠纷主要是为解决夫妻双方之间的身份关系和财产关系,通常不会也不能列入第三人。离婚纠纷中涉及第三人债务的问题,债权人无权参与诉讼,即使参与,也只是作为证人参与诉讼,配偶认可债务还好,但如果不认可债务,债权人就

无法享有与案件当事人同等的诉讼权利和义务。在这种情况下,对夫妻共同债务的认定,应该在必要时为债权人另行起诉留有余地。

在笔者团队亲自办理的一起离婚纠纷中就有这样的情况。男女双方结婚后共同创办经营公司,女方更是全力支持男方创业,不仅辞掉原有的稳定工作在共同经营公司任职,更是向己方亲戚朋友借款近 30 万元,而且借款均通过微信和现金等,少有银行转账,即使转账也没有任何备注。因为债权人均是女方要好的亲戚和朋友,所以借款时并没有要求出具借款凭证,其中还有一笔现金借款 10 万元。数年后,男方事业小有所成,便一纸诉状将女方起诉至法院要求离婚,对债务浑然不提,仅要求分割女方名下由女方父母出资购买的一辆奔驰车辆,女方手足无措如晴空霹雳。虽答辩时女方要求男方一起处理上述亲朋借款,但法院以原告不予认可,可由债权人另案主张为由,未予处理。这相当于当事人不仅裸离了个婚,还背负了一身债务,特别是双方没有任何共同财产的情况下,结果极为可悲。事后,因债权人为女方的亲朋好友,亲朋好友得知此种结果愤慨不已,纷纷以民间借贷纠纷起诉至法院,幸亏有借款资金的具体流向和用途的相关证据,更有女方借款到账后向男方直接转账的银行流水。男方虽然一一否认,但最终该几起借贷纠纷经一审、二审后,以二审调解结案,男方自愿承担共同债务的 70%。

所以,这就是多数当事人的疑惑,为什么离婚时债务不能一并处理。本就是因为夫妻协商未果才会起诉到法院,结果法院却不能都处理。这里笔者想说的是,并非法院故意不处理而是夫妻共同债务的处理,不仅关涉离婚纠纷中夫妻双方的权利义务分配问题,也涉及该纠纷以外的债权人的权利保障问题,如在离婚纠纷中对这些债务予以认定,极可能出现跟债权人认知或经历事实不一致的地方,而导致离婚纠纷中的处理与后续的案件或裁判文书相冲突。因此,大部分法院认为,一方举债的债权债务纠纷,最好以债权人参与的方式处理,审慎处理才能达到夫妻双方及债权人合法权益的平衡保护。

综合以上原因,夫妻双方对债务有争议的,诸如借款是否真实发生、金额多少、交易方式、借款用途等,只要存在争议,为了保障债权人利益,都应该另案解决,不宜在离婚纠纷中一并解决。

二、会在离婚纠纷中一并处理的债务

前文针对人民法院在离婚纠纷中一般不予处理的债务及其理由进行了分析,但在司法实践中,亦有一部分债务会在离婚纠纷中处理。

(一)购房时的按揭贷款

对于购买房产时办理抵押的贷款,有产权证的,在处理房产的同时,会一并解决债务问题,房产的所有权判归某一方,房屋项下的贷款也由这一方继续偿还。离婚纠纷中,有些不主张房屋所有权的一方,因房屋购买政策的原因,要求一并解决房屋消名及贷款抵押权消名的问题。实务中,因为还涉及银行作为抵押权人的权利,所以只能协商解决,协商不成的,银行一般不会同意在未还清贷款前,为其中一方当事人办理债务人除名等相关事宜。实务中一般的处理办法是,由确定的产权所有人找一笔钱将剩余的抵押贷款全部还清,待贷款全部还清后,再去银行办理解除抵押登记的手续,进而再去办理更名过户手续。但是,如果办理了抵押登记的房产,因银行不同意,确实是一大难题。需要贷款全部还清之后,才能进一步解决消名的问题。

(二)银行类的其他贷款

除按揭贷款外,当事人向银行所借其他款项(不含信用卡债务),法院一般也会处理。比如笔者曾承办的由红河州石屏县人民法院审理的一起离婚案件,女方是公务员,男方从事个体经营。男方在个体经营创业过程中需要资金而向银行贷款时,因女方属于国家机关工作人员且收入比较稳定,因此都是以女方的名义申请,导致婚姻关系存续期间,女方以个人名义向多家银行申请消费信用贷款,贷款到账后,在女方名下短暂停留后就转到男方账户内,实际用款人是男方。该几笔债务虽以女方个人名义向银行申请借款,但主要用于男方个体经营使用,故该债务属于夫妻共同债务。又因属于银行的债务,法院在离婚纠纷中予以分割,法院在作债务分割时,考虑到女方权益、款项用途等,石屏县人民法院判决认定"欠××银行贷款××元,由原告负责清偿;欠××银行贷款××元,由被告负责清偿"。该判决将夫妻共同债务予以分割,但该分割仅限于夫妻内部的债务承担,如果涉及某一方未及时偿还而被起诉,银行仍有可能将夫妻二人作为共同被告,二人对外承担的仍然是连带清偿责任。

（三）双方均认可的债务，或者已被生效裁判文书确认的债务

针对双方均认可或被生效裁判文书确认的债务，法院可能会在离婚纠纷中分配夫妻共同债务的内部承担方式，即内部按照一定的比例来承担。但该债务对外仍然是夫妻共同债务，无法对抗作为夫妻共同债务的本质。即使在离婚纠纷中一并处理了债务，大部分法院都会在判决书中加上一句：此债务分配只是夫妻内部的分配方式，不能因此对抗夫妻共同债务的本性，不影响债权人向任一方直接起诉。

综上，在一方举债但用于夫妻共同生活生产型的债务，经另案的民间借贷生效判决书确认属于夫妻共同债务的情况下，仍存在夫妻内部没有划分具体承担比例的问题。作为债权人，为达到收回借款的目的，自然是夫妻双方共同承担连带清偿责任为最佳，并不计较具体哪方偿还的问题，更不会主动放弃一方的还款责任。毕竟放弃一方就多了一分不能清偿的风险，在全部追偿后，具体夫妻之间谁多还少还，那是夫妻内部的问题，毕竟你们曾是夫妻，曾经更为亲密。而曾经极为亲密的人在解除婚姻关系之后，当然得对债务协商，特别是在一方用得少另一方用得多，内部极为“不公平”的情况下。能内部协商债务的承担比例更好，如果协商不成，为了确认夫妻内部的债务承担比例，还需要再打一场离婚后财产纠纷的官司，向法院起诉要求分割夫妻共同债务。法院再根据借款的具体使用情况予以分割处理，能举证查明确用于家庭共同生活或生产经营的部分，自然会被认定为夫妻共同债务；未能举证的部分当然就需要承担败诉风险，由借款一方自行承担。毕竟收款人对借款具有更高的支配权利和举证义务，说不清楚的借款自然就逃不过“谁借谁还”的道理。所以，借钱须谨慎，用钱也不能放任，除非你无须担忧还款的风险。

律师感悟

相当一部分离婚纠纷都涉及夫妻共同债务的承担问题，这在离婚诉讼中极难处理，很多时候在另一方不愿意承担的情况下，就意味着谁举债谁承担。所以，遇到离婚咨询中，涉及个人名下存在债务的情况，作为律师都会劝返或给予离婚前的指导，建议等自己名下的债务处理妥当，或争取与对方协商，或使用共同财产清偿完毕后，再来处理离婚问题。否则可能就意味着，未离婚时，债务可

能是共同债务，一旦离婚，债务可能就由其个人承担，没有实际解决问题。

所以，对于婚内向他人借款，笔者建议当事人借款时一定要慎重。当确有难关或确有大好商机需要外借时，请记得您既然是已婚人士，借款就需为对方考虑。不拖累对方和不被对方拖累，是一门高深并需要权衡的艺术，当你需要勇往直前为家庭挣一份蔚蓝天空时，也要做好遭遇风险的准备，需要想好后路，做好家庭防火墙，为配偶和子女构筑一个安全的大后方，不要等面临困境时才想挣脱以求妻儿安稳。当全家面临困境时，若想一人力挽狂澜无可厚非，毕竟爱情诚可贵，家庭情更高；但若你对配偶没有足够的自信，并存有一丝大难临头各自飞的担忧，就需要明确夫妻共债共签的底线，毕竟有福同享有难同当。若对方不愿共债共签，那就更得警醒了，笔者每年办理婚姻家事案件上百起，见过太多人情冷暖。莫使金樽空对月，朝如青丝暮成雪。一定要提前了解法律知识，增加预防意识，否则连哭可能都找不到地方。

3. 靠离婚躲避债务可行吗？

案情简介

林小姐结婚后不久就怀孕了，婚前她在一家私企工作，想着怀孕后要带孩子，老公是自己开公司的，虽然不太稳定，但还过得去，所以怀孕后就辞职在家相夫教子，对于老公的公司经营她也鲜少过问。直到第二个孩子出生，老公告诉她，疫情三年生意非常难做，家里已经欠了不少外债，为了不拖累林小姐，她老公提议二人办理离婚手续，两个孩子由林小姐抚养，所有财产都归林小姐。林小姐对于丈夫的提议一时难以接受，左右为难，拿不定主意，于是找到律师咨询：我该答应他，同意离婚吗？离完婚之后，丈夫在外所欠债务是不是就真的与我无关了？

律师解析

一、在另一方负债的情况下，是否应当同意离婚

最近几年，经济形势不太好，因债务导致离婚的不在少数，但是否离婚主要是看两人的感情及对未来的信心。如果两人感情非常好，有再赚钱的能力，比如女明星刘某，帮老公偿还了不少债务，后来家庭也比较美满。或者比较看好老公的再赚钱能力，未来有翻身的可能性，可以不需要离婚，毕竟婚姻不易。还有一种情况，如果债务不是特别多，又是高利息贷款，可以先转借一方父母或亲戚的钱去平债，欠自己家人总比欠外人的压力小些。总体来说，是否同意离婚，肯定是先看感情还在不在，对未来是否有信心，不能功利地一味去计算各种利弊得失。

二、离完婚之后，丈夫在外所欠债务是否就真的与林小姐无关

存在的既有债务，首先判断这些债务是个人债务还是夫妻共同债务，如何区分二者，请参阅本书《离婚时哪些债务属于夫妻共同债务?》一文。如果这些债务属于个人债务，就用举债方的个人资产来偿还。但是，婚后登记在非举债方名下的房产和车辆，依然有可能被保全或执行，虽然非举债方可以提出执行异议进而剥离出一半财产，但总归是会影响到自己的正常生活。如果这些债务本就属于夫妻共同债务，那就需要夫妻双方共同承担，夫妻双方名下的全部资产都有被执行偿还债务的风险。鉴于此，经常有人咨询和突发“妙想”，可不可以在债务爆发之前就以举债方净身出户的方式办理离婚，来保全现有财产呢?

首先需要说明的，任何逃避债务的做法都是不可取的，欠债还钱本就天经地义，别人借钱是仁义，我们还钱是本分。如果属于共同债务，根据法律规定，当事人的离婚协议或者人民法院的判决书、裁定书、调解书已经对夫妻财产分割问题作出处理的，债权人仍有权就夫妻共同债务向男女双方主张权利。一方就共同债务承担连带清偿责任后，基于离婚协议或者人民法院的法律文书向另一方主张追偿的，人民法院应当支持。也就是说，夫妻共同债务的承担，夫妻二人承担

的是连带责任。债权人可以任意向夫妻一方或夫妻双方要求清偿债务，即使双方离婚也无法阻断上述清偿责任，至于夫妻之间的清偿比例，只是夫妻内部之间的债务分配问题。

因此，从这个意义上讲，离婚并不能逃避共同债务。而且，对于借离婚逃避债务的当事人，债权人为维护自己合法权益，还可采取以下方式进行追回：

1. 以债务人、债务人的前配偶为共同被告，提起民事诉讼。只要债务产生于夫妻婚姻关系存续期间，并有相关证据证明该债务确属夫妻共同债务，债权人就可以将离婚后的夫妻双方仍列为共同被告提起民事诉讼，要求离婚后的夫妻双方共同对债务承担连带清偿责任。

2. 针对债务人的无偿转让和低价转让，债权人享有撤销权。

《民法典》第 538 条规定："债务人以放弃其债权、放弃债权担保、无偿转让财产等方式无偿处分财产权益，或者恶意延长其到期债权的履行期限，影响债权人的债权实现的，债权人可以请求人民法院撤销债务人的行为"。第 539 条规定："债务人以明显不合理的低价转让财产、以明显不合理的高价受让他人财产或者为他人的债务提供担保，影响债权人的债权实现，债务人的相对人知道或者应当知道该情形的，债权人可以请求人民法院撤销债务人的行为"。第 541 条规定："撤销权自债权人知道或应当知道撤销事由之日起一年内行使。自债务人的行为发生之日起五年内没有行使撤销权的，该撤销权消灭"。

根据上述法律规定，债权人撤销权是指债务人以明显不合理的低价转让财产、以明显不合理的高价受让他人财产、为他人债务提供担保或恶意延长到期债权的履行期限，导致其财产权益减少或责任财产负担不当加重，对债权人的债权实现有影响，债权人可以请求人民法院撤销债务人所实施行为的一项民事权利。因此，若债务人无偿或低价转让，或者高价转入财产，债权人有权依法撤销债务人的行为。离婚中"净身出户"就属于典型的无偿转让，只是债权人行使撤销权需满足以下条件：(1)债权人与债务人之间存在合法债权；(2)债务人无偿处分财产权益，或者恶意延长其到期债权的履行期限；(3)债务人无偿处分财产权益，或者恶意延长到期债权的履行期限的行为，影响了债权人债权的实现；(4)债权人需要在知道或应当知道撤销事由之日起一年内行使，且在债务人实施行为发生之日起五年内未行使即丧失；(5)撤销权的行使范围以债权人的债权为限。

那么怎样判断是否是无偿转让呢？昆明市呈贡区人民法院作出的(2021)云 0114 民初 10695 号民事判决书，关于无偿转让的观点是“被告张某、詹某于 2019 年 5 月 10 日签订离婚协议，并在婚姻登记机关进行了备案，该离婚协议关于财产分割、债务分担的约定具有民事合同性质。通过协议约定，被告张某将原属于二被告共有的位于云南省昆明市民航路××××住房归被告詹某所有，并办理了房屋过户登记手续。被告张某与被告詹某登记离婚分割财产时，被告张某明知自己负有债务未向原告腾某清偿，却将自己应当分得的夫妻共有房屋份额放弃归被告詹某一人所有，实质上是被告张某无偿转让个人财产权益行为。”

所以，意图通过离婚净身出户的方式来躲避债务，成功的概率并不大。因为，债务人净身出户，将所有家庭资产(包括房产和车辆)都过户到配偶名下，还要支付孩子的抚养费，这样的离婚协议意图极为明显，实践中大量的生效判决均支持了债权人的撤销权。

三、能否“躲”债成功

现实生活中，我们也经常看到新闻报道某某某成功躲债，结合身边人的例子，有些人欠着一屁股债，但前妻和孩子活得非常滋润，那大家肯定也极为好奇他们到底是怎样做到的？

在此，笔者必须要说明的是，此处并非教大家躲债和避债，逃避债务不仅违法，更违背道德准则和社会主义核心价值观，此处更主要的是为大家追债提供参考。人家夫妻俩已经分割的财产，能否追得回，最关键的是离婚协议的约定。离婚协议是“一揽子”协议，财产分割除了房产分割外，还涉及公司股权、车辆、现金分割等其他财产类型，毕竟现如今财产形式多种多样；除财产外，还涉及孩子抚养权、抚养费的承担。提起抚养费，会显得更加复杂，是一次性支付还是按年或按月支付，抚养费数额是高还是低等。在财产分割方面是否一方明显过多或过少，法院在判定时并没有统一标准，而且现实生活中的大量的离婚案例中也并不是绝对的对半分。仅凭借一方分割财产少于另外一方，法院不会贸然认定法律意义上的低价转让，进而支持债权人的撤销权主张。离婚协议的财产分割协议是否属于低价转让，是否属于显失公平，是否属于逃避债务，法院需要综合判断，比如离婚的原因、离婚时财产分割的具体情况、子女的抚养教育、离婚后是否还居住在一起、离婚是基于躲债还是夫妻感情本就破裂等。如在北京市第一中级人民法院审理的(2023)京01民终4647号债权人李某与王某、祁某债权人撤销权纠纷案中,关于债权人是否享有撤销权,一审法院认为,“从王某与祁某离婚协议书内容看,并未对王某给予过多照顾,不足以认定该协议具有逃避债务的目的,该协议具有法律效力,双方关于涉案房产归王某所有的约定合法有效。据此,在无证据证明祁某与王某系虚假离婚情况下,难以认定其离婚协议分割财产的行为存在恶意并无不当。李某关于王某、祁某恶意串通,通过离婚逃避债务的上诉主张,无证据证明,本院无法采信。”

从这个意义上讲,签订相对公平或不存在明显不公平的离婚协议最为关键。而且还有一个时间限制,根据《民法典》第541条规定,自债务人的行为发生之日起五年内,债权人没有行使撤销权的,该撤销权消灭。

从债权人的角度讲,婚内举债的债务人离婚时把大部分财产都给了配偶,导致自身没有财产可供执行影响债务清偿是非常不公平的。但法律所追求的公平是相对的,法院在保护债权人利益的同时,也会综合平衡债务人配偶的权益,再加上民事诉讼“谁主张,谁举证”的规则,债权人经常囿于举证不能,让债务人因名下没有财产而白白逃避了债务。因此,债权人也应慎重对待,尽可能避免个人债务的建立,同时还应经常关注债务人的财产和婚姻状况,避免悲剧的发生。

即使不考虑以上因素,在实际生活中,仍有不少夫妻在一方产生大量债务后选择离婚。因为办理离婚后,一个显著的好处是,以领取离婚证作为一个时间节点,离婚后新产生的债务和另一方没有关系。从而可以将债务和未举债方隔离开,至少不会被拖累得更深,及时止损也是一种收益。同时,如果涉及因民间借贷案件被起诉的,配偶举证已经离婚比在婚内更可能判定个人债务。再者,如果曾经的夫妻共同房产被查封拍卖,配偶还可以提起执行异议,拿回属于自己的一半。

律师感悟

最近几年的经济形势不太好,因债务导致离婚的不在少数。是否离婚主要是看两人的感情及对未来的信心。如果两人感情非常好,有再赚钱的能力,或者比较看好老公的再赚钱能力,未来有翻身的极大可能性,可以不需要离婚,继续夫妻同心，一起度过难关，毕竟婚姻不易，且行且珍惜。

但是，任何“奇思妙想”逃避债务的做法都是不可取的，欠债还钱本就天经地义。但是，如果借来的钱配偶确实没有使用，还要为此而承担还款责任，从举债方配偶的角度看又着实委屈，离婚固然不能躲避债务，但通过解除婚姻关系和对方撇清关系，也是及时止损。

4. 离婚诉讼中，信用卡债务如何处理？

案情简介

汪女士和丈夫结婚时间不长，当时也是爱得死去活来，非君不嫁的那种。后来，夫妻俩一起创业，失败了重来，再失败再重来。但任何感情和财富也抵不过一次又一次的失败，后来夫妻俩感情也慢慢淡了下来。但仍坚持一起再创业，因创业连续失败，小两口的积蓄用得也差不多了。为了能再赌一把，汪女士就办了多张信用卡，采用套现倒卡养卡的方式来继续支持丈夫创业。没承想，公司逐渐步入正轨后，丈夫提出离婚，新办公司的大股东竟然是他的妈妈，丈夫只是占股 20% 的小股东，这一刻汪女士觉得自己被骗了，可怜一直努力辛苦的她竟一直为别人作嫁衣。汪女士现已心灰意冷，如果离婚，汪女士希望透支信用卡欠下的 30 多万元，让其丈夫全部偿还，汪女士觉得这个要求不过分，且办理信用卡他是知道的，办理的目的就是创业路上套现周转，用于创业的各种开支，汪女士想问：她的要求能实现吗？

律师解析

一、法律规定

根据《民法典》第 1064 条的规定，透支信用卡产生的债务，如果夫或妻一方主张是共同债务，另一方不认可，判定是否属于夫妻共同债务的关键点是，信用卡的消费是否主要用于家庭共同生活或共同的生产经营，或者透支消费贷款时是否获得了另一方的认可。

二、司法实务

1. 直接认定属于夫妻共同债务。

北京市顺义区人民法院作出的(2019)京0113民初28333号民事判决书,直接在本院认为部分认定“该信用卡欠款为吴某日常支出费用,应当属于为日常生活的花销,属于夫妻共同债务,双方应当予以分担,张某应当负担一半”。

2. 无法举证证明属于夫妻共同债务,暂不予处理。

笔者检索到武汉市武昌区人民法院作出的(2021)鄂0106民初7684号民事判决书,原告王某起诉要求离婚并要求分割共同财产处理债务,被告杜某也提出自己名下有各类债务需要属于夫妻共同债务需要处理。原、被告对于对方的各类债务,均不认可。法院认为,“关于被告杜某主张其名下尚有信用卡贷款147,627.98元、金融贷款15,062.8元、向案外人曹某平借款50,000元,合计欠款212,690.78元,均为夫妻共同债务;王某主张其名下信用卡欠款96万元也属于夫妻共同债务的意见,如前所述,双方均存在新贷偿旧贷情形,资金流转及用途不明,且涉及案外人利益,本案中不予处理。”这是大多数法院的处理模式。

3. 离婚协议中一方自愿承担另一方名下部分或全部信用卡债务的,人民法院一般根据该约定判决处理。笔者在裁判书上检索到判决认定属于共同债务,由某一方承担的,大多数是在离婚协议中就已经明确约定了离婚后一方名下的信用卡债务由另一方承担部分或全部。双方离婚时所签订的离婚协议,约定只要不违反法律规定,都是有效的,法院均应给予充分的尊重,判决按照离婚协议的约定履行。所以,如果确实存在刷信用卡透支信用卡用于共同生活消费的情况,一定要及时沟通处理,最好能够形成书面文件。

4. 使用配偶的信用卡的,形成婚内借款关系。

相当一部分家庭,基于夫妻之间的信任,互持对方信用卡进行消费的情况大量存在。如何认定呢?笔者检索到一份判决书,针对原告婚内刷被告信用卡的行为,认为“对于原告刷被告信用卡透支形成的借款11万元,原告未提供证据证明11万元透支款用于夫妻共同生活、共同经营或者基于夫妻双方共同意思表示予以透支,原告亦无证据证明被告分享了该透支款带来的利益,故11万元信用卡透支款应认定为原告个人债务。因被告与信用卡发放主体形成借款合同关系，系信用卡借款、还款主体，原、被告基于该 11 万元信用卡透支款形成婚内借款关系，现被告要求原告偿还，原告应偿还该 11 万元信用卡透支款给被告。”该案件这样判决的前提是，有证据证明丈夫恶意透支了妻子的信用卡，但实务中，由于当事人法律证据意识缺乏及婚姻家庭证据难取得性等特点，大多债务的定性依赖于对方的认可，极难通过证据来证明。

笔者注意到，通过各种关键词查到相关信用卡债务界定是否属于夫妻共同债务的案例非常少。虽然现在老百姓在生活中使用信用卡的越来越多，但形成诉讼的却少之又少，主要的原因是实务中确实难以取证证明债务属于夫妻共同债务，刷卡的用途是夫妻的共同生活或生产经营。笔者所在团队代理的离婚案件，相当一部分涉及这一类问题，但因为金额不是太大，都默认由自己偿还，但是如果金额很大，对方又不认可，则会难上加难。那么，为什么信用卡透支的债务难以被认定为夫妻共同债务呢？

三、信用卡使用的特点，决定了该债务难以被认定为共同债务

1. 信用卡具有提前消费的透支功能。如果证明信用卡的用途，就需要证明初次刷卡时的消费项目。但信用卡属于当月消费，还款日还款。如到了还款日没有现钱来归还，就会产生高额的循环利息。很多人为了避免高额的循环利息，会使用信用卡套现。使用信用卡消费套现的人大多不止一张信用卡，而是手握多张信用卡，就可以采取倒卡养卡的方式来偿还欠款，这在现实生活中非常常见。但在生活中常见，并不一定会获得法院的认可。主张属于共同债务的一方不得不花费大量的时间和精力来举证证明最初消费项目。有些信用卡消费套现、倒卡养卡长达几个月甚至几年的时间，导致证明信用卡的最初用途就非常困难。如果对方不承认，就会导致信用卡的债务全部由持卡人承担。

笔者曾经有一个亲办案件，作为离婚案件的被告女方，我方主张自己名下的信用卡欠款属于共同债务，消费主要用于创办男方公司的各种支出，诸如套现用于支付装修款、房屋租金，购买各类软装和硬装设施设备。在初步举证的情况下，法官仍要求我方证明最初信用卡账单消费的用途以及账单转化和存续的证据，以至于我们不得不花费大量的时间和精力整理当事人名下十余张信用卡，自

首次消费至庭审时接近两年的信用卡账单，用于证明多张信用卡的套现还款、倒卡养卡的事实。但是因为最初的信用卡账单显示已经偿还，而且每期的账单金额又都不一致，无法形成一一对应的关系，每次套现金额均有一定的出入。账单中不乏还有新产生的日常消费，有的消费还发生在双方诉讼离婚和分居之后，以至于最初信用卡消费产生的共同债务事实，已经过一两年时间的相互套现还款无法一一分清。虽花费大量精力仍无法证明连续套现至今的账单仍属于夫妻共同债务，再加上原告对最终账单套现消费的辩驳和不予认可，最终法院以“基于倒卡套现的事实，本院难以查实具体的金额，故本院对该项诉讼请求不予支持”为由，判决驳回。

2. 信用卡还可能涉及分期偿还的问题，如果经分期偿还后，已经所剩无几，即使分期偿还也系其他信用卡套现偿还，很难要求另一方承担最初消费的金额。毕竟明面上婚内一方已偿还的账单，本已不存在，不可能再要求对方承担一半，除非该信用卡账单又明确清晰地转化为对外借款。

3. 信用卡还可能涉及记名持卡人与实际消费人不是同一人的现象。夫妻两人在感情要好的情况下使用配偶的信用卡进行消费实属正常，但有些心存歹意的配偶一方，可能利用夫妻感情，恶意使用配偶的信用卡进行大额消费；甚至以感情为筹码、以自用自还为诱饵让配偶办理信用卡供己方使用。作为律师曾遇到过将配偶的信用卡完全透支后消失不见的，也遇到过将配偶的信用卡透支后不认可是共同债务的，还有用配偶的信用卡透支后偿还自身赌债且愈演愈烈，手握配偶多张信用卡的。上述情形，如果没有充分的证据证明，该消费是配偶使用，是恶意透支的，那么极有可能该债务仍由记名持卡人进行偿还，毕竟银行是根据记名持卡申请人的信用进行授信的额度，当举债不能时，银行第一时间也是追究记名持卡人的偿还责任。毕竟你允许其他人持卡消费，是对自身权利的处分和默认，银行只针对你个人，而法院在无法查清的情况下，也会惯常采用该原则，由持卡人自行承担。涉及第三人的债务，尚可以通过债权人提起诉讼的方式主张权利，要求夫妻双方承担连带债务，夫妻内部再根据具体情况进行比例的划分，一般情况下是一人一半来承担对第三人的债务。但是信用卡债务的债权人是银行，是信用卡中心，是持卡人与银行直接形成的借贷合同关系，不可能指望信用卡中心来起诉夫妻双方，要求信用卡欠款确认属于夫妻共同债务。

4. 如果不及时偿还信用卡债务，记名持卡的记名人，会被银行列入失信人员黑名单，最终影响的也是持卡人的征信记录。这就导致即使明知该信用卡属于配偶的恶意支出，或者用于夫妻共同债务，也不得不进行偿还。原因在于债务是一回事，失信黑名单是另一回事，被银行列入失信人员后，可能会影响后期的其他贷款和离婚后的正常生活。不仅如此，信用卡债务超过一定的时间不偿还，除每日万分之五的循环高利息外，还可能涉及刑事责任。

综上，信用卡债务是否属于夫妻共同债务，某种意义上取决于另一方是否诚实、是否善良、是否认可。所以，当对方心存善意时，一定要把握时机好好商量，毕竟在民法中“法无禁止即自由”，法律充分尊重当事人的意思自治，夫妻俩愿意怎么做都好商量。当对方还诚实认可时，及时注意保留的证据如聊天记录、电话录音、谈判录音等，当然最好形成书面文件，否则到了你们自己都商量不清的时候，法官也无能为力，“清官难断家务事”确有其道理，到法院也需要证据来说话。

基于以上的各种困难，强烈建议各位在使用信用卡时，务必保留一丝法律意识和思维，在自己能力范围之内的日常消费，享受信用卡优惠无可厚非，还能在自己需要时江湖救急，也无须四处求助。但当有大额开支需求同时又在自身能力范围之外时，就需与配偶商量沟通并征得同意和支持，毕竟大多数夫妻都是奔着有福同享、有难同当的目标在生活。夫妻双方虽都有家事代理权，但小事好处理、大事好商量才是家庭和睦长久的法诀，毕竟领了结婚证你就不再是孤家寡人，凡事还需顾忌一下家庭安危。

律师感悟

每一个因感情不和，前来咨询离婚的咨询者，我都会询问他们自己名下是否有大额的信用卡债务，或者自己名下的信用卡是否被配偶持有消费。涉及信用卡的债务在离婚纠纷中非常难处理，如果自己名下确有属于共同消费的大额信用卡债务，我都会建议将信用卡债务先偿还完毕，再来处理离婚问题。毕竟也就等到下个还款日而已，不会需要太长的时间。哪怕是借亲戚朋友的钱来偿还信用卡，都比套现倒卡养卡要好得多。毕竟打官司打的是证据，鉴于信用卡债务的难以证明性，能协商处理的不建议打官司，诉讼后能够调解结案的不建议以判决方式要结果。

同时，我们还会建议结婚后的夫妻，不要将自己名下的信用卡交给配偶使用，尤其是透支额度比较大的信用卡。作为律师确曾遇到过将配偶的信用卡完全透支后消失不见的，也遇到将配偶的信用卡透支后不认可是共同债务的。离婚本已让人非常糟心，如果还要因为离婚而背上一身债那更是雪上加霜。

5. 夫妻间婚内借款的认定

案情简介

田女士与杨先生结婚多年，育有一子，田女士负责带娃，杨先生负责挣钱养家，随着杨先生的生意越做越大，家庭经济状况也越来越好，但同时杨先生也开始不安分，时常与婚外异性打得火热。田女士在得知杨先生在外的情况后，内心极为不安，甚至想过离婚，但又碍于孩子与经济依赖性，无法毅然割舍，于是在两相博弈之下，杨先生签下一纸借条，承诺给田女士经济上的安全感，金额高达千万元。田女士拿着借条，心里仍忐忑不安，于是找到律师咨询：如此一纸借条，在将来二人要离婚之时，真的能帮助自己吗？

律师解析

随着社会的发展，自然人之间的借贷在我国早就有法有依，司法实践亦趋于统一，唯独特殊的夫妻关系之下，如果产生借贷却是争议重重。不得不说，很多当事人都有如同田女士一般的境遇，也采取过类似于田女士的做法，他们的想法莫过于此：既然感情上靠不住，唯有抓住经济才是王道！

目前在我国现行法律框架内，关于夫妻间婚内产生借贷，在双方对于财产归属未作出明确约定的情况下，借贷关系如何定性，是否应当得到支持，除了需参照民间借贷相关法律规定考量外，还需符合《最高人民法院关于适用〈中华人民共和国民法典〉婚姻家庭编的解释（一）》第82条之规定，即“夫妻之间订立借款协议，以夫妻共同财产出借给一方从事个人经营活动或用于其他个人事务的，应视为双方约定处分夫妻共同财产的行为，离婚时可以按照借款协议的约定处理。”此规定系沿用了 2011 年发布的《最高人民法院关于适用〈中华人民共和国婚姻法〉若干问题的解释（三）》第 16 条。

根据上述法律规定，夫妻之间婚内借款必须符合以下条件，方能得到人民法院的支持：

条件之一：夫妻间已订立借款协议。

确认夫妻间借款成立的前提条件之一为，双方确系订立过借款协议，此处的争议点为：借款协议是否必须为书面形式？

大部分法院在裁判文书中均认为夫妻间的借款行为仍属于民间借贷，因我国相关法律并未要求民间借贷行为必须订立书面协议，故而不应对夫妻间的借款作书面形式之要求。

同时，亦有法院认为夫妻间的借款不属于民间借贷关系，而应认定为夫妻间的财产约定。如贵州省铜仁市（地区）中级人民法院于 2020 年 2 月 17 日作出的（2020）黔 06 民终 33 号民事判决书中，对于夫妻间的借款，认为“曾某某向吴某出具的 100,000 元的借条属于夫妻之间约定处分夫妻共同财产的行为，不属于民间借贷关系”，其理由在于《最高人民法院关于适用〈中华人民共和国婚姻法〉若干问题的解释（三）》第 16 条中“应视为双方约定处分夫妻共同财产的行为”之规定。

笔者认为，夫妻间借款仍属于民间借贷法律关系，仅是在法律后果上等同于夫妻财产约定。而因我国《民法典》第 1065 条中，对于夫妻财产约定规定“应当采用书面形式”，所以在认定夫妻间是否成立借贷关系时，要求双方订立书面协议更为适宜。

同时，夫妻间财产本就复杂有交叉，以口头借款协议去主张婚内借款更是增加了难以认定的风险，故建议婚内夫妻间借款时采用书面形式，也更符合“视为约定处理夫妻共同财产的行为”之规定，毕竟空口白牙可能是玩笑话。夫妻之间的借款本质仍然属于自然人之间的借款合同，一旦订立了书面的借款合同，双方之间的夫妻关系并不会影响借款合同的有效性，即使在未约定分别财产制的夫妻之间产生的借款合同也具备了履行的基础，夫妻双方在离婚时就有权要求对婚内的借款予以处理。

条件之二：夫妻间的借款必须真实存在。

夫妻间的借款必须真实存在，是基于民间借贷法律关系角度考虑隐藏的必备要件之一。如云南省昆明市五华区人民法院于2019年4月18日针对一起继承纠纷，作出的（2017）云0102民初10831号民事判决书，在该案中，配偶一方提交借条一份，主张已故配偶曾向其借款，法院最终因当事人未就借贷事实承担充分的举证责任，综合证据、质证意见及庭审陈述后，最终未认定其主张的借款事实。大部分法院持有与昆明市五华区人民法院相同之观点，认为夫妻间借款成立的首要要件即为款项确已支付到位，否则借贷关系不能成立。

笔者多年前经手过的一起涉及夫妻间借贷的案件，2000年9月庞某（女）与朱某（男）登记结婚，2011年8月经判决离婚。2013年，朱某以民间借贷纠纷将庞某诉至昆明市五华区人民法院，理由是，2005年4月6日，庞某向朱某出具借条一份，内容为"今借到朱某婚前个人财产人民币150,000元整，年利息12%，用于非婚姻家庭用途。为保障出借人利益，还清此借款本息前我如要求终止婚姻关系，所应得婚内财产自动转给朱某（不算作归还借款）并自动放弃子女抚养权。借款人：庞某。"经一审法院认定，判决庞某向朱某偿还借款。被告庞某不服，上诉至昆明市中级人民法院，庞某不认可借款的真实性，并申请对该借条中"庞某"是否为其本人所签及借条中激光打印部分与手书字迹形成的先后次序进行鉴定，经鉴定后，鉴定意见是"送检的借条（检材）中激光打印部分是在手写字迹之后形成的"。二审法院认为，借条经鉴定确认其中激光打印部分是在手写字迹之后形成的，证明效力上有重大瑕疵，且上诉人庞某坚称其从未向被上诉人出具过本案借条，判决撤销一审判决，驳回朱某的全部诉讼请求。

本案的借鉴意义在于，夫妻关系存续期间，一方获取另一方的签名是非常容易的事，甚至无须认证。夫妻之间相互转账也在所难免，鉴于此，别有用心之徒可能会利用签字和转账，伪造借条，因此凡是想着通过借款形式，达到离婚时多分财产，或让对方承担债务目的的当事人，最终会因为款项的来源、借款是否真实等因素，无法得到法律的支持。

条件之三：出借款项为夫妻共同财产的情况下，借款方借款之目的是个人经营活动或其他个人事务使用。

只有出借的款项系夫妻共同财产的情况下，方才交叉适用《最高人民法院关于适用〈中华人民共和国民法典〉婚姻家庭编的解释（一）》第82条之规定处理,否则仅适用民间借贷的法律规定即可。而在使用共同财产出借的情况下,必须得考察借款人的使用目的,即应当系因个人经营活动或其他个人事务之目的的借款,方能得到支持。夫妻生活中的个人事务是一个与共同事务相对应的概念,包括个人求学深造、个人投资理财等。争议较大的在于两个方面,第一方面为个人为履行法定义务所借款项,是否属于个人事务;第二方面为个人开办公司企业、投资理财所借款项,是否属于个人事务。

关于第一方面,笔者认为,因履行法定义务所借款项,不应属于个人事务。比如,子女有赡养父母的义务,一方借款用于支付己方父母生病的医疗费用,不论金额高低,均属于履行法定义务而产生的借款,不应按夫妻间借款来认定,即使写过借款协议,也因不属于个人事务而无法得到支持。但如果一方为了给己方父母提供更好的住房条件,决定投入大笔资金给父母买房而产生的夫妻间借款,则因超出法定义务而属于个人事务,能够得到支持。

关于第二方面,笔者认为,因个人的投资行为产生的夫妻间借款,是否属于个人事务,主要看夫妻双方在借款协议中对于投资的收益等是否有明确的约定。如在云南省昆明市五华区人民法院于 2019 年 4 月 18 日作出的(2017)云 0102 民初 10831 号民事判决书中,法院认为:“关于判断借款用途是否用于一方个人事务,应当看该用途是否是夫妻双方应尽的法定义务或者是为了共同生活所进行的事务。结合本案来看,被告王某主张被继承人杨某某借款是为了工程建设,杨某某工程建设的所得收益已经被认定为夫妻共同财产,因此被继承人杨某某借款不是为了个人事务”,即个人因投资行为产生的夫妻间的借贷,只有投资所得未归入夫妻共同财产的,才属于“为个人事务所借”。现投资所得已归入共同财产,该投资就属于夫妻关系存续期间的夫妻共同支出,不宜认定为夫妻之间的借贷关系主张。如果投资金额巨大,收益颇微如何处理,这时就需要在投资前进行充分的协商。毕竟投资有风险,收益虽有与风险成正比的可能,但也需有承担风险的能力和勇气。若不能承受就不可贪图收益,提前约定清楚,除非对方愿意在高收益后与你共享,我们又能承受面临风险时内心的挣扎和退缩的惭愧。

综上,夫妻间借款有严格的条件限制,并非一方给另一方签下一纸借条即能作为借款关系成立的依据。

律师感悟

综上所述，在夫妻之间，如果涉及以共同财产出借于一方，一纸借条还无法起到保护财产之目的。在涉及夫妻间借款的案件中，出借一方负有极重的举证责任。其一，需证实借款关系是否真实存在、款项是否确已支付；其二，还得证明借款方借款之使用目的。因此，建议在借款协议中，一定要明确款项的来源、支付的方式以及对方使用目的，并配合银行流水等证据使用，否则很有可能面临一纸白条无法律效力的局面。

对于上述田女士的困惑，在现今生活中我们不乏少见，在无法轻易斩断婚姻辗转徘徊之时，婚姻是枷锁还是保障？婚姻是感情还是财富？不同的人有不同的选择和考虑，我们应尊重每一个婚姻当事人的选择。但在追求婚姻财富保障的时候，最为稳妥的方法并非一纸借条，我们其实可以选择更好的方式，比如夫妻财产约定，甚至借条配合夫妻财产约定一起使用才更为牢靠。拿到手的肯定比欠着未给的更靠谱，毕竟画大饼谁都会，而说话算数的又有几个，这在婚外情的感情纠葛中更为多见。但不同的是夫妻之间怎么约定都合法，而婚外第三者，即使拿到手，也可能要还回去，这就是合法婚姻的意义。

第五章　婚姻过错篇

1. 离婚时,哪些行为会被认定为婚姻过错?

案情简介

王先生和陈女士于2015年相识,二人于2017年步入婚姻的殿堂,结婚初期二人感情很好。但是在2020年,陈女士偶然发现王先生的嫖娼行为,并且在她发现之后,王先生还恼羞成怒动手打了陈女士,于是陈女士向派出所报了警。陈女士找到律师咨询:如果她想要离婚,那王先生是否属于婚姻中的过错方?

律师解析

在离婚案件中,有很多当事人都有着与案例中的陈女士一样的遭遇,面临配偶出轨或有其他有损夫妻感情的行为。在笔者日常接待当事人的过程中,很多当事人都关心"婚姻过错"的问题,一般会问:对方去泡脚城找小姐按摩算不算过错?对方有嫖娼行为算不算过错?对方有赌博算不算过错?对方动手打我和孩子算不算过错?等等。之所以那么多面临离婚的当事人都关心"婚姻过错"的问题,是因为婚姻过错首先关系到能否争取一次判决离婚,其次关系到财产的分割,甚至网络上还流传着过错方净身出户的话语。那么到底哪些行为会被认定为婚姻中的过错呢?

我国现行《民法典》仅在其第1091条中对于婚姻过错有所规定,且该规定系针对可以要求损害赔偿的情形进行的列举。法律条文表述为:"有下列情形之一,导致离婚的,无过错方有权请求损害赔偿:(一)重婚;(二)与他人同居;(三)实施家庭暴力;(四)虐待、遗弃家庭成员;(五)有其他重大过错。"一般在司法实践中，大部分法院都是依据此条及相关司法解释来认定婚姻过错。

一、重婚

重婚的概念不仅规定在《民法典》中，在我国《刑法》第 258 条中也有规定："有配偶而重婚的，或者明知他人有配偶而与之结婚的，处二年以下有期徒刑或者拘役。"一般在离婚案件中被人民法院认定为婚姻过错中的重婚行为，大多以构成重婚犯罪的刑事判决书为据。因此，重婚行为严重违反我国一夫一妻的婚姻制度，既侵犯了夫妻中另一方的配偶权，同时又构成刑事犯罪。

重婚有两种情形，一是有合法登记的配偶而又与他人领取结婚证缔结婚姻关系的；二是有配偶者与婚外异性以夫妻名义公开持续、稳定的生活在一起的情形。其中随着全国婚姻登记逐步实现联网，正常情况下能够与不同异性办理结婚登记的情况越来越少，普遍存在的是第二种情形，即在未离婚的情况下，又与其他异性以夫妻名义持续、稳定的生活在一起，其中又以共同生育子女者居多。比如笔者曾办理一起离婚纠纷，男方在与女方感情破裂，但尚未解除婚姻关系之时，与婚外另一异性共同生育一子，后在女方坚持控告之下，男方被人民法院判决构成重婚犯罪，处以刑罚。又如，在宁夏回族自治区中宁县人民法院审理的（2023）宁 0521 刑初 92 号刑事案件中，被告人田某与其丈夫结婚并生育二子。此后，二人因生活矛盾，感情逐渐不和。2021 年 5 月的一天，被告人田某通过"快手"社交软件认识了吴某，哄骗吴某其与丈夫已解除了婚姻关系，二人产生感情后，被告人田某趁丈夫外出打工期间，到吴某的老家，与吴某以夫妻名义公开同居共同生活，并于 2022 年 3 月 5 日产下一子。最终人民法院认为，被告人田某有配偶，又与他人以夫妻名义公开同居共同生活，其行为触犯了《刑法》第 258 条，犯罪事实清楚，证据确实、充分，应当以重婚罪追究其刑事责任。如果其配偶后续要求离婚，案件中的田某则属于婚姻中"重婚"的过错方。

二、与他人同居

《最高人民法院关于适用〈中华人民共和国民法典〉婚姻家庭编的解释（一）》第 2 条规定："民法典第一千零四十二条、第一千零七十九条、第一千零九十一条规定的‘与他人同居’的情形，是指有配偶者与婚外异性，不以夫妻名义，持续、稳定地共同居住。”由此可见，这种过错情形与重婚相比，主要的区别在于“是否以夫妻名义”，如以夫妻名义共同居住，则属于重婚；未以夫妻名义共同居住，则属于与他人同居。

实践中，同居行为一般较难认定。比如在上海市奉贤区人民法院审理的（2023）沪 0120 民初 11300 号离婚纠纷案中，男方与婚外异性生育一女，女方主张其与婚外异性同居，男方在答辩时虽承认其婚外生育一女的事实，但提出其系与他人一夜情后生育女儿，但不是和他人同居而生的。最终法院以“原告主张被告与他人同居而生育女儿并无证据证明”未认定男方存在“与他人同居”的婚姻过错。

实践中，二人共同居住可以通过租房合同、在居委会及街道办等管理机构登记居住存档的材料、二人每天共同出入的照片或视频、二人使用同一地址接收包裹、证人证言、小区物业出具的入住证明等信息予以证实。笔者曾在昆明市盘龙区人民法院办理了一起离婚纠纷案，在该案中，男方在婚内购买一套商品房登记在第三者名下，通过查询男方银行流水，其中显示男方陪同第三者至一妇产医院并支付费用的记录，后笔者又至该医院查询到该笔支付费用系第三者就医去做流产手术。另外，通过到第三者名下商品房所在小区物业查询，调取到男方每天同第三者出入的录像，男方名下车辆登记在第三者名下房屋下以便于出入小区的记录及男方车辆每天定时出入小区的监控视频。笔者认为，以上证据提交法庭后，已足以认定男方与第三者同居的事实。但该案最终在法院的组织下以调解方式结案，因此也无法院确认的结论。但从该案取证的过程来看，“与他人同居”需要通过一系列证据链予以证实，实属不易之事。

三、实施家庭暴力

《反家庭暴力法》第 2 条规定：“本法所称家庭暴力，是指家庭成员之间以殴打、捆绑、残害、限制人身自由以及经常性谩骂、恐吓等方式实施的身体、精神等侵害行为。”

（一）身体暴力

比较常见的家暴行为就是殴打，一些夫妻在日常生活中存在争吵时亦会存在动手的情况，那么一旦动手，是否都能认定为家庭暴力呢？其实不然。在实践中，一是家暴行为具有隐蔽性的特点，难以举证证明；二是如果存在互相撕扯的情况，则难以将过错归于一方。

大部分想要证明家庭暴力的当事人提交的证据会有发生纠纷时的报警记录、就医记录、现场照片等，而对于发生在家中的暴力行为，一是没有人证，二是难以取得监控视频等资料，因此无其他证据可以佐证。但事实是，仅有报警记录、就医记录等难以证明对方实施了家庭暴力。比如在北京朝阳区人民法院审理的（2020）京0105民初61962号离婚纠纷案中，尧某主张罗某对其实施殴打，导致其受伤。其提交的主要证据是报警记录及就医资料，但法院认为报警记录并非公安机关出具的结论性材料，就医资料仅能证明就医事实，在罗某否认殴打尧某的情况下，上述证据均不能证明尧某受伤系罗某殴打所致，因此未认定罗某实施了家庭暴力。

（二）精神暴力

根据前述《反家庭暴力法》的规定，精神暴力也属于家庭暴力的一种，即指加害人以经常性谩骂、恐吓等方式实施的侵害行为。精神暴力相较于身体暴力而言更隐蔽、更难以认定。笔者通过在裁判文书网进行检索，发现有不少当事人在离婚时提出曾遭到对方的精神暴力，如长期不理不睬，被冷暴力对待；又如长期遭到对方的恐吓与威胁；还有对方长期暴粗口，动辄辱骂；等等。以上情形虽多见，但在公开的裁判文书中很少被认定。2014年最高人民法院公布十起涉家庭暴力典型案例，其中案例二即是认定为精神暴力，具体案情为：原告郑某丽与被告倪某斌于2009年2月11日登记结婚，2010年5月7日生育儿子倪某某。在原、被告共同生活期间，被告将一个裹着白布的篮球挂在家中的阳台上，且在白布上写着“我要打死郑某丽”等字句，被告还经常击打篮球。2011年3月14日，原告向法院提起离婚诉讼，请求法院依法判令准予原、被告离婚。最终法院认为，被告的行为从视觉上折磨原告，使原告产生恐惧感，该行为构成精神暴力。

四、虐待、遗弃家庭成员

《最高人民法院关于适用〈中华人民共和国民法典〉婚姻家庭编的解释（一）》第1条规定：“持续性、经常性的家庭暴力，可以认定为民法典第一千零四十二条、第一千零七十九条、第一千零九十一条所称的‘虐待’。”可以说，虐待是比一般家庭暴力更恶劣的行为，以经常性实施家庭暴力作为衡量依据。实践中，有不少当事人会偷换家庭暴力与虐待的概念，以一次殴打不构成家庭暴力来抗辩，实际上家庭暴力无一次和多次之分，实施一次也成立家庭暴力。同时，根据《刑法》第 260 条之规定，虐待家庭成员，情节恶劣的，将构成犯罪，需承担刑事责任。

关于遗弃家庭成员，我国《民法典》规定，父母对未成年子女有抚养教育的责任义务，成年子女对无劳动能力和生活来源的父母有赡养的责任和义务，夫妻之间亦有扶养义务，当负有一定的义务而拒绝履行，放任需抚养或赡养的家庭成员自生自灭时，即构成遗弃家庭成员。实践中，笔者在办理离婚案件时遇到比较多的情况有两种。第一种为夫妻之间因感情不和分居多年，子女由一方抚养，另一方不出钱也不力，甚至都不探望，因此抚养子女一方主张另一方对子女不管不顾，存在遗弃行为。第二种为夫妻之间感情不和，一方离家后再也不与家庭成员联系，致使夫妻一方在家照顾子女与老人，在离婚纠纷中，在家中的一方主张另一方有遗弃行为。从法律公开的判决书来看，以上两种情形之下都难以认定对方存在遗弃家庭成员的行为，除非因其实施的不管不顾行为，导致没有生活来源及自理能力的人陷入生存危机或生命危险中。但笔者对此持不同的意见。《刑法》第 183 条规定：“对于年老、年幼、患病或者其他没有独立生活能力的人，负有扶养义务而拒绝扶养，情节恶劣，处五年以下有期徒刑、拘役或者管制”，由于遗弃家庭成员达到一定恶劣程度将构成遗弃犯罪，因此，大部分法院在审理民事婚姻家事案件时，亦会参照刑法角度上的遗弃来考量。但民事案件毕竟不同于刑事案件，尚未达到一定严重程度时以犯罪论处不符合刑法精神，但在婚姻案件中，一方以一己私利拒绝履行法定义务，已然已达到遗弃的程度。比如在云南省曲靖市麒麟区人民法院审理的几起离婚纠纷中，均以“×××长期离家外出，有家不回，断绝通信联系”认定属于对子女及家庭成员的遗弃行为。

五、其他重大过错

关于哪些属于婚姻中的其他重大过错，我国现行法律法规及司法解释中并无规定。笔者认为，可以参照由最高人民法院民法典贯彻实施工作领导小组主编的《中华人民共和国民法典婚姻家庭编继承编理解与适用》(人民法院出版社 2020 年版)第 332 页中的论述来认定,其他过错应当包括通奸、卖淫、嫖娼、赌博、吸毒等行为。

卖淫、嫖娼、赌博、吸毒都较好理解,那么通奸如何理解？它与前述的“重婚”及“与他人同居”有何区别呢？笔者认为,通奸行为即一般当事人理解的出轨并与第三者发生性关系的行为,但尚未达到重婚或与他人同居的程度,比如一方在婚姻关系存续期间与其同事产生暧昧,二人至宾馆开房同居一室。可以说通奸是婚姻案件中最常见的出轨方式,也是当事人主张对方过错最多的形式。但由于该种行为在举证上存在一定的难度,故而在实践中最终被认定的并不多,大部分不存在同居又被认定为婚姻过错的出轨行为,都存在一方出轨且生育婚外子女的情形。

以上即为婚姻中的过错行为,就法律角度而言均有严格的标准。

律师感悟

笔者在办理婚姻案件过程中,有时候案件当事人十分气愤,“他明明就是出轨了!”“他明明对我有家暴行为”“那为什么法院不认定？还判决不准离婚?”这些话语我们在办案过程中经常能够听见,但是想要认定婚姻过错其实非常不容易,比如出轨,在老百姓眼中出轨是极容易能够证明的,认为发现了对方和第三者的聊天记录等就能证明对方出轨。但其实出轨是很隐蔽的行为,在法院能够被认定出轨的证据并不完全同于大众眼中的证据,想要证明很困难。所以笔者建议大家一定要有收集证据的意识,以合法的方式尽可能收集更多的证据,以防日后到法院起诉离婚时,因证据不足而导致不能获得损害赔偿,甚至不能达到离婚的目的。

2. 离婚时，能不能让过错方净身出户？

案情简介

王女士和陈先生结婚多年，起初感情还不错，但是近几年王女士发现陈先生多次出轨。都说有多少次原谅就会有多少次的伤心和难过，王女士渐渐麻木了，对于这段感情慢慢地也不再抱有希望。现在王女士终于想通了，决定和陈先生离婚，她来咨询律师，想知道有没有办法让她老公净身出户？

律师解析

“净身出户”是一个特别热门的词，婚姻中遇到一方有过错尤其是出轨的，无过错方首先想到的就是让他净身出户，如果加一个限定词，那就是必须！必须让他净身出户！生活中的一些误读，再加上各种影视作品的误导，导致有相当一部分社会大众对净身出户有深深的误解。其实，净身出户只是普通人的说法，并非法律术语，一般是指在夫妻离婚时，所有财产归于一方，另一方只携带自己的随身衣物及生活用品即离开，二人婚姻关系解除，家庭财产与净身出户一方再无关系。

这种情况在影视剧中似乎常有发生，甚至在一些律政剧中的主角律师也会有帮助当事人实现让对方净身出户的桥段，但这样的情况在现实生活中却难以实现。一般情况下，除非对方自愿净身出户，否则即使对方在婚姻中毫无付出、过错累累，就法律角度而言，依然享有分割夫妻共同财产的权利。那么，难道法律上对于过错方就没有任何惩罚吗？当然有，一旦被认定当事人存在婚姻中的过错，在夫妻间无财产约定，无其他婚内协议，又无法协商一致的情况下，将面临以下后果：

一、分割夫妻共同财产时照顾无过错方的权益

如本书前文所述,夫妻离婚时,共同财产一般以均等分割为原则,而在一方存在婚姻过错时,根据《民法典》第 1087 条之规定,人民法院应当根据财产的具体情况,按照照顾子女、女方和无过错方权益的原则判决。因此,在分割财产时,应当考量婚姻过错,进而作出有利于无过错方的财产分割判决。但是,“照顾”到什么样的程度,法律及司法解释中并无规定,结合司法实践,笔者认为应当理解为适当多分或在具体财产分割时给予无过错方优先选择的权利。从此条法律规定中可以看到,对于过错一方,法律上并未规定可以不分财产,因此从财产分割的角度来看,无法实现让过错方净身出户的目的。

那么在司法实践中,法院一般会对无过错方照顾到什么样的程度呢?这个在法律上并无规定。一般而言,照顾无过错方,并不必然体现在共同财产比例的倾斜上,很多法院处理分割夫妻共同财产时,更多的是依赖法官的自由裁量权。根据待分割财产的具体状态性质和用途等属性确定照顾的具体方式,比如有些法院在分割房产时,同等条件下尽量满足无过错方的要求并给予其优先选择的权利。或者在双方产生分歧时,尽量考虑无过错方的诉求。总之,给予无过错方一定的倾斜和照顾,既要符合公平原则,也要有利于家庭的和谐稳定。比如笔者曾在昆明市官渡区人民法院办理的一起离婚纠纷中,男方由于婚内与其他异性生育一子,被人民法院判决构成重婚犯罪,后男方起诉离婚。经法院确认需分割的夫妻共同财产包括男方多年前出售车辆所得价款、女方名下现有银行存款、女方名下婚前房屋婚后还贷款部分,其中女方名下婚前一辆由男方购买的车辆,法院认定属女方婚前财产而未纳入共同财产进行分割。最终法院判决按照各 50% 分割夫妻共同财产。虽然在最终分割时看起来法院未对无过错方进行倾斜,但实则在确认共同财产范围时已体现对无过错方的照顾,比如由男方出资购买的车辆未分割,而男方名下多年前卖车所得但目前已不存在的价款被纳入分割。

二、支付对方离婚损害赔偿款项

离婚损害赔偿,是指因夫妻一方的重大过错致使婚姻关系破裂的,过错方应

对无过错方的损失予以赔偿的法律制度。离婚损害赔偿制度是我国三大离婚救济制度之一,也是侵权责任在婚姻法领域的延伸。根据《民法典》第 1091 条之规定,一方有婚姻过错,导致离婚的,无过错方有权请求损害赔偿。在要求损害赔偿时,有以下几方面注意事项:

(一)对于明知对方有婚姻过错而离婚的情况下,需在一定的时点节点下提出损害赔偿的请求或要求

《最高人民法院关于适用〈中华人民共和国民法典〉婚姻家庭编的解释(一)》第 88 条规定:"人民法院受理离婚案件时,应当将民法典第一千零九十一条等规定中当事人的有关权利义务,书面告知当事人。"即作为当事人,在向人民法院起诉离婚或应诉时,均会收到法院告知其享有离婚损害赔偿权利的相关事项,因此,法律在规定法院应当告知的基础上,亦明确原、被告的离婚损害赔偿权利应当在一定的时间节点上提出,一旦错过时间,则视为自愿处分权利,视为放弃。

首先,只有在离婚的情况下,无过错方才有权利请求损害赔偿。法律依据为:《最高人民法院关于适用〈中华人民共和国民法典〉婚姻家庭编的解释(一)》第 87 条第 2 款及第 3 款规定:"人民法院判决不准离婚的案件,对于当事人基于民法典第一千零九十一条提出的损害赔偿请求,不予支持。在婚姻关系存续期间,当事人不起诉离婚而单独依据民法典第一千零九十一条提起损害赔偿请求的,人民法院不予受理。"

其次,在离婚的情况下,如果已经明知对方有婚姻过错而离婚,无论是原告还是被告,一般均应在离婚时提出。但如果作为被告,在诉讼中不同意离婚,而法院审理后又判决离婚的,则可在离婚后单独起诉讼。

最后,在协议离婚时已经知晓对方有出轨的过错,但离婚协议中并未体现损害赔偿的内容,后续又提起相关诉讼的,人民法院应当受理,但如果有证据表明无过错方在协议离婚时已经明确放弃的,则人民法院不予支持。

(二)要求损害赔偿的前提:一方有婚姻过错并导致离婚

一方有婚姻过错并导致离婚的认定,在无过错方起诉离婚或同意离婚的基础上提出损害赔偿请求的离婚纠纷案件中,一般不会作为重点审查。理由是,既然无过错方作为原告起诉时已要求损害赔偿,或作为被告在同意离婚时提出要求,则其起诉或同意离婚必然与对方的婚姻过错有直接关联。但如果是协议离

婚或经法院调解离婚,或作为离婚纠纷中的被告,之后又单独提起损害赔偿诉讼的情况下,则需判断婚姻过错是否是导致离婚的原因。比如,在北京市丰台区人民法院审理的(2022)京0106民初8929号离婚后损害责任纠纷案中,过错方胡某某向法院起诉离婚,诉状中写明离婚事由为感情不和,双方于2021年4月经法院调解自愿达成离婚协议,在法院调解过程中,无过错方李某未提及胡某某有家暴等婚姻过错行为。后李某提起本案诉讼,要求胡某某向其支付离婚损害赔偿款项。最终法院认为,离婚损害赔偿的适用,以夫妻中的一方对离婚存在过错为前提,该种过错必须是导致离婚的原因,虽然离婚,但导致离婚的原因并非过错方的过错行为的,不能适用离婚损害赔偿。双方在离婚诉讼中李某并未主张因家暴行为导致了离婚,视为其放弃了其主张。

在这也特别提示离婚诉讼中的被告,不论是否同意离婚,最好在应诉或调解时说明对方的过错行为,并进行一定的举证,以保障将来能够行使权利。

(三)司法实践中损害赔偿的数额认定

《最高人民法院关于适用〈中华人民共和国民法典〉婚姻家庭编的解释(一)》第86条规定:"民法典第一千零九十一条规定的'损害赔偿',包括物质损害赔偿和精神损害赔偿。涉及精神损害赔偿的,适用《最高人民法院关于确定民事侵权精神损害赔偿责任若干问题的解释》的有关规定。"

从以上规定可知,离婚时对于损害赔偿,当事人可以主张物质损害赔偿和精神损害赔偿。物质损害赔偿,一般是指因对方的过错行为导致另一方遭受财产损失,则该财产损失理应由过错方予以赔偿。大部分物质损害赔偿都发生在家暴的情形之下,一些较严重的家暴会导致另一方身体受到伤害进而需要看病就医,该医治产生的费用即属于物质损害赔偿的范畴。

另一方面为精神损害赔偿。《最高人民法院关于确定民事侵权精神损害赔偿责任若干问题的解释》第5条规定:"精神损害的赔偿数额根据以下因素确定:(一)侵权人的过错程度,但是法律另有规定的除外;(二)侵权行为的目的、方式、场合等具体情节;(三)侵权行为所造成的后果;(四)侵权人的获利情况;(五)侵权人承担责任的经济能力;(六)受理诉讼法院所在地的平均生活水平。"

司法实务中,精神损害赔偿的金额一般并不高,且受上述因素影响,纵然有出轨并与他人生子的事实,却只有少量赔偿金的案例大量存在,这也在无形中纵容了过错方。例如,在上海市奉贤区人民法院作出的(2023)沪0120民初11300

号离婚纠纷民事判决书中,法院认为,被告与第三者发生关系并生育一女,被告明显有过错,并对原告造成了很大伤害,原告请求损害赔偿,法院应予以支持。考量被告的支付能力等具体情况,法院酌定被告赔偿原告 9000 元。在山东省齐河县人民法院作出的(2023)鲁 1425 民初 995 号离婚纠纷民事判决书中,法院认为,根据法院调取的××机关出具的接警证明可以认定原告在未与被告离婚的情况下与他人共同生活并生育了子女,给被告造成了损害,其有权主张损害赔偿。庭审中被告未举证证明其因此造成的物质损失,其主张精神损失 200,000 元的意见,结合原告的过错程度、所造成的后果、当前××县平均生活水平,法院酌定精神损害赔偿数额为 10,000 元。实践中,视情节严重程度及经济状况,人民法院对于数额的确定有自由裁量权,相对严重的会判到 50,000 元甚至更多,而大部分尚处于 5000 元至 20,000 元。

而且,夫妻双方中,只有不存在导致离婚事实的无过错一方,才享有离婚损害赔偿请求权。所以,离婚损害赔偿制度是对无过错方受到损害的合法权益予以补偿或救济,让过错方受到惩罚。如果夫妻双方均有违反婚姻义务或家庭义务的,不符合离婚损害赔偿的主体要求,无权请求获得补偿或救济。若不想离婚,仅要求损害赔偿,诉至法院并不是能实现权利救济的途径,最终必然会被驳回,毕竟不愿离婚继续忍受是你自己的选择,法院也无权干涉。此种情形,笔者建议不妨先向对方开门见山地说说你的想法,谈谈你的要求,可能还更容易实现。当然,若下定决心离婚,法律也会保障您的合法权益,只要您手握充分确凿的证据。这就再次要求我们一定要培养自己的法律思维和证据意识,不懂时及时咨询身边的律师进行指导。

三、难以争取子女的抚养权

如本书前文所述,在判断子女抚养权归属时,需符合子女利益最大化原则的要求。一些法院认为,在婚姻中有过错的一方,属于不适宜抚养子女的一方。而在婚姻过错中,更明确的是涉家庭暴力的案件。

最高人民法院在《第八次全国法院民事商事审判工作会议(民事部分)纪要》中明确规定:“在审理婚姻家庭案件中,应注重对未成年人权益的保护,特别是涉及家庭暴力的离婚案件,从未成年子女利益最大化的原则出发,对于实施家庭暴力的父母一方，一般不宜判决其直接抚养未成年子女。”之所以这样规定，是因为家庭暴力是会代际传承的，儿童时期目睹或经历家庭暴力，对儿童心理方面会产生许多负面影响，孩子容易错误地认为暴力是合理的，是解决问题的方法，长大后可能会延续这种暴力行为。为了保障儿童利益，子女利益最大化，法院应结合具体施暴方式、次数、严重程度等，分析施暴者个性特征及品格，判断是否会由于言传身教而影响子女健康成长，施暴者一般不适宜直接抚养子女。

另外，在一些当事人存在出轨等情节时，法院亦会考量过错问题，而倾向于将子女抚养权判给无过错一方。如在山东省武城县人民法院审理的(2022)鲁1428民初1929号离婚纠纷案中，女方在婚姻关系存续期间多次与婚外异性开房并怀孕，最终法院在判决抚养权时，综合考量女方在本案离婚诉讼中的过错行为，按照最有利于未成年子女的原则，认为婚生女由男方直接抚养为宜。

以上三个方面即过错方在法律上面临的后果，其中并无关于过错方应当净身出户的规定，但无过错方的权益亦受法律保护，在法律允许范围内，无过错方应当拿起法律的武器依法维护自身权益！

律师感悟

通过分析法律规定及司法实践情况，我们可以看到：在离婚时，想要实现让过错方“净身出户”有且只有一种途径，那就是协议离婚或诉讼调解离婚时，过错方自愿放弃分割全部夫妻共同财产。

在重庆市第三中级人民法院审理的(2021)渝03民终31号离婚后财产纠纷案中，罗某和蒋某协议离婚，在民政局签订的离婚协议中约定：“……二、离婚后女儿抚养权归男方，女方无须支付男方孩子的抚养费；三、男女双方共同财产处理：涪陵区××镇××路22号3-2房屋一套归男方，女方自愿净身出户。”后蒋某提起诉讼要求分割未列明在离婚协议中的另一处房产，一审、二审法院均判决蒋某败诉，二审法院在判决书中写到：“本院认为，离婚协议往往涉及婚姻关系解除、共同财产分割、共同债权债务处分及子女抚养等问题，其条款相互影响，构成统一的整体。本案中，上诉人蒋某与被上诉人罗某在民政部门离婚时自愿达成了离婚协议且经备案登记，系双方的真实意思表示，其中涉及财产分割的条款具有民事合同性质，具有法律效力。蒋某上诉认为达成上述协议时存在重大误解的理由，与该协议中‘双方承诺对该协议书的字词句义非常清楚，并愿意完全履行本协议书，不存在受到胁迫、欺诈、误解情形’的文义不符，且在诉讼中未提供充分的证据予以证明，故对其要求撤销其中涉及财产分割条款的理由，本院不予支持。对于案涉离婚协议书中‘净身出户’如何理解的问题。依据百度百科查询得知，‘净身出户’，是指婚姻双方决定离婚时，婚姻一方要求另一方退出婚姻时不得到任何共同财产。通俗化地说就是离婚时一方要求另一方放弃一切钱财，只带自己的身体走。因此，蒋某在离婚协议书中自愿作出‘净身出户’的意思表示，从文义上理解，就意味着其自愿放弃要求分割任何夫妻共同财产的意思。虽然在案涉离婚协议书中未明确将讼争房屋约定归被上诉人罗某所有，但讼争房屋在双方离婚时，蒋某就已经知道其存在，并且办理了产权登记，应属于离婚时的夫妻共同财产。在双方离婚后，该房屋亦由罗某占有、管理、收益，因此，蒋某作出‘净身出户’的意思时，就包含了不能带走讼争房屋的意思。另一方面，从双方在二审中的一致陈述来看，双方离婚时的‘现金11万元、存款5万元、借给大女儿的4万元以及上诉人的2万元存款’虽未在离婚协议书中明确约定归罗某所有，但在离婚后亦全部归罗某所有的事实来看，亦符合‘净身出户’的约定。蒋某上诉认为讼争房屋未在离婚协议书中予以分割，‘净身出户’不包括放弃对讼争房屋分割的理由，与合同解释原则不符，故对其这一上诉理由，本院亦不予采纳。”

所以，虽然很多人要求对方“净身出户”是没有法律依据的，但是现实生活中“净身出户”的例子也不乏存在，核心都是双方协商的结果，并不是法院判决的结果。

3. 在离婚诉讼中，可以调取对方的开房记录吗？

案情简介

李女士结婚近十年，有两个孩子，夫妻俩的感情从最初的甜蜜回归到了平淡，李女士称，其老公几乎不碰她，而她也落得清净。只是最近，她老公的反应不太正常，开始特别注意仪容仪表，一回到家就洗澡，特别注重自己的穿着打扮。李女士就怀疑她老公出轨了，毕竟他因为工作的原因经常有出轨的机会，李女士想知道：怎样才能查到他的开房记录信息？

律师解析

一、能否调取开房记录

根据《旅馆业治安管理办法》第 6 条“旅馆接待旅客住宿必须登记。登记时，应当查验旅客的身份证件，按规定的项目如实登记”的规定，包括宾馆、酒店、招待所、客栈、培训中心、度假村、公寓式酒店、农家乐、民宿以及提供住宿服务的洗浴、足疗、按摩等经营场所，都必须进行住宿登记，旅馆业的登记系统与公安系统是联网的，而开房记录属于电子数据，理论上是永久保存的。

既然数据是保存在公安机关，那么有权机关可到派出所去调取公民的开房记录，但开房记录和银行数据一样，涉及当事人最隐私的部分，属于公民隐私的保护范围。除非办案需要，否则不可轻易调取。有些人通过公安机关的亲戚朋友，或者花钱调取到了个人的开房记录，尤其是与其他异性的同住记录，这些证据在法庭上不能被采纳，非法调取开房信息的这些工作人员还可能构成非法泄露公民个人信息罪。

无论是在刑事案件中还是在民事案件中，只有因为办案需要才可以调取公民的开房记录。因此，类似于案例中李女士的情况，在她未提起离婚诉讼前，无法通过任何正规合法渠道调取她老公的开房记录，只有提起诉讼后，方有调取的可能性。

在民事案件中有两种途径可以调取公民的开房记录。第一种，没有委托律师的当事人可以向法院申请法官调取诉讼当事人的开房记录。但是，法院案多人少是普遍现象，向法院申请调查取证势必会增加法院工作人员的工作量，可能存在需经过很长时间方能调取，进而延长审限的情况。第二种，已经委托律师的，则可由律师向法院申请调查令，律师持调查令去派出所调取对方的开房记录，相较于被动等待法院去调取更加主动些。毕竟打官司打的是证据，搜集证据需要积极主动地想办法，开房记录是能够证明对方出轨的重要证据，也是证明对方婚姻过错的关键依据。

但实践中，也有些法官会以严重涉及当事人隐私为由而不开具调查令，亦有一些公安机关担心泄露他人隐私而拒绝提供。笔者亦遇到过此种情况。首先，需要和法官积极沟通，和法官说明情况。比如当事人存在和异性开房的情况，由此涉及婚姻过错，进而会严重影响判决的公平公正，同时保证持调查令调取到的开房记录不会被用于其他场合。其次，需要有技巧的填写调取令申请事项，避免所调取到的内容侵犯到案外其他人的隐私，比如仅要求调取是否同异性有开房记录及开房次数，而不要求提供与当事人开房的异性是谁。

在司法实践中，很多律师尤其是非婚姻家事专业律师，并不知道开房记录还可以调取，更不知道去哪里调取。一缘于此类律师遇到的家事案件少而不知道开房记录竟可以调取；二缘于开房记录属于个人隐私，很多法官可能会拒绝律师调取；三缘于律师即使知道申请调查令，也可能不知道调查令如何写，该去什么部门调取。这些都需要丰富的实践经验。笔者曾亲办的一起离婚纠纷案件中，双方都向法院申请调查令要求调取对方的开房记录，但是开庭质证时，我方调取的开房记录完整显示了对方与异性的同住记录，而对方调取的开房记录仅是我方在婚姻关系存续期间所有开房记录的列表，并未包括与异性的同住信息。最初我们以为是去不同的派出所调取的，调查的格式不同，结果也不同。后来，查看了对方的《调查令申请书》才知道，是对方的申请事项出了问题，对方的申请就是调取我方婚姻关系存续期间的所有开房记录，派出所也只是依据调查令载明的事项去调取信息而已。理论上，开房记录应是全国联网，但是本市公安局可能只负责本市旅馆的记录，如果需要查询外省的开房记录，可能还需要到当地公安机关去调取，但开房记录的范围可写明中国境内的所有与异性同住的开房记录。所以，写调查令的调查事项也是个技术活，一定要清楚要的是什么，否则调来的材料不仅没有用，还有可能被对方使用，得不偿失。

二、仅登记一方的开房记录，能否作为出轨的定案依据

出轨关系一般是出现在两个人有一方是已婚的情况下。很多时候因为家庭出现一些矛盾，一方会选择与另一个人去酒店。社会实践中，有些人抖机灵，担心被查询到或被发现，只有一人去登记信息开房，很多酒店也会睁一只眼闭一只

眼。如果只在前台登记了一个人的信息，而实际入住的有两个人，警察抽查到有一方没有进行登记，会先进行分析，会要求进行实名登记，一般来说，警察不会过多为难。但酒店要承担相对应的责任并且罚款处理，毕竟有相关法规明确要求入住酒店之时必须进行实名登记。有些人据此就认为警察抽查到不会有严重后果，再加上酒店不会强制要求登记信息或故意利用酒店入住漏洞，只登记一人就查不到，不能判定出轨，事实确实如此吗？

笔者查询到一起案例，通过调查令调取到对方的开房记录，从开房记录上看，对方平均每个星期有两次开房记录（频率非常高），连续三个月，已经超出正常的范围。最终，法院推定对方存在外遇，属于过错行为，据此判定夫妻感情破裂，准予离婚，在财产分割方面倾斜，所以如有其他证据能够证明对方与异性关系暧昧，频繁交往，且有反常的开房记录，达到证据高度盖然性标准，也可以认定存在婚姻过错。

三、调取了开房记录，可能会达到什么样的效果

第一，作为感情破裂的重要证据，法院可能一次性判决离婚。

法院判决离婚的依据是感情破裂，出轨能否作为感情破裂的证据呢？笔者查询公开的裁判文书，大部分法院持肯定的观点，夫妻关系存续期间多次与婚外异性开房，严重违背夫妻忠诚义务，也与社会主义核心价值观相悖，而且原告据此提起离婚，应认为感情已经破裂，判决准予离婚。也有部分法院认为，偶尔的出轨并不必然导致感情破裂，《民法典》第 1079 条规定的必须判决离婚的情形不包括出轨，与出轨相关的是重婚、与婚外异性同居。出轨与异性偶尔的开房，与重婚、同居截然不同，不能据此认定感情破裂，但是婚外异性无疑严重损害了夫妻之间的互相信任，严重侵害了配偶的感情，对此法院也给予了否定性评价。

因此，在调取到对方的开房记录后，可能会争取到一次起诉即判决离婚的诉讼效果。

第二，在谈判离婚时占有主导权。

如果一方有外遇，存在出轨行为，无过错方可以利用出轨方不愿被别人知晓且对另一方尚有歉疚感的心理和出轨方谈判，以争取利益最大化，包括财产分割、子女抚养甚至是损害赔偿，均可在知晓对方出轨且掌握一定证据时与对方协

商。因此,有部分案件,在律师调取到对方的开房记录后,对方主动联系协商的。另外,还有相当一部分出轨者,尤其是有正式工作的人士(如公务员、事业单位工作人员等),为了和平解决,不愿被公开,自愿放弃大部分夫妻共同财产、子女抚养权,净身出户也不在少数。

第三,在不能协商的情况下,出轨方需承担婚姻过错的后果。如前文所述,包括少分财产、损害赔偿、影响子女抚养权等。

除以上三个方面外,获得过错方的开房记录,其实无法给予无过错方更多其他利益。笔者在日常接待当事人的过程中,经常有当事人特别关注能否调取对方开房记录的问题,当事人认为一旦调取到对方的开房记录似乎可以采取法律手段给对方教训。其实并非如此!

律师感悟

婚姻以夫妻双方的忠诚为基础和核心,无论是从传统的家庭伦理道德还是从法律的角度出发,忠诚义务不仅是对夫妻双方的约束,也是对婚姻的保障,更是全社会对家庭道德的底线要求。婚姻出现了问题,应直面问题解决矛盾,而不是逃避和等待,经过积极应对后,如果实属无法为继,应主动解除婚姻关系,而不是将感情诉诸其他异性。婚姻不仅受法律约束,还应受道德约束及内心的情感信仰。婚姻应被尊重,更应被景仰。

4. 出轨的人那么多,为何重婚的却没有几个?

案情简介

李女士和其老公结婚多年,但一年里在一起生活的时间却并不多,老公常年在外地做生意,她在家带孩子、照顾公婆。每年也就只有寒暑假时,她才会带着孩子在老公做生意工作的地方短暂地住个两三周。长期的分居,很多风言风语也传到她的耳朵里,她隐隐地觉得是该管,但她作为两个孩子的母亲,又该怎样管呢?实在是需要靠老公来养这个家,当时想着只要老公心里还有这个家，每月定期给打生活费，过一辈子又何妨。直到有一天，老公向她提出了离婚，她彻底慌了，拿孩子当挡箭牌一直拖着没有同意离婚。后来她四处打听，发现老公和当地的一个离异女人同居好几年了，这个女人的名字、居住的地方都打听到了。现在她想知道：可以去告老公重婚吗？能不能成功？婚后出轨的新闻经常看到，但却很少听到这些出轨的人涉嫌重婚罪被监禁，怎样的出轨才构成重婚？为什么看到出轨的人那么多，但因重婚罪被判刑的却少之又少？

律师解析

《刑法》第 258 条规定："有配偶而重婚的，或者明知他人有配偶而与之结婚的，处二年以下有期徒刑或者拘役"。这是重婚罪的法律规定，在刑法理论中，任何一种犯罪都有犯罪客体，而这个客体是抽象层面的权利或者社会关系。比如故意杀人罪，虽然被剥夺生命的是具体的个人，但抽象出来侵犯的是生命权。重婚罪的犯罪客体并不是配偶一方的感情或互相忠实的义务，而是合法的婚姻关系、一夫一妻制度。这也就能理解，为什么简单地出轨并不会构成《刑法》上的重婚罪。因为生活中，大部分的出轨都是偷偷摸摸地地下情，并不以夫妻名义公然同居，这些行为并没有公然侵犯一夫一妻制度。

那么什么情况下，才可能构成重婚罪呢？公然挑衅一夫一妻制度的时候，最常见的有两种情况。第一种情况，两次登记结婚。在之前我国婚姻登记没有全国联网的时候，可能会存在同一个人在不同的婚姻登记处登记结婚的情况。领两次结婚证的行为是公然违抗国家一夫一妻制度，挑战合法的婚姻关系，自然是构成重婚罪的。

第二种情况，没有去领结婚证，但是以夫妻名义共同居住生活，身边的人也都以为他们是夫妻，街坊邻居以为他们是夫妻，单位同事以为他们是夫妻，亲戚朋友也认为他们是夫妻，甚至还生育了共同的孩子，连出生证明上登记的父母都是这对出轨的男女。几乎认识他们的人都以为他们是夫妻，这样的人虽然没有领证，但是实际上已经违反我国的一夫一妻制度，违背了合法的婚姻关系，属于事实婚姻，也构成重婚罪。

一、重婚罪在司法实践中的困境

前述是理论上的分析，但是在司法实践中对于重婚的认定非常困难，困难主要体现在以下几个方面：

（一）困难一，认定标准严苛

重婚罪的前婚必须是一段合法的婚姻关系。重婚罪的前婚是已经办理过合法的结婚登记手续，且婚姻尚在存续期间。有一个例外，我国从 1994 年 2 月 1 日后才开始实施婚姻登记制度，所以 1994 年 2 月 1 日《婚姻登记管理条例》公布实施以前，男女双方已经符合结婚实质要件的，按事实婚姻处理，即使没有登记也受婚姻法律制度的保护。

而重婚罪的后婚可以是经过结婚登记的法律婚姻，也可以是以夫妻名义共同居住生活形成的事实婚姻。如果构成重婚，后婚的成立需要同时具备三个构成要件：一是以夫妻名义；二是公开同居生活；三是民众也认为其是夫妻。婚外情如果没有以夫妻名义同居，或者偶尔的开房行为，因其隐蔽性，不符合公开同居生活的特征而不构成重婚罪。

重婚罪的主观方面是故意，即明知他人有配偶而与之结婚，或者自己有配偶而故意与他人结婚。行为人误以为自己的配偶已经死亡而与他人结婚的，不构成重婚罪；无配偶的人受到他人的欺骗，误以为他人没有配偶而与之结婚，也不构成重婚罪。所以，重婚罪处罚的对象是有主观恶意的行为，主观故意属于心理意识形态的，只能通过行为推定，司法实践中也极难认定。

（二）困难二，刑事自诉

重婚罪可以自诉也可以公诉，按常规理解是赋予了受害人更大的自主权，但司法实务中，当事人自己举证搜集证据困难重重，有些证据比如视频、照片，涉及向其他第三方的调查取证，只有公权力才能调取到，向其他第三人取证的询问笔录，公安机关介入才更有证明力。从理论上讲，配偶报警后，只要有简单的证据能够证明犯罪事实，派出所就应当立案调查，打击犯罪行为毕竟是一件严肃的事情，但要符合国家有关刑事案件的立案条件并非易事。如此一来，配偶只能用自身的力量向法院提起刑事自诉。所以我们常见的重婚罪案件，多为刑事自诉案件。法院审查证据后，能够定罪量刑的就很少。

(三)困难三,举证

随着我国民政部门数据的全国联网,前后两次均是法定婚姻的重婚已经非常少见,实践中存在最多的是前法定婚姻+后事实婚姻。后面的婚姻是事实婚姻,举证起来难度很大,一方面在于出轨的双方大多明知自己的行为是婚姻法律制度所不允许的,另一方面婚姻家庭生活的特点就是隐蔽和不公开。故在司法实践中,是否构成重婚罪的关键在于后婚是否构成事实婚姻,而事实婚姻的认定关键在于是否属于"以夫妻名义公开同居生活"。

目前司法实务中对于事实重婚的判断标准有以下几点:

1. 双方是否以夫妻名义共同生活

"重婚"与"婚外同居"的最大区别就在于是否"以夫妻名义"共同生活。以夫妻名义共同生活,一种是行动公开,是指传统婚庆、宴请等,主动地通过举行仪式、宴请宾客等形式向亲朋好友表明双方的夫妻身份,期望得到社会和公众的认可。或者二人主动以夫妻的身份参加各种人际活动,如以夫妻的身份参加聚会、旅游、填报身份信息表格等活动,或者对外交流中以夫妻名义相称。在共同孕育的孩子的家长群中,标示某某爸爸、某某妈妈,在孩子学校登记信息中进行父母名字的填报。如以夫妻名义参加男方儿子的婚礼,婚礼现场充当父母角色,拍摄全家福,在结婚当天女方以妻子的身份对外招待宾客。

还有一种是言语公开。在微信或电话中均备注老公、老婆,微信或短信或电话中,用"老公""老婆"的亲昵称谓。

2. 双方有无长期、稳定共同生活的事实

与隐秘性的出轨不同,重婚必须是重婚者男女双方公开的、长期共同生活,既表现在持续、稳定的时间上,也表现在公开、固定的场所上。比较常见的证据有:长期共同参加各种活动的照片;长期共同出入同一住所的照片;亲友的证人证言等证据。

同居期限的长期性、稳定性是婚姻状态的重要表现,也是区别于通奸等短暂性行为的重要标准。当然同居生活的时间长短不是决定性因素,如果双方短暂同居后,已通过婚宴等仪式向社会公开双方夫妻关系,在争取社会的认证后仍继续同居生活,尽管双方只是短暂同居,但仍可能被认定双方以夫妻名义共同生活。

3. 双方有无共同生育并抚养子女

双方有无共同生育并抚养子女，在实务中并不能作为是否构成重婚罪的决定性因素，只能作为补强性因素。但是，往往生育有子女的这类型出轨，是最容易找到以夫妻名义共同生活的证据。比较常见的证据有子女的出生医学证明、子女上学的登记信息等证据。

在笔者团队代理的一起重婚控告案件中，刘某控告夏某、张某，夏某、张某系合作关系亦是上下级关系，平时基本以职务关系自居，从言语公开方面无法认定夫妻关系。但是夏某与张某结合并育有一子，两人极其隐秘，小孩一般交由保姆，两人平时正常上班接触，下班后夏某一般情况下深夜回到与张某租住的出租房；但在小孩的入院记录、出生证明、造血干细胞存储证明中父母信息登记栏中记录的却都是夏某和张某。从而最终认定了两人的重婚行为。

二、被认定重婚罪的法律后果

1. 被判处有期徒刑。有配偶而重婚的，或者明知他人有配偶而与之结婚的，处二年以下有期徒刑或者拘役。据笔者查询的上百份裁判文书，大多被判处一年左右的有期徒刑。除承担刑事责任外，还要承担民事责任。

2. 根据《民法典》第 1051 条之规定，后婚姻无效。后婚姻不适用婚姻法律制度的共同财产制等婚姻法律制度，不知对方有配偶而与之结婚的，虽然不是重婚罪的犯罪主体，但是从婚姻家庭的角度讲，无论无配偶的一方是善意还是恶意，都破坏了一夫一妻的婚姻制度，对其婚姻无效的认定并没有任何影响。

3. 根据《民法典》第 1079 条规定，重婚是判决离婚的法定事由，受害人可据此提出离婚，法院应当判决离婚。

4. 可以要求损害赔偿。确认一方重婚而导致离婚时，无过错方可以据此向重婚罪的被告/犯罪嫌疑人要求损害赔偿。笔者在查看裁判文书网时，曾看到一例裁判文书网披露的信息，因已向受害人赔偿 50 万元，取得受害人的谅解的表述。可见，在双方谈判的情况下，数额可能会非常高。

5. 离婚谈判。司法实务中，很多人搜集证据的目的是以打促谈，逼迫涉嫌重婚罪一方放弃财产，放弃子女抚养权，甚至达到净身出户的目的。所以，实务中重婚罪的案例不是太多。但是，当事人自行搜集重婚罪的证据实在不易，经济和时间成本巨大，而且一不小心还可能违法，成本与收益之间是否成正比也是需要评估的。

律师感悟

出轨和婚外情也是分层次的。轻一点的是偷偷摸摸在外偶尔地开房或发生性关系，再严重一点的是不以夫妻名义与他人同居，最严重的是法律意义上的重婚。在前一段婚姻合法有效尚未解除的情况下，公然践踏我国婚姻法的一夫一妻制度，与他人领取结婚证，或者公然以夫妻名义同居生活在一起，已然触犯了我国的《刑法》，构成犯罪。

笔者认为，不管是哪个层次的出轨，虽然程度不同，但对配偶的心理伤害都是一样的。在合法婚姻关系存续期间，定要严于律己，时刻提醒自己，并以身边案例作为警醒和参考，预判自己是否有承受此类后果的勇气和能力。若心中有爱、家中有温暖，切不可轻易破坏这来之不易的美好。若放荡不羁亦不可祸害他人，潇洒单身亦可无拘无束，不受法律评价。所有出轨行为都为《民法典》婚姻家庭编所禁止，均违反我国婚姻法中的忠诚义务，我们都必然要为自己的行为买单，受到惩罚付出代价，常在河边走哪有不湿鞋。

5. 对方出轨，之前签的忠诚协议有用吗？

案情简介

钟女士已经结婚十年了，十年婚姻有甜蜜，但更多的是痛苦和煎熬。缘于一次钟女士发现她老公婚内出轨，那是三年前，大宝三岁，小宝还在肚子里。都是手机惹的祸，那天他出差回来就去洗澡了，有一个叫“前尘往事”的人，给他发了条内容为“这几天我很幸福，我会忘了你”的微信，钟女士当时就懵了。但仍然强装镇定，从那以后就开始不信任其老公，但钟女士认为不能离婚啊，毕竟大宝还小，另一个宝宝还在肚子里，于是她便一直等待时机。

直到又一次其老公晚归，钟女士直接和他摊牌。没想到他的态度非常好，说只是玩玩而已，从没想过要离婚，可以写保证书，写什么都行，只要这个家不散。他们当时确实写了一份协议，是在网上搜索的，又根据自己的理解，增加了一些符合他们情况的内容。主要内容为男方不能有以下行为：与婚外异性保持非正常的男女关系；无正当理由在外留宿……如果有上述行为，男方自愿放弃所有财产，将财产留给女方和孩子，同时赔偿给女方 100 万元。刚签完协议后，他还是遵守承诺，每天早早回家，对女方和孩子也很好。但也就好了半年时间便又故技重施，再次隐瞒欺骗。

钟女士现在已经麻木了，早就和老公分房睡，她想问的是：如果婚姻无法继续，那么她们之前所写的协议有效吗？她能否以该协议为依据，要求对方净身出户？

律师解析

当下社会，出轨者常有是不争的事实，有人选择不计前嫌地原谅，毕竟婚姻不易，且行且珍惜。但在原谅的同时，很多权利意识较强的当事人，也在谋划着怎样让对方在错误中付出代价，犯了错不仅仅是一句道歉就能抹得平的，应该要受到应有的惩罚，至少要有个承诺。于是乎各种类型的忠诚协议应运而生。表现类型五花八门，有叫保证书的，也有叫悔过书的，还有叫忏悔书的……只要内容涉及保证忠诚，如出轨放弃财产、给对方补偿或赔偿的，统称为忠诚协议。还有一些当事人，有事前防范的意识，于是在结婚时，便与对方签下了忠诚协议。

一、什么是忠诚协议

《民法典》第 1043 条规定："夫妻应当互相忠实。"但法律法规层面对于忠诚协议并无规定。

关于什么是忠诚协议，江苏省高级人民法院 2019 年 7 月 18 日印发的《家事纠纷案件审理指南（婚姻家庭部分）》第 24 条对"什么是忠诚协议"作过明确阐述："夫妻忠诚协议是夫妻双方在结婚之前或者结婚之后，为保证双方在婚姻关系存续期间不违反夫妻忠诚义务而以书面形式约定违约金或赔偿金责任的协议”。笔者认为，此条规定可以在认定何为忠诚协议时参考借鉴。

实践中，当事人签署的忠诚协议大致会有以下情形：

1. 直接以《忠诚协议》作为抬头，内容约定哪些情形算作出轨以及出轨一方将承担的后果，比如净身出户、无条件同意离婚、放弃子女的抚养权、赔偿对方一定金额的款项等。

2. 在夫妻间的其他协议中约定忠诚相关内容，比较常见的是在《夫妻财产约定》中约定一方出轨将存在什么样的惩罚。

3. 在一方出轨后，给另一方写下保证书，其中也有未来忠诚，再次出轨有什么后果的内容。

4. 在一方出轨后，由出轨方以欠条形式确认出轨行为，并写明自愿支付另一方一定金额的损害赔偿及精神抚慰款项。

实践中，当然不止上述四种情况，总而言之，只要涉及夫妻间忠实义务的约定内容或单方保证，均可纳入忠诚协议的范畴。

二、忠诚协议在离婚时起到的作用

(一)作为协议离婚时的谈判依据，进而由双方自愿履行

大部分具备完全民事行为能力的人，在签署相关文件或作出单方承诺时，均会对后果有一定的预见能力，故而在真的需要依照自己所签的文书履行义务时，多少已经有一定的心理准备。因此，先不论忠诚协议在法律上的效力如何，仅针对夫妻双方而言，在签署了该协议的基础之上，如一方违背了协议的约定做出不忠于婚姻的事实，在二人协议离婚时，有双方均自愿履行协议内容的可能性。而一旦相关内容固定在生效的离婚协议书中，则对双方均有约束力，除非法定事由，如证明存在胁迫、欺诈等，否则不得随意变更。

(二)诉讼离婚时，忠诚协议能否作为定案依据尚有争议

关于忠诚协议能否作为婚姻家庭案件的定案依据，在理论界及各地法院，存在两种不同的观点，尚无统一定论。

1. 第一种观点：认为忠诚协议一旦签订，除存在胁迫等无效情形的，法院应当认可其效力，并作为定案依据。

对这一观点持赞同意见的有深圳市中级人民法院，该院于 2014 年 5 月 21

日发布了《关于婚姻家庭纠纷案件的裁判指引》，其中第 37 条规定：“一方当事人以另一方当事人违反忠诚协议导致离婚为由请求另一方当事人在离婚时履行其在忠诚协议中所作损害赔偿承诺的，人民法院应予支持，但该忠诚协议约定的损害赔偿数额过高时，人民法院可以适当调整。”

持这一观点的法院或学者普遍认为，忠诚协议虽调整的是夫妻间互相忠实的人身权利，虽更多的是属情感道德范畴，但其本质上仍属于当事人之间的合同，是一种民事法律行为，也是当事人通过协议的方式对夫妻间的忠实义务进一步明确的表现。因此，在判断忠诚协议是否有效，能否作为定案依据时，应当按照合同成立的要素予以分析：其一，双方是否均具备完全民事行为能力；其二，是否为双方真实意思表示；其三，协议内容是否违反法律规定或社会公共利益。如并不存在任一瑕疵，则应当确认其有效。

当然，除具备上述合同要素外，一般还要求忠诚协议的内容具体明确，具备可操作性及可执行性，否则难以作为裁判依据。比如在重庆市江津区人民法院审理的(2019)渝 0116 民初 13421 号离婚后财产纠纷案中，被告杨某于 2019 年 5 月 12 日出具保证书一份，载明：“我保证忠诚于婚姻和家庭，如果有发生不忠诚于婚姻的事情，后果净身出户。”后原告杨某发现被告在婚姻期间出轨致使她人怀孕并支付堕胎费用。原告认为，被告的行为属于不忠诚于婚姻和家庭，依据保证书载明的情形，被告不应分得夫妻共同财产。后法院以“被告出具的保证书从内容看仅为原则性表述，无翔实的行为界定和财产情况，不能以此作为离婚后双方分割夫妻共同财产的依据”而未采信原告的诉讼主张。

反观由广东省中山市中级人民法院审理的(2016)粤 20 民再 15 号离婚纠纷案中，夫妻双方签订协议一份，约定：“陈某某和杨某某双方共同协议如下：从今天起如果任何一方在外面有婚外情行为而引起双方离婚，那么家庭所有财产归另一方所有(包括房、车、现金、银行存款和流动资金)，子女也由另一方抚养。此协议一式两份，双方各执一份。”抛开此协议对于子女抚养权的约定不谈，虽然内容也极其简单，但其中体现了以下信息：其一，行为为婚外情行为；其二，条件成就为引起双方离婚；其三，后果为家庭所有财产归另一方所有，且列明了财产形式。最终法院在查明陈某某有一婚外女朋友的情况下，该协议被人民法院以“杨某某与陈某某均具备完全民事行为能力，签订夫妻忠诚协议为双方真实意思表示，不存在欺诈、胁迫等情形，且夫妻忠诚协议不违反法律强制性规定，也不违反社会公序良俗,并且约定的责任承担方式具有可操作性”为由,认定为有效,最终判决夫妻共同财产全部归杨某某所有。

另外,在双方约定的赔偿款项较高时,人民法院会根据双方的具体情况以及当地经济发展状况予以调整。比如在湖南省邵东市人民法院审理的(2021)湘0521民初3143号离婚后损害责任纠纷案中,原、被告婚姻关系存续期间,被告向原告出具一份保证书,保证书载明:“本人如出轨造成婚姻破裂,我愿意净身出户,并赔偿冯某壹佰万元整”。后二人于2018年12月解除婚姻关系。2019年4月7日,被告再次向原告出具一份欠条,载明“本人于2019年4月7日欠前妻××壹佰万元整,承诺2022年4月6日欠偿还清全部欠款,如到期未还清本息,××为实现债权的费用包括不限于律师费、诉讼法、差旅费、误工费等均由本人承担,欠款人××,2019年4月7日”。后被告未按期支付原告100万元,原告诉至法院。法院审理后认为,被告向原告出具的欠条属于夫妻忠诚协议的范畴,系双方对忠实义务的量化,没有违反法律的禁止性规定。但最终法院根据双方离婚时将仅有一套住房分割给原告,被告基本净身出户,且被告无长期稳定的工作及收入,结合双方约定及当地经济水平、被告的承受能力等酌情确定精神损害赔偿数额为20万元。

因此,第一种观点认为忠诚协议在约定明确具体,且不违反法律法规的强制性规定时,能作为定案依据。但对于赔偿金额约定较高的,人民法院可以予以调整。

2.第二种观点:忠诚协议不同于一般合同,夫妻是否忠诚属情感道德范畴,应由当事人自觉履行,法律不赋予其强制执行力。

目前大部分法院持此种观点。比如江苏省高级人民法院在2019年7月18日印发的《家事纠纷案件审理指南(婚姻家庭部分)》第24条规定:“夫妻双方签订忠诚协议约定如果一方违反忠诚义务将赔偿另一方违约金或精神损害抚慰金,夫妻一方要求确认忠诚协议的效力或以夫妻另一方违反忠诚协议为由主张承担责任的,应如何处理?夫妻忠诚协议是夫妻双方在结婚之前或者结婚之后,为保证双方在婚姻关系存续期间不违反夫妻忠诚义务而以书面形式约定违约金或赔偿金责任的协议。夫妻是否忠诚属于情感道德领域的范畴,夫妻之间签订的忠诚协议应由当事人本着诚实信用原则自觉履行,夫妻一方要求确认忠诚协议的效力或以夫妻另一方违反忠诚协议为由主张承担责任的,不予受理;已经受理的,裁定驳回起诉。”

持这一观点的法院或学者普遍认为:其一,忠诚与否,本就属于情感道德范畴,法律不宜过多调整。虽然我国《民法典》第 1043 条规定了“夫妻应当互相忠实”,但该条款也仅为道德义务上升至法律的体现,仅为倡导性规范,法律对于情感问题无法强制任何人作出任何选择,全凭自愿。这才符合我国婚姻自由的立法背景,与法律不保护婚约相一致。其二,确认忠诚协议的效力,将加大年轻人的婚姻成本。这里的成本并非指财物成本,而是指情感成本。即一旦明确了忠诚协议的效力,将导致年轻人在考虑结婚时更倾向于签署忠诚协议,在二人缔结婚姻之初即为纯洁的感情添上负累,不利于婚姻家庭的和谐及经营。其三,确认忠诚协议的效力,可能会迫使一方为实现诉讼目的而采取一些不恰当的以突破法律规定为代价的方式进行调查取证,不利于社会和谐。在签署了忠诚协议的情况下,要想实现协议中约定的后果,则一方需举证证明另一方有不忠于婚姻的事实,鉴于不忠于婚姻行为的隐秘性,几乎不可能轻易完成举证,故而可能会在夫妻间上演全力以赴捉奸、窃听、跟踪的戏码。因此,若使忠诚协议具有强制执行力,则可能沦为一方摧毁另一方的工具。综合考虑以上三点,不宜赋予忠诚协议强制执行力。但法律并不防碍当事人自愿履行,对于依据协议履行后又反悔的,人民法院亦不予支持。

持此种观点的人民法院一般在审理涉忠诚协议的婚姻家庭案件时,会以“该协议所约定的义务应属自然债务,除当事人自愿履行外,不具备法律强制力”为由,对忠诚协议的效力持否定态度。比如在上海浦东新区人民法院审理的(2021)沪 0115 民初 90376 号离婚后财产纠纷案中,被告在婚内给原告出具一份书面材料,载明“本人吴某 1,由于婚内出轨,导致家庭破裂,造成无法弥补的过错! 如再有婚内出轨事件,本人交出房门钥匙离开家庭自生自灭! 净身出户!”后法院认为该材料系夫妻间的忠诚协议,主要是一种道德约束,由当事人本着诚信原则自愿履行,法律不赋予此类协议强制执行力。但被告在书面材料中确认婚内出轨事实,对婚姻不忠诚,具有过错,在分配夫妻共同财产时应考虑保护无过错方权益。

因此,第二种观点认为忠诚协议夹杂了感情因素、人身关系因素等,不同于普通合同,不应按照合同法律关系对于效力予以认定,应由当事人本着诚信原则自觉履行,但可以作为证明婚姻过错的证据予以采信。

综上,忠诚协议的效力这个问题涉及社会、伦理、法律等多个层面,每一种观点都有一定的道理。即使忠诚协议的效力是不确定的,但写了忠诚协议可能会起到证据作用,证明签忠诚协议时,一方存在出轨等对婚姻不忠的行为。只要证明存在出轨行为,法院也会依据案件本身的情况,结合婚姻家庭法的基本原则,比如照顾女方和无过错方的权益,在财产分割方面进行适当倾斜。

三、如何在发现一方出轨时保障自己的合法权益

那么,怎样才能让他受到出轨应有的惩罚,更大限度地保障自己的权益呢?

首先,第一时间咨询律师,并保存好现有证据。

其次,可以与对方协商签署类似于忠诚协议的保证书。保证的内容中可以详细写明该保证的前因后果,现有财产如何处理,未来如果再发生违反忠诚义务的行为怎样惩罚,包括哪些行为将系违反忠诚义务的行为,等等,越详细越好,同时约定一定的违约金或赔偿金。即使将来协议不被作为定案依据,但也可作为证据,约定的违约金亦有一定的参考价值。

最后,签署夫妻财产协议,直接将财产过户至某一方名下,约定为某一方的个人财产。当然,此类协议的履行需要多轮的谈判和协商,主要是需要利用出轨方歉疚的心理趁热打铁,一般出轨方在被发现出轨行为后会做出心理挣扎,而如果对方并不愿意离婚,那么签署夫妻财产约定就不失为一种好的方式,既让无过错方在心理及财产上有所保障,也让出轨方以付出财产的方式维持婚姻的稳定。

律师感悟

法律是最低的道德底线,尽管从法律角度来看,不忠于婚姻的行为似乎得到的惩罚并不大,但我们依旧应该坚持内心的良知,而不是出轨、违反公序良俗、挑衅我国的一夫一妻制度、公然挑战国民的婚姻价值观与他人以婚外情的方式相处。

所以,婚姻贵在选择了对的人,并相伴一生。但很多时候我们又会觉得这个社会诱惑太多,导致人浮躁易变。当面临背叛和欺骗时,又希望对方能付出应有的代价,毕竟曾经的海誓山盟被摧毁时,心理防线的崩塌金钱远不足以弥补,但

总比人财两空要好得多。

婚姻自由不仅包括结婚自由,还包括离婚自由。婚姻的基础是感情,如果感情不在了,双方已经没有感情基础,一方可以主张离婚来解除婚姻关系。离婚后,再去追求自己的幸福。

6. 得知孩子不是亲生的,可以要回抚养费吗?

案情简介

张先生与王女士于 2016 年 2 月登记结婚,于 2017 年 7 月生育一女,取名张小明。后因感情不和,女方于 2021 年 8 月向法院起诉离婚,双方在法院主持下达成调解离婚:(1)双方自愿离婚;(2)女儿张小明由女方抚养,张先生自 2021 年 10 月起,每月 30 日前支付给王女士子女抚养费 1500 元,直至女儿张小明年满 18 周岁为止。民事调解书生效以后,张先生拒不支付抚养费,王女士于 2022 年 5 月向法院申请执行。

张先生于 2022 年 4 月委托 A 生物技术服务有限公司进行 DNA 亲子鉴定,鉴定结果排除张先生与张小明的亲子关系。后又于 2022 年 6 月委托 B 司法鉴定所进行 DNA 亲子鉴定,鉴定意见为不支持张先生是张小明的生物学父亲。张先生咨询,他现在准备起诉王女士,要求返还婚姻关系存续期间 4 年及离婚后支付的抚养费,法院会支持他的诉请吗?

律师解析

妻子因"婚外情"等出轨行为与他人生育子女后故意隐瞒,丈夫误将该子女视为亲生子女抚养这类情形,通常被称为欺诈性抚养。虽然由于社会观念、身体、心理的各种原因,出轨一方以男性居多,但现实生活中,也有越来越多的女性出轨。女性出轨并怀孕,由于出轨的隐蔽性,男方大概率并不知道,除非发现孩子非亲生。若发现孩子非亲生,可以向女方主张哪些权利呢?

一、如何证明孩子非亲生

现实中，首先需要解决的是怎么证明孩子非亲生，最直接的证据当然是亲子鉴定报告。综观司法案例，发现孩子非亲生，过程大多具有偶然性，血型对不上、发觉长得一点也不像，或者发现特别像某人……总之，发现的过程具有偶然性。

实务中，血型也是认定孩子非亲生的方法，根据医学常识，我们知道根据父母双方的血型可以推断孩子血型的可能性，以及不可能是哪种血型，比如两个O型血的父母不可能生出A型、B型、AB型的孩子，O型和B型的父母不可能生出A型和AB型的孩子。如果孩子血型与父母对不上，而女方又没有相反的证据，可以认定欺诈性抚养。还有些虽然没有司法鉴定意见书，但是在诉讼中女方自认孩子不是父亲的，因承认了对己方不利的事实，也会被法院采纳。

另外，通过人民法院依法委托而形成的司法鉴定意见结论是最简单直接证明非亲生的证据，但如果孩子在对方处抚养，拒绝配合进行亲子鉴定呢？这就涉及推定在亲子关系认定中的适用。在涉及亲子关系确认或否认的诉讼中，法律并不能强制任一方进行亲子鉴定，但在一方无正当理由拒绝配合亲子鉴定的情况下，人民法院可以根据当事人提供的证据进行亲子关系的推定。即《最高人民法院关于适用〈中华人民共和国民法典〉婚姻家庭编的解释（一）》第39条之规定："父或者母向人民法院起诉请求否认亲子关系，并已提供必要证据予以证明，另一方没有相反证据又拒绝做亲子鉴定的，人民法院可以认定否认亲子关系一方的主张成立。父或者母以及成年子女起诉请求确认亲子关系，并提供必要证据予以证明，另一方没有相反证据又拒绝做亲子鉴定的，人民法院可以认定确认亲子关系一方的主张成立。"此规定，让裁判者在双方当事人意见不一致又无法进行技术鉴定时，有了裁断的依据。而能否推定是否存在亲子关系，主要在于当事人一方的举证是否达到让人民法院确信的程度。

什么样的证据能够达到适用推定的标准呢？法律上并无规定，在司法实践中，主要还是依照审判法官的自由心证。实践中，一般以一方否认或承认亲子关系的录音录像及单方委托形成的鉴定意见居多。单方委托形成的亲子鉴定报告，在能够出具原始载体，且鉴定报告中能真实反映诉讼相关当事人身份情况的，一般能作为认定亲子关系的依据。在河北省保定市中级人民法院审理的

(2021)冀 06 民终 5210 号案中,一审原告起诉儿子,要求确认二人之间无亲子关系,并向人民法院提交了亲子鉴定报告一份。但一审法院以“DNA 检测意见书系原告单方委托形成,且鉴定机构明确提出检测意见仅供个人参考,不适用于司法程序,该检测意见书不能达到必要证据的标准”为由,对该鉴定报告不予采纳,并结合儿子系在一审原告与妻子婚姻关系存续期间所出生,结合法律规定,从保护妇女、儿童权益的角度出发,未确认无亲子关系。后原告提起上诉,并向二审法院提交亲子鉴定申请。对上诉人提交的鉴定申请,法院当庭征求被上诉人意见,被上诉人母亲作为法定代理人不同意鉴定,经当庭释明相关法律规定,被上诉人母亲仍不同意鉴定。为了查明案件事实,二审法院决定对原、被告之间是否存在生物学亲子关系进行鉴定,通过网络摇号随机确定了鉴定机构,并通知了双方当事人,被上诉人及其母亲到期未到场做鉴定,鉴定机构遂终止委托。后二审法院改判支持了一审原告要求否认亲子关系的诉讼请求,其理由为“上诉人对其否认亲子关系的诉讼请求已经提供了必要的证据予以证明,被上诉人所提供的证据不足以反驳上诉人的主张,经本院释明并依法委托鉴定机构,被上诉人及其法定代理人仍拒绝做亲子鉴定,依照司法解释之规定,本院认定上诉人否认亲子关系的主张成立。”由此可见,如案例中的张先生,其单方委托所做亲子鉴定,在另一方无正当理由不配合进行鉴定的情况下,可以作为参考证据成为法院推定亲子关系的依据。

但是,每个案件的案情千差万别,如果领取结婚证之前女方就已经怀孕,那么确认非亲生只是第一步,实务中还需要证明自己是在被误导不知情的情况下,自愿抚养孩子,付出了金钱、错付了感情。需要举证证明是被欺骗而违背自己真实意思的情况下抚养非亲生孩子,出生证明中载明父亲的信息、户口簿载明子女的状况等可以证明。

二、能否要回抚养费及能要回的数额

(一)能否要回抚养费

那么,完成了以上举证证明存在欺诈性抚养的事实,可以向女方主张要回抚养费吗?

1992 年最高人民法院曾就类似问题有一复函,即《最高人民法院关于夫妻关系存续期间男方受欺骗抚养非亲生子女离婚后可否向女方追索抚养费的复函》(〔1991〕民他字第63号),该复函现行有效,其中规定:“在夫妻关系存续期间,一方与他人通奸生育子女,隐瞒真情,另一方受欺骗而抚养了非亲生子女,其中离婚后给付的抚养费,受欺骗方要求返还的,可酌情返还;至于在夫妻关系存续期间受欺骗方支出的抚育费用应否返还,因涉及的问题比较复杂,尚需进一步研究,就具体案件而言,因双方在离婚时,其共同财产已由男方一人分得,故可不予返还。以上意见供参考。”

该复函明确了离婚后给付的抚养费,受欺骗方可以要求返还;但是,对于夫妻关系存续期间支出的抚育费用是否应当返还,没有明确。

如对男方的该主张不予支持,实际上鼓励了现实生活中类似的违法行为,于法相悖,于理不符,故法院大多支持要求返还抚养费的诉讼请求。但是对于否认亲子关系后抚养费请求权的基础,我国法律没有明确规定,理论上有不同的观点:(1)合同无效说。此种观点认为,女方在婚姻关系存续期间故意隐瞒小孩是与他人不正当关系所生的事实,致使男方误将小孩当成是自己的亲生子女,男方在不明真相的情况下对小孩进行了抚养,但其既非小孩的生父,也非养父、继父,无法定抚养义务。同时,按照法律有关规定,男方在受欺骗、违背自己真实意思的情况下所做的民事行为应属无效,女方应返还抚养费。(2)侵权责任说。此种观点认为依据侵权责任法理论来处理欺诈性抚养较为合理,就欺诈性抚养来说,其不仅损害了无抚养义务方的人格权,尤其是名誉权,也实际造成了无抚养义务人的经济利益受损。再加之其符合侵权责任的构成要件,即行为人有过错、有损害结果发生、两者之间存在因果关系,侵害民事权益,应当承担侵权责任。同时也为无抚养义务人主张精神损害赔偿提供了法理支持。(3)不当得利说。即无抚养义务之人支付了抚养费,对于生母而言属于不当得利,应当返还。(4)无因管理说。即无法定义务而对非婚生子女予以抚养,构成无因管理。

最高人民法院民事审判第一庭编著的《最高人民法院民法典婚姻家庭编司法解释(一)理解与适用》(人民法院出版社,2021年版)一书中,载明了最高人民法院的倾向意见,在该书第376页表述如下:“对于此问题,我们倾向于认为,因受欺诈人原并无抚养义务,其已经支付的抚养费对子女的生父母而言构成不当得利,故其可以行使不当得利请求权,请求返还已经支付的抚养费用。”

因此,对于欺诈性抚养,男方可以要回离婚后支付的抚养费;同时,对于离婚之前的抚养费,男方亦有要回的权利,但是需结合二人离婚时财产分割等具体情形而定。

(二)返还抚养费的数额如何确定

首先,男方应当对抚养费给付情况承担举证责任。确实无法举证证明的,可以根据子女的实际需要、婚姻关系存续期间双方的经济收入、离婚时共同财产分割情况、当地的实际生活水平等酌情判定。有部分判决直接以当地城镇或农村居民人均消费性支出为标准,计算应返还的抚养费。比如在湖北省黄冈市黄州区人民法院审理的(2022)鄂1102民初2277号案中,男女双方于2011年1月19日登记结婚,于2016年9月10日生育一子,二人因男方婚后一直从事海运船员工作,双方聚少离多,感情破裂,于2017年8月15日协议离婚。离婚后,男方经过DNA基因鉴定,得出结论为"排除亲子关系"。男方诉至法院要求返还抚养费。后法院按2017年湖北省城镇居民人均消费性支出为21,276元作为计算基数,支持自2016年9月10日孩子出生时至2017年8月15日男女二人离婚时止的抚养费。

同时,如果离婚时女方因内疚自愿放弃数额相对较多的夫妻共同财产,男方的财产权益因此没有受到较大侵害的,可能不宜支持男方在离婚后另行向女方主张抚养费返还,或仅能支持部分。如在湖南省隆回县人民法院审理的(2022)湘0524民初455号离婚后损害责任纠纷案中,被告在婚姻关系存续期间生育两个女儿,后原告带着两个女儿进行亲子鉴定,发现均非原告亲生,后原、被告协议离婚,约定价值40万~50万元的房屋归原告,一辆价值1万~2万元的旧车归被告,两个女儿由被告抚养,原告不支付抚养费。后原告提起此次诉讼,要求被告返还多年的抚养费21万余元,并支付精神损害赔偿款。法院审理后认为,原、被告离婚时,原告分得绝大部分财产,应视为被告已对原告进行了一定的经济补偿。同时被告还要抚养两个小孩,经济困难。故原告的诉讼请求只能酌情予以部分支持。最后判决由被告返还原告2万元。

律师感悟

欺诈性抚养对男方极度不公平,一方面是被有意隐瞒生下了和自己没有血缘关系的孩子,另一方面是男方在毫不知情的情况下,对孩子付出了毫无保留的爱、无尽的精力和金钱。以至于在后来发现时，很多人坦言如晴天霹雳，所以正是基于公平合理的角度，法院赋予男方追索抚养费和要求损害赔偿的权利，由存在过错的女方埋单。

但是，如果原告仅是怀疑自己与子女不存在亲子关系，但没有提供必要的证据，被告又明确拒绝做亲子鉴定的，法院极有可能不支持其诉讼请求。因为亲缘关系的认定与否，直接关系到家庭道德、伦理关系和个人隐私问题。因亲子关系的认定与否，涉及个人的道德品质问题，以推定的方式认定亲子关系的存在或者不存在，其结果必然影响到个人的社会评价，甚至产生直接不利影响。因此，在司法实践中，对于“推定”的适用应当慎之又慎。

另外，孩子是无辜的，孩子已经被父母带到了社会上，就应该接受社会赋予他的权利，儿童利益最大化原则也是婚姻家事案件中的审判原则。不管怎样，我们在同情男方的同时，也应该对孩子少一分歧视，多一分接受。

7. 配偶可以起诉破坏家庭的第三者吗？

案情简介

王先生于2017年和妻子结婚，2021年10月的一天早上，王先生出差回到家中，发现家中的主卧室内，妻子与婚外异性正在床上睡觉。王先生极其气愤之下挥拳将该婚外异性打成轻伤，后因为此事件险些被追究刑事责任。为获取该婚外异性的刑事谅解，王先生因此赔偿了30万元人民币。王先生越想越气愤，明明是妻子出轨该异性，遭受损失的却是自己，王先生咨询：我可以起诉这个第三者吗？就法律角度而言，可以追究这个第三者的什么责任呢？

律师解析

笔者在接待咨询及办理婚姻类案件时，接触到很多有出轨情节的夫妻，如案例中的王先生，不仅遭遇配偶出轨，还因与第三者产生冲突而赔偿了30万元，心灵受伤的同时,还有财产损失。离婚是不可避免了,但也不甘心就此放过第三者。于是很多当事人都有着同王先生一样的疑问,法律上对于这样的第三者到底有没有惩罚的方式?自己能不能告第三者破坏家庭,进而要求第三者对自己进行赔偿?

我国法律体系上,将一个人有可能面临及承担的责任分为三类。

第一类是民事责任,即平等主体之间因违反民事法律法规或合同的约定而需承担的责任,此种责任的承担方式主要有停止侵害、返还财产、赔偿损失、恢复原状、支付违约金、赔礼道歉等。

第二类是行政责任,即当事人因违反行政法律法规的规定而需承担的责任,比如在出轨行为中涉及嫖娼卖淫的,如果被公安机关发现,则会依据《治安管理处罚法》对当事人进行拘留、罚款等处罚,这就属于行政责任。但如果并不存在嫖娼卖淫,而是配偶一方与婚外异性自愿发生性行为,并不会产生行政责任。

第三类是刑事责任,即当事人因为违法犯罪而需承担刑事处罚的情形,一般老百姓熟知的判刑,就是刑事责任中的一种。这种情况一般是相对比较严重的行为所导致的。目前,在我国法律制度之下,在婚姻家事领域,一般的故意或非故意破坏他人家庭的行为并不构成犯罪,如《出轨的人那么多,为何重婚的却没有几个?》一文中分析的,只有达到一定条件时,方能构成重婚罪。同时,我国法律对于军婚有关特殊的保护,因此在刑法中设置了"破坏军婚罪",即《刑法》第 259 条第 1 款规定:"明知是现役军人的配偶而与之同居或者结婚的行为。"因此,我国目前法律上,与婚姻及第三者有关的罪名,只有这两个,且必须严格满足条件,方可定罪量刑。

在民事责任之下,配偶能否起诉第三者的问题,即第三者在法律上需承担什么样的民事责任,笔者分析如下。

一、破坏别人家庭的第三者,违反哪些民事法律规定

《民法典》出台前,《婚姻法》规定"夫妻双方要互相忠实"。新实施的《民法典》第 1043 条再次强调"夫妻应当互相忠实,互相尊重,互相关爱"。但是,这条规定的主体是夫妻双方,但对于破坏别人家庭的第三者是否适用,没有明确的说法。而且即使是夫妻双方,法律对这种行为依然没有明确的惩罚措施,只是用法

律来予以约束。《民法典》婚姻家庭编所禁止行为的规定中,仅规定禁止重婚,禁止有配偶与他人同居,未对婚外情人(第三者)作出任何实质性处理规定。

第三者破坏干扰别人婚姻关系的行为,违反的是哪条法律呢?相对应的法律规定是《民法典》第8条:“民事主体从事民事活动,不得违反法律,不得违背公序良俗。”放到夫妻关系或恋爱关系中,我们提倡恋爱自由、婚姻自由,但并不代表允许恋爱中出现“脚踏两条船”的行为出现,也不代表允许婚姻中出现有配偶者与其他异性保持不正当男女关系,这就是公序良俗。公序指的是公共秩序,良俗指的是善良风俗,公序良俗要求民事主体的行为要遵守公共秩序、符合善良风俗,不得违反国家的公共秩序和社会公众的一般认知。对于违反公序良俗的法律行为,法律上一般认定为无效。

二、第三者需要承担哪些民事责任

如前所述,民事责任即为违反民事法律法规或合同约定产生的需承担的责任,具体到婚姻领域,相较于配偶而言,第三者有可能需要承担的主要是侵权责任。即第三者干扰破坏婚姻关系的行为,如果导致配偶一方产生了物质损失或精神伤害,配偶作为受害人享有损害赔偿请求权。具体而言,第三者有可能需承担以下民事责任:

(一)返还财产

如《发现配偶转了钱给第三者,可以要回来吗?》一文所述,如果无过错方发现对方不仅有出轨行为,还时不时给第三者转钱、赠送大额礼物,则出轨方侵犯了配偶的共同财产权,无过错方享有财产返还请求权。

(二)损害赔偿

当第三者的行为给配偶造成人身或财产上的损害时,需承担损害赔偿责任。这是一种典型的侵权责任。

1. 人身损害。

人身损害是受害人一方的生命权、健康权、身体权遭受损害产生的不利后果。如配偶与第三者发生正面冲突,引起争执或者斗殴导致无过错方配偶遭受人身伤害的,又或者因第三者肆无忌惮、毫无底线地对配偶挑衅或侮辱,最终导致配偶不堪长期忍受无休止的精神折磨而自伤、自残,甚至自杀所带来的后果。

2. 财产损害。

财产损害侵害的是配偶方的财产权利，这里主要指的是第三者的一些行为导致配偶的财产受损害的情形，比如笔者曾办理一起配偶与第三者产生冲突的案件，该第三者可谓是明目张胆、极度挑衅，甚至还闯到当事人家中，将当事人家中一扇玻璃门砸破，配偶报警后，在警察的协调下，第三者最终赔偿配偶 2000 元。

3. 精神损害。

精神损害，是指因他人的行为给当事人精神上带来的痛苦与折磨。比如前文所述的出轨一方作为过错方需对无过错方赔偿精神抚慰款项，即属于精神损害的一种。截至目前，我国法律上，针对一般性的出轨行为，并无配偶可向第三者主张精神损害的规定及先例。主张第三者承担精神损害赔偿的理由在于：第三者侵犯合法夫妻间的配偶权。

司法实践中，有一些当事人以侵犯配偶权为由起诉第三者支付精神损害赔偿款项，由于法律上尚无规定，且未对配偶方造成较大损害，故最终以失败告终。比如在云南省曲靖市中级人民法院审理的（2022）云 03 民终 201 号侵权责任纠纷案中，男女夫妻关系存续期间，男方与王某存在不正当关系，包括双方自愿多次发生性关系。女方现以二被告的行为侵犯其“配偶权”为由，请求男方及第三者王某给予其精神损害赔偿并书面赔礼道歉。经一审、二审后，法院最终驳回了女方的全部诉讼请求。针对第三者是否侵权一节，二审法院的意见为：对于第三人妨碍配偶权是否可以获得损害赔偿的问题，我国现有法律对此尚无规定。且在法理上，配偶权的效力不及于第三人。故上诉人要求被上诉人王某承担损害赔偿没有法律依据。

当然，也有一些案件较为特殊，最终得到法院的支持。如在安徽省六安市金安区人民法院审理的（2018）皖 1502 民初 3513 号侵权责任纠纷案中，原告张某某的前夫吴某某与被告王某某，在张某某和吴某某婚姻关系存续期间，存在不正当男女关系，并于 2017 年 7 月 13 日至 2018 年 7 月 13 日非法同居租住某房屋内。2018 年 3 月至 5 月，张某某因患抑郁症先后在六安市第二人民医院精神科接受治疗。法院审理后认为：“原告张某某提交的抑郁症病历，证明了被告王某某的侵权行为，致张某某精神损害且造成严重后果。民事主体从事民事活动，不得违反法律，不得违背公序良俗。妇女应当遵守国家法律，尊重社会公德，履行法律所规定的义务；国家鼓励妇女自尊、自信、自立、自强，运用法律维护自身合法权益。王某某身为有夫之妇，有配偶者与他人同居，导致离婚的，无过错方有权请求损害赔偿。侵害他人人身权益，造成他人严重精神损害的，被侵权人可以请求精神损害赔偿。原告张某某作为被侵权人，要求侵权人王某某赔偿其精神损害抚慰金的诉讼请求，可以支持，但其主张 8 万元过高，本院根据侵权人的过错程度、侵害的手段、场合、行为方式等具体情节、侵权行为所造成的后果、侵权人的获利情况、侵权人承担责任的经济能力、当地平均生活水平等情况，综合评定 6000 元为宜。"

从以上两个案件截然不同的差别可以看到，在以精神损害赔偿的方式向第三者主张权利时，仅以侵犯配偶权而未造成实质性伤害的，难以得到支持，须以造成一定的后果为前提条件。如精神上的痛苦和肉体上的痛苦。受害人精神上的痛苦主要表现为哀伤、羞愧、愤怒、悔恨等；外在表现方面主要表现为失眠、易怒、消极、急躁、抑郁、迟钝等，严重者会出现精神病学上的临床症状。近年来，国内因第三人干扰婚姻关系而导致无过错方配偶自杀的案件越来越频繁地出现，可见第三人干扰婚姻关系的行为对无过错一方会造成严重的精神损害。

以上为实践中的情况。在我国理论界，不乏有学者认为主张第三者侵犯配偶权而要求精神损害赔偿，有一定的理由，具体如下：

(1)第三者的行为属于违法行为。《宪法》第 49 条规定："婚姻、家庭、母亲和儿童受国家的保护……"原《民法总则》第 112 条规定："自然人因婚姻、家庭关系等产生的人身权利受法律保护。"原《婚姻法》第 2 条规定："实行婚姻自由、一夫一妻、男女平等的婚姻制度。保护妇女、儿童和老人的合法权益。实行计划生育。"原《婚姻法》第 4 条规定："夫妻应当互相忠实、互相尊重；家庭成员间应当敬老爱幼、互相帮助、维护平等、和睦、文明的婚姻家庭关系。"

我国 1950 年通过的《婚姻法》确立了一夫一妻制，第三人干扰婚姻关系的行为违背了我国《婚姻法》的此制度。第三者应对他人基于合法婚姻所享有的权利负有不侵犯的消极义务，第三者干扰婚姻关系的行为不仅是侵犯无过错配偶合法配偶权的违法行为，更是严重地违背了中国传统文化和社会公序良俗的不良行为。

(2)部分第三者具有主观过错。即明知他人有配偶而干扰破坏其合法婚姻关系，或者起初不知情，知情后仍然与配偶一方保持婚外性关系的情形，将过失排除在外、被欺诈或者胁迫而干扰婚姻关系的人都不以第三者论。

(3)第三者破坏家庭的行为，会造成一定的损害事实。第三人干扰婚姻关系的行为侵害配偶权的同时，不可避免地会对无过错一方的情感带来巨大的伤害，从而造成不同程度的精神损害，严重者因无法承受而选择自杀或自残等伤害自身的行为。

(4)违法行为和损害事实间具有因果关系。我国法律上的因果关系指一定的违法行为引起了某种损害后果与违法行为之间存在因果关系。第三人干扰婚姻关系的行为侵害配偶权的因果关系比较容易认定。第三人与过错方配偶的通奸、同居、重婚等行为在客观上实施了侵害配偶权的行为，这无疑会导致无过错方的配偶身份利益受损、从而引起受害人的精神痛苦。所以只要与有配偶者发生不正当的婚外性行为即可认定为因果关系成立。

综上，对于第三者，在出现一定情形的时候，无过错的配偶有权利要求第三者承担一定的责任，包括刑事责任及民事责任。但目前的法律规定之下，未对配偶造成严重精神损害时，仅以第三者侵犯配偶权为由恐难以得到法院支持。笔者亦期待未来法律在这一方面能够有所完善。

律师感悟

第三者干扰婚姻关系不仅是个人或家庭问题，而且还是一个社会问题。目前我国因第三人干扰婚姻关系而导致离婚的案例非常多。司法实践中，无过错方配偶在无奈之下选择曝光第三者信息，或者找第三者理论、拉扯，甚至有些找到第三者住所地拉横幅。这些维权行为，稍有不慎就可能构成另一起刑事案件，对第三者造成轻伤以上则可能构成故意伤害罪；打架斗殴严重者可能会触犯聚众斗殴罪；曝光第三者信息侵犯别人名誉权可能构成侮辱罪，如果信息不实还可能构成诽谤罪。

从财产角度讲，要从不当得利或赠与无效着手起诉第三者。如果干扰破坏别人家庭时，给无过错方造成严重的精神损害，可起诉要求精神损害赔偿。确立第三人干扰婚姻关系的法律责任，有利于预防和惩戒第三者，维护现存的合法夫妻关系，有利于夫妻关系的稳定，更有利于下一代的健康成长。

但是,目前该类法律规定严重缺乏。第三人干扰婚姻关系的行为符合侵权行为的构成要件,而且第三人干扰婚姻关系的行为扰乱了社会治安秩序,立法机关应出台相关法律规定对第三人干扰婚姻关系导致的恶劣后果进行惩罚以及第三人侵犯配偶权的民事责任,维护社会和谐稳定、确保实现社会正义。

8. 面对家暴,该向哪些部门求救,如何取证?

案情简介

刘女士和老公是相亲认识的,初次见面感觉非常好,他温柔体贴,感觉是个标准的暖男。认识不到三个月,他们就领结婚证了,毕竟他们俩的年龄都不小了。婚后感情确实还不错,但随着孩子的出生,婆婆过来带孩子,似乎就变了,刘女士的老公处处袒护他自己的父母,有一次刘女士的老公趁着酒劲,还对她动了粗,打了刘女士一耳光。刘女士非常伤心,坚决要求离婚,但老公不同意离婚,声称是爱她爱这个家的,只是喝多了酒加上又被激惹了,一时没忍住,请求刘女士再给他一次机会。这一次被家暴刘女士没有对任何人讲,毕竟说出去也挺丢人的,为了孩子及家庭的完整再加上老公真诚的道歉,刘女士打算忍下来,暂时不打算离婚,但她担心还会有第二次甚至更多次,她咨询:面对家庭暴力,她该向哪些部门求助,怎么取证?

律师解析

家庭暴力是一个永恒的话题,只要存在力量对比,就会有暴力。虽然《反家庭暴力法》已经生效实施了好几年,但由于家庭暴力隐蔽性的天然特点,很多受害者最初大多仍然选择隐忍,未保留任何证据。相当多的受害者不知道该向哪些社会机构寻求帮助,也不了解家庭暴力的取证方法,本书旨在从普法的角度,解读什么是家庭暴力,遇到家庭暴力该向哪些部门求助,注意搜集哪些证据。

一、什么是家庭暴力

根据《反家庭暴力法》第 2 条的规定，家庭暴力，是指家庭成员之间以殴打、捆绑、残害、限制人身自由以及经常性谩骂、恐吓、侮辱、诽谤、散布隐私等方式实施的身体、精神等侵害行为。有些当事人在抗辩时以家庭暴力必须是持续性、经常性为由，认为自己偶尔的一次暴力行为不构成家庭暴力，其实是将“家庭暴力”的概念错误地偷换成“虐待”。

二、可以向哪些机构求助

（一）公安机关

公安机关是反家暴中公权力链条的一个重要环节，早在 2008 年多部门联合出台《关于预防和制止家庭暴力的若干意见》就要求，公安机关应当设立家庭暴力案件投诉点，将家庭暴力报警纳入“110”出警工作范围，并按照《“110”接处警规则》的有关规定对家庭暴力求助投诉及时进行处理。公安机关对构成违反治安管理规定或构成刑事犯罪的，应当依法受理或立案，及时查处。

发生家庭暴力后，最好的选择仍是拨打“110”报警，因为根据规则，所有打到“110”指挥中心的报案都记入系统，然后分派到相应辖区派出所。派出所处理警情后，需要填写处理结果。警察出警后，作为受害者可以索要报警三联单，还可以索要家庭暴力告诫书，根据《反家庭暴力法》第 16 条的规定“家庭暴力情节较轻，依法不给予治安管理处罚的，由公安机关对加害人给予批评教育或者出具告诫书。告诫书应当包括加害人的身份信息、家庭暴力的事实陈述、禁止加害人实施家庭暴力等内容”。

随着《反家庭暴力法》的实施，各省纷纷出台实施细则，以《云南省反家庭暴力条例》为例，该条例规定，具有下列情形之一的家庭暴力行为，应当出具告诫书：（1）未取得受害人谅解的；（2）对未成年人、老年人、残疾人、孕期和哺乳期的妇女、重病患者实施家庭暴力的；（3）因实施家庭暴力曾被公安机关给予批评教育的；（4）法律法规规定应当予以告诫的其他情形。这就意味着，只要受害人不谅解，公安机关就应该出具告诫书。起诉到法院后，告诫书是一种非常重要的证明家庭暴力的书面证据。《云南省反家庭暴力条例》还规定,应当建立健全家庭暴力案件处置机制,接到家庭暴力报警后及时出警,制作出警记录,并做好下列工作:(1)立即制止正在发生的家庭暴力行为,控制加害人,及时调查取证、查明基本事实,制作询问笔录,固定证据;(2)根据家庭暴力情节和受害人意愿,协助受害人进行就医、伤情鉴定等;(3)对无民事行为能力人、限制民事行为能力人因家庭暴力身体受到严重伤害、面临人身安全威胁或者处于无人照料等危险状态的,通知并协助民政部门将其安置到临时庇护场所、救助管理机构或者福利机构;(4)及时进行家庭暴力危险性评估,依法予以处理;(5)告知受害人享有申请人身安全保护令、法律援助、临时庇护等权利。事后报警的,公安机关应当及时展开调查,并依照前款规定进行处理。

(二)人民法院

被家暴之后,虽然报了警,但如果担心施暴者会继续动手,害怕施暴方式更隐蔽,受害者也可以向法院申请人身安全保护令,法院出具的人身安全保护令也是斩断家庭暴力的一个利器。

2022 年 7 月 14 日,最高人民法院发布《关于办理人身安全保护令案件适用法律若干问题的规定》以更好的保护家暴受害人,该规定自 2022 年 8 月 1 日起施行。人身安全保护令裁定的作出对于家暴受害人及其家属的人身安全都有极大的保护作用,是司法在实践中的又一大进步。而且,人身安全保护令并不要求受害人实际发生现实的危险,所以作出人身安全保护令裁定的法院越来越多。当然,人身安全保护令的裁定,并不意味着离婚案件中法院会最终判决认定存在家庭暴力,因为人身安全保护令的目的是防止、阻碍家庭暴力的实施或再次施行,对证明婚姻案件中存在家庭暴力并不必然起着证明作用。根据《反家庭暴力法》规定,人身安全保护令措施有:(1)禁止被申请人实施家庭暴力;(2)禁止被申请人骚扰、跟踪、接触申请人及其相关近亲属;(3)责令被申请人迁出申请人住所;(4)保护申请人人身安全的其他措施。由法官行使自由裁量。

法院是保护公民权利的最后一道屏障,如果对婚姻关系丧失信心,要求离婚,可以起诉离婚,"一揽子"问题一起解决,只要信心坚定,在中国的法治环境下,离婚是早晚的事,考验的是当事人的坚定决心。

(三)妇女儿童工作机构

《反家庭暴力法》第 4 条规定,县级以上人民政府负责妇女儿童工作的机构,负责组织、协调、指导、督促有关部门做好反家庭暴力工作。县级以上人民政府有关部门、司法机关、人民团体、社会组织、居民委员会村民委员会、企业事业单位,应当依照本法和有关法律规定,做好反家庭暴力工作。笔者所在的婚姻家事团队,经常受到妇联的邀请,去社区乡镇开展反家庭暴力的相关宣讲,同时接受社区等相关人员的咨询,给予提供指导和帮助。

(四)法律援助中心

法律援助机构应当依法为家庭暴力受害人提供法律援助。

(五)乡镇人民政府、街道办事处、村(居)民委员会

镇人民政府、街道办事处应当组织开展家庭暴力预防工作,居民委员会、村民委员会、社会工作服务机构应当予以配合协助。发生了家庭暴力可以向街道办事处或乡镇人民政府寻求支持和帮助,必要时可作询问笔录,记录详细情况。

(六)人民调解组织

人民调解组织应当依法调解家庭纠纷,预防和减少家庭暴力的发生。

(七)加害人和受害人所在单位

家庭暴力受害人及其法定代理人、近亲属可以向加害人或者受害人所在单位、居民委员会、村民委员会、妇女联合会等单位投诉、反映或者求助。有关单位接到家庭暴力投诉、反映或者求助后,应当给予帮助、处理。用人单位发现本单位人员有家庭暴力情况的,应当给予批评教育,并做好家庭矛盾的调解、化解工作。

三、搜集哪些证据

据笔者办理案件实务总结,施暴者(实务中大多是被告)的反辩理由分为以下几类:(1)对基本事实否认的。不认可动过手,是自己磕碰着的,仅因照片并不能确定原告受伤是由被告殴打行为所致。(2)事出有因在原告。因为原告和其他人举止亲密,所以动了手;因为气不过她骂自己母亲,所以情绪失控动手。(3)事出有因在自己。事发当日饮酒后,言语情绪行为失控再加上原告言语激惹,并非持续性、经常性的暴力行为。(4)互殴。不止被告动手,两个人都动手了,原告也动手了,只是自己没受伤或没拍照留存,是互相殴打,不是他单方动手,双方都要处罚。(5)大事化小型。只是小打小闹,是夫妻间情感的表达,只

是偶然的一次,后果不严重。除抗辩以外,一般都伴随有在法庭上的真诚道歉悔过,让法官相信他定能痛改前非,必须得再给他一次真心悔过和好的机会。

法院不认可存在家庭暴力的理由,总结归纳下来,主要有以下几类:(1)证据不足以证明,承担举证不利的法律后果。大多数法院对原告起诉存在家庭暴力的理由及举证,大多数法院一句话概括,证据不足以证明其主张,同时被告坚决否认,不足以认定存在家庭暴力,不属于感情破裂的理由。(2)家庭暴力的目的是控制受害人,未达到控制,不足以认定存在家庭暴力。江苏省徐州市泉山区人民法院作出的(2020)苏0311民初6852号判决书,在说理部分认为,“根据双方陈述,被告对原告实施掐脖子出于对原告身体的控制,被告实施该行为的原因系原告与所谓的明星合影,造成心理失衡,被告并没有以此行为让原告产生恐惧,并以此控制原告。施暴人对受害人以暴力行为加以控制,是认定家庭暴力的重要方面,也是区分家庭暴力和夫妻之间因家庭矛互殴等一般暴力冲突的标志。”(3)需要达到一定后果才构成家庭暴力。吉林省长春市中级人民法院作出的(2021)吉01民终1005号民事判决书,法院认为,“张某称王某对其实施家庭暴力,所谓家庭暴力,依据《最高人民法院关于适用〈中华人民共和国婚姻法〉若干问题的解释(一)》第1条规定,家庭暴力是指行为人以殴打、捆绑、残害、强行限制人身自由或者其他手段,给其家庭成员的身体、精神等方面造成一定伤害后果的行为。即实施家庭暴力须‘给家庭成员的身体、精神等方面造成一定伤害后果’,达到一定程度的,才可认定为家庭暴力,这与家庭成员之间的日常争吵、偶尔打闹及尚未造成后果的家庭纠纷有所不同。”还有一起判决书,也持类似的观点,甘肃省宕昌县人民法院作出的(2021)甘1223民初93号民事判决书,法院认为,“原告以被告多次酒后对其实施家庭暴力为由要求离婚,经庭审核实,被告酒后仅与原告发生过一次情节轻微的肢体冲突,且不属于家庭暴力行为,原告也未提供其他证据证实被告存在实施家庭暴力的行为,故对原告的离婚理由不予采信。”

现实生活中,家庭暴力会反复发生,只有零次和无数次,严重影响受害者生命和精神健康的暴力行为,到了施暴者这里,却成了偶尔的争吵和打闹,虽然《反家庭暴力法》对家庭暴力进行了明确规定,但是司法实践中,通过法院判决书的形式认定属于“家庭暴力”非常少,离婚纠纷中判定“家庭暴力”的标准非常高,法官的自由裁量权非常大。但是,如果证据类型多样,相互之间能够形成证据链，还是可能被认定属于家庭暴力。为了能够有效反击对方的抗辩说辞，达到法院的证明标准，证明家庭暴力确实发生，足以使法院认定存在家庭暴力，以达到保护自己权益的目的。暴力大多发生在家庭内部，很多人没有证据意识，证据意识的培养和搜集非常重要，因为维护自己的权益时，只有证据才能证明真相，实务中，证明家庭暴力的证据主要有以下几类。

1. 公安机关制作的相关文书

这一类证据的搜集，有赖于受害人敢于主动求救，向公安机关报警。向公安人员报警的记录与公安人员的询问笔录等材料都是认定家庭暴力的重要证据。出警记录能够证明报案的方式、案由、出警时间、处理结果等内容。询问笔录能够反映出事件发生的时间、地点、当事人，家庭暴力的起因、程度以及处理结果等。

需要提醒的是，有时候出警人员的记录并不完整和规范，当事人还需对相关记录进行详细核对，避免记录的仅是简单的单方陈述而无法起到证明家暴的作用。

公安机关出具家庭暴力告诫书，可能也会依据当事人的需要而出具。笔者曾经代理一起家庭暴力案件，受害人三天前报警，公安机关由于各种原因，最初不愿意出具家庭暴力告诫书，后经律师提出书面申请，在受害人的强烈要求下才给予出具。因为公安机关对于家庭暴力情节较轻的，可依据治安管理处罚的相关规定，公安机关可能只是给予口头的批评教育。出具家庭暴力告诫书，有时需要依赖于当事人的要求，家庭暴力告诫书是作为家庭暴力的直接证据，应尽可能要求出具为佳。

2. 医院的就诊资料

如果伤情肉眼可见的严重，或者怀疑存在内伤的，应当去医疗机构就诊。医疗机构出具的诊断证明、病情证明、检验检查记录等一系列就诊记录，可以作为受伤情况的重要证据。

需要注意的是，在病情陈述时，需要明确是被人打伤，不要因面子而隐瞒实际情况谎称磕碰意外受伤，否则可能证明不了家庭暴力的基本事实。

3. 鉴定机构出具的伤情鉴定文书

如果伤情有一定的损害，还应当要求公安机关委托鉴定中心进行伤情鉴定，构成轻伤的可以要求追究刑事责任；构成轻微伤的，可以要求追究治安处罚的责任。

人民法院审理涉及家庭暴力的案件，一般根据公安机关的出警记录、家庭暴力告诫书、伤情鉴定意见、医院的诊断记录等证据，认定家庭暴力的事实。这些证据都是第三方出具，能够相互佐证，形成完整的证据链条，相较于自己提供的照片、视频，更具有客观性和证明效力。

4. 相关调解机构制作的书面材料

有些受害人遭遇家庭暴力后，不想破坏关系，暂时不想离婚，还可以请村(居)民委员会、妇联、法律援助机构、庇护所及所在单位、组织进行制止、劝阻、调解，这些机构制作的书面材料可以作为证据提交。必要时，受害人还可委托律师或申请法院依职权向人民调解组织、妇联、村(居)委会等组织调查取证。

总体来说，其他机构制作的调解笔录，效力远比自己提供的照片、视频更高。

5. 证人证言

受害人的亲戚、朋友，其成年子女、具有认知能力的未成年子女和邻居出具的证言也是认定家庭暴力的有力证据。需要重点强调的是，家庭暴力有一定的隐蔽性，很多家庭暴力案件没有直接证据，未成年子女的证言可能会成为关键证据。比如，河南省鹿邑县人民法院作出的(2022)豫 1628 民初 4275 号民事判决书，依据原告提供的受伤的七张照片及婚生子翟某 3 出庭作证的证言，即认定被告存在家庭暴力，依据《民法典》第 1079 条第 2 款，判决准予离婚。

6. 电子证据

最近几年，由于智能手机的普及和人们证据意识的不断提升，被家暴者有照片和视频等证据的越来越多，被家暴后，照片、视频、双方谈判时的录音等视听资料也能成为重要证据，除此之外，双方的聊天记录、音频视频等电子信息，也是反映家庭暴力伤害情况的重要依据。

当然，这些电子证据极易被对方推翻，法院可能并不采信。需要配合其他证据使用，同时需要注意的是，需要保留原始载体，否则有可能因对方不认可，而又找不到原始载体，不被法院采纳。短信、微信、QQ 的聊天记录中，还需要证明对方的身份。

7. 施暴者写的书面材料

对家庭暴力行为，受害人可要求加害人出具书面悔过书与保证书，或进行录音录像。悔过书、保证书等可以作为书面证据。这里特别说一下保证书，取得成本低，施暴者实施了家庭暴力伤了人，受害人要求写保证，保证以后不再犯，合情合理。而且证明力强，是受害人自己亲笔书写，即使辩驳说是被逼迫的，内容不是真实的，也很难逻辑自洽。

8. 其他材料

比如有些受害者除了身体上遭受伤害外，精神上也面临极大痛苦，其独白的日记也可以作为证据使用。精神上的痛苦和焦虑无法排解时，有些受害者会选择寻求心理咨询机构去咨询，心理咨询机构出具的书面材料也可以作为认定存在家庭暴力的证据。只要能够证明家庭暴力事实的，都可以作为证据使用，笔者无法一一列举。

很多朋友反映，明明什么证据都有，但是第一次起诉想达到离婚的目的还是很难。“宁拆十座庙，不毁一桩婚”的想法在每一个国人的心里种下了根，法官也不例外。但是，在中国没有离不了的婚，就是心理上折磨些，时间跨度长些，离婚诉讼第一次不判离还可以进行第二次，甚至第三次诉讼，主要考验的是当事人的坚定决心。

律师感悟

家暴行为是一项极为严重的侵害人身权益的行为，应当引起全社会的关注和重视。预防为主是反家庭暴力法的宗旨，司法是保护当事人权利的最后一道屏障。家庭暴力的认定难是诉讼中面临的难题，一方面来自主张存在家庭暴力的案件中，本身证据不足；即使证据，因证据本身证明力的问题也很难被法院采信；另一方面家庭暴力本身存在一定的隐蔽性，其他人很难知晓，所以举证比较困难。

笔者作为婚姻家事法领域专业律师，也经常应邀参加一些普法讲座，妇女儿童机构和社区，甚至一些企事业单位，也都不断加大宣传打击家庭暴力的力度。预防和制止家庭暴力，给全社会一个和谐健康的环境，是每个人义不容辞的责任。反家庭暴力是全社会的责任，每一个人都应该行动起来。

第六章　离婚补偿篇

1. 结婚后一方照顾子女较多，能在离婚时要求家务劳动补偿吗？

案情简介

杨女士和陈先生通过朋友认识，恋爱半年后结婚，婚后生育一女。结婚时，陈先生系某部队军官，杨女士居住地与陈先生所在部队驻地不在一个城市，婚后两人聚少离多。女儿出生后，陈先生父母到杨女士家中照顾孩子，与杨女士产生了不可调和的矛盾，陈先生不仅未从中调和，反而在其父母离开杨女士家中后，也自此与杨女士产生隔阂。杨女士曾多次到部队驻地找陈先生，试图与陈先生沟通和好，但都无果，自女儿半岁起，陈先生再未回过杨女士家中，二人开始分居。分居期间，陈先生每月转 1500 元给杨女士作为女儿的抚养费用。女儿三岁时，陈先生去法院起诉离婚，杨女士仍想挽回，故未同意离婚，法院判决不准离婚。现在女儿四岁，杨女士又收到法院送达的传票和起诉状副本，陈先生仍要求离婚。这次，杨女士不再抱有期待，同意离婚，但她听说《民法典》实施后有家务劳动补偿制度，她想要求陈先生支付她一定的补偿款，于是找到律师咨询：她是否可以要求家务劳动补偿？如何要求？可以要求多少款项？

律师解析

家务劳动补偿也称离婚经济补偿，该概念并非《民法典》独创，我国原《婚姻法》也存在家务劳动补偿的规定，但是仅在夫妻婚后财产实行约定分别所有制的情形下才适用，而《民法典》第 1088 条则规定无论夫妻财产采用何种归属制度，在符合条件时，夫或妻均可主张家务劳动补偿。

一、家务劳动补偿的法律规定及适用条件

《民法典》第 1088 条规定："夫妻一方因抚育子女、照料老年人、协助另一方工作等负担较多义务的，离婚时有权向另一方请求补偿，另一方应当给予补偿。具体办法由双方协议；协议不成的，由人民法院判决。"

（一）将家务劳动补偿制度纳入《民法典》中体现的是法律对于家务劳动价值的认可

在办理离婚案件时，作为参与案件的代理律师，笔者经常遇到因照顾子女不得不放弃自我发展机会，辞职在家孩子的当事人。比如结婚之前上班，在生育后因孩子找不到合适的照料，而不得不辞职在家照料。再如夫妻共同创业，但最终由男方主导，女方回归家庭。这样的情况大多发生在家中有年幼子女或年迈的父母需要照顾时，而大部分侧重于家庭的当事人为女性，或者说全职太太，当然也有一小部分是全职奶爸，但仍以女性居多。有人说，这是家庭分工不同，也是女性的角色定位所决定的；也有人会说，男方在外挣钱更辛苦，她只是在家做做饭、带带孩子，又有什么资格说累？也有人会说，家里所有钱都是我挣的，她天天都闲着，凭什么分财产……家务劳动补偿制度入法，也正是要纠正大家的错误观念。首先，任何一种劳动均应有其对应的价值，家务劳动也属劳动的一种方式，并不能因为该种劳动仅在家庭内部而否定其价值；其次，在一方由于家庭的需要不得不将身心转移至家庭内时，其投入在自我价值实现上的时间和精力必将大幅降低，以放弃个人发展机会来换取家庭的正常运行、孩子的健康成长、老人的体面养老，因而在夫妻感情破裂要离婚时，其曾经丧失的机会应当得到补偿；最后，经营家庭属于夫妻双方的责任和义务，当一方承担起的家庭责任更多时，另一方则会有更多的时间精力实现自我价值，比如升职加薪，再如学习深造。两相对比可以发现，一方由于婚后侧重于家庭，社会价值降低，未来或许丧失工作的能力、技能和机会，而另一方由于家中无后顾之忧，或许早已功成名就，稳稳地处在社会竞争中的佼佼者。如果此时二人感情破裂要离婚，带给回归家庭一方的将是无限打击。因此，家务劳动补偿制度是从劳动价值层面给予为家庭付出较多一方的经济补偿救济制度。

（二）家务劳动补偿的适用条件

根据前述法律规定，家务劳动补偿并非在所有家庭中均适用，需满足一定的条件：

1. 一方负担较多家庭义务。

有权利要求家务劳动补偿的一方，必须以其在家庭中负担较多家庭义务为前提。关于家庭义务，前述法律中列举了抚育子女、照顾老年人、协助另一方工作三种情形，以此来看，笔者认为这里的家庭义务更侧重于为家庭或对方付出有形或无形的劳动，而非为家庭支付金钱。比如抚育子女中的照顾子女生活、接送子女上学、辅导子女作业、陪伴子女出游等，再如照顾老年人中的陪伴老年人看病、照顾老年人饮食起居等。而除了列举的三种情形外，诸如打扫卫生、洗衣做饭等也应属于家庭义务的范畴。同时，除负担家庭义务外，有权要求家务劳动补偿的一方，须是负担义务较多的一方。比如案例中的杨女士，其在生育子女后，一是由于男方属部队军人，无法长期在家携带女儿；二是由于男方自女儿半岁后即与杨女士分居，女儿一直随同杨女士生活，基于二人的家庭情况可见，杨女士在抚育女儿方面必然负担较多义务，故而其有权提出家务劳动补偿。再如有一些家庭，一方外出工作挣钱，另一方全职在家，全职在家的一方则可以主张负担义务较多。而有一些家庭，虽一方照顾孩子较多，比如负责接送、负责辅导作业，但双方均有工作，另一方在家务上也有所付出，则难以认定为负担义务较多。

2. 由享有权利一方提出，法院不得主动适用。

家务劳动补偿请求权是一种法律赋予的权利，当事人可以选择行使，也可以不行使。在审理离婚案件时，法院应依当事人的具体请求而进行审理，不得在当事人未主张权利的情况下主动适用。如案例中的杨女士，其虽有权要求家务劳动补偿，但若因不知晓法律的规定未提出该主张，视为其对于自己诉讼权利的放弃，法院不能在判决书中径直判决其配偶支付该补偿款项。这也就要求当事人知晓法律的规定、明确自身的权利，在涉及离婚等事项时，如双方无法达成一致意见，最好委托专业的律师进行处理，以避免丧失行使权利的时机。

3. 须在离婚时提出。

按照前述法律“夫妻一方……离婚时有权向另一方请求补偿，另一方应当给予补偿”的规定，笔者认为，家务劳动补偿请求权仅限于离婚时，包括协议离婚和诉讼离婚时，此条法律规定并未将该权利扩展至婚姻关系存续期间或离婚后。如案例中的杨女士，其作为离婚案件中的被告，有权针对对方提出的诉讼请求进行答辩，亦有权利在答辩中提出要求对方支付家务劳动补偿的主张，如若她未在离婚时提出，在离婚后，她将不再享有主张补偿的权利，该权利自然丧失。如换作离婚案件中的原告，则可以将该主张写入诉讼请求中，要求法院作出处理。笔者也遇到在一部分离婚案件中是被告负担家庭义务较多，有提出家务劳动补偿的权利，但基于挽回婚姻的想法，被告在法庭上只表达了不同意离婚的答辩意见，对于其他的诉求未做出主张。如前所述，家务劳动补偿应仅限于离婚时提出，那如果被告期待不判离而提出主张，但法院却认定感情破裂判决离婚的情况下，这名被告将丧失后续主张的权利。因此，笔者建议，作为离婚诉讼中的被告如不同意离婚，也应当在表明了不离婚的意愿后，提出假如法院判离，其他事项如何处理的具体意见，如此才更为妥当。

综上，家务劳动补偿须满足上述条件方才成立，案例中的杨女士有权利提出要求，她作为被告，应当在离婚案件答辩时提出主张。

二、家务劳动补偿的司法实践情况及数额认定

（一）司法实践情况

自《民法典》实施以来，当事人在离婚诉讼中主张家务劳动补偿的案件日益增加，全国各地法院几乎均有所涉及，一部分案件中当事人的诉求得到了支持，也有一部分案件法院未予支持，在裁判时法院主要考量以下因素：

1. 举证情况。

根据民事诉讼中"谁主张，谁举证"的原则，由提出主张的一方对于基本事实承担举证责任。因此，提出家务劳动补偿的一方需对自己在婚姻中负担较多家庭义务进行举证，且应举证证明这是一种长期的生活状态，而非一次两次的偶然事件。也有一些当事人会说，这是事实，对方都知道，因此不举证反而寄希望于对方在法庭上自认。但从诉讼针锋相对的角度可知，有些时候在法庭上期待对方自认无异于希望对方搬起石头砸自己的脚，非常难！并且，你说你付出较多，相信对方也可以列举出自己的付出，比如上交工资、周末陪伴孩子等。因此，在未完成举证，而对方又不认可的情况下，法院对于当事人提出的家务劳动补偿的诉求会以"原、被告的该项诉讼无事实及法律依据"而予以驳回。

2. 夫妻分居情况。

大部分支持了家务劳动补偿的案件,都存在夫妻分居的情况,比如案例中的杨女士,起初因为丈夫的工作原因,两地分居,而后又因感情问题分居。类似于杨女士的情况很多,比如一方工作在外地,或一方工作特殊,即使在本地也无法经常回家照顾家庭的,又或双方感情破裂,但未解除婚姻关系,而长期分居。以上分居的情况下,大部分直接携带抚养子女一方都可以主张家务劳动补偿。

3. 家庭经济状况及对方的负担能力。

在考量家务劳动补偿时,家庭经济状况以及对方的负担能力亦是需考虑的主要因素之一。比如在吉林省通化市东昌区人民法院审理的(2022)吉 0502 民初 770 号离婚纠纷案中,夫妻二人结婚二十年间,男方工作有收入,女方全职在家,女方前婚生子女随同二人共同生活。最终法院认为,离婚经济补偿(家务劳动补偿)设定的初衷是对于一方家务劳动价值的认定,结合二人生活的实际情况,二人收入不多,虽近二十年间可能存在刘某家务劳动从事多、李某少的情况,但不能据此否定李某为家庭外出工作获得收入的价值,且现今李某仅有退休工资 2000 余元,不存在支付刘某补偿的经济能力,因此,对刘某的该项诉讼请求不予支持。在上海市奉贤区人民法院审理的(2023)沪 0120 民初 11300 号离婚纠纷案中,婚内男方虽在外地工作,女方照顾家庭较多,但由于目前男方处于领取低保的状态,最终法院以“被告并没有因为原告多分担家务而获得多大利益,没有使得被告赚钱能力增加”为由驳回了女方要求男方支付家务劳动补偿的诉求。因此,是否判决支付家务劳动补偿,除需考虑一方的付出外,还要考虑另一方的负担能力。

4. 双方协商情况。

在前述法条中规定,家务劳动补偿优先由当事人进行协商,协商不成的,再由法院判决,充分体现民事私法领域的意思自治原则。在法院审理的离婚案件中,对于双方协商一致且不违反法律规定的事项,人民法院可以依法确认进而写入判决结果中;而一些虽未协商一致,但被告认可且同意的事项,人民法院亦可以以被告自愿处分权利而依法确认写入判决结果,家务劳动补偿亦不例外。比如在辽宁省营口市老边区人民法院审理的(2022)辽 0811 民初 1915 号离婚纠纷案中,原告于诉讼中自愿表示,考虑到被告对子女尽到较多义务,愿意支付 5000 元作为补偿,最终法院照准并进行判决。

（二）数额认定

除自愿协商确定的金额外，一般法院支持的家务劳动补偿金额在 5000 元至 3 万元的居多，超过 3 万元的比较少。

针对家务劳动补偿的金额，很多当事人认为应当结合婚姻关系存续的年限，参照聘请保姆的费用来予以确定，比如共同生活 10 年，每年按照聘请保姆 3 万元的费用计算，应为 30 万元。这一观点并未得到法院的认同。理由为：为自己的家庭提供家务劳动并不等同于出于职业因素而履行职业义务，无论是就道德上而言还是就法律上而言，家庭中夫妻有相互帮扶的义务、父母对子女有抚养教导的义务、成年子女对年迈父母有赡养的义务。因此，提供家务劳动不仅是经营美好家庭的必备因素，亦是中国传统美德的体现，最终受益人也并非是家庭中的某一方，而是夫妻双方，不宜从职业角度考量其具体价值。

从裁判文书网中公开的离婚判决书来看，目前人民法院判决支持较多的金额区间为 5000 元至 30，000 元，大部分未超过此限，虽然金额不高，但亦是对于家务劳动价值的认同。当然，由于具体家庭情况不一，当事人的负担能力不同，也有一些案件支持的金额较高。比如在新疆维吾尔自治区巴音郭楞蒙古自治州中级人民法院审理的（2023）新 28 民终 607 号离婚纠纷案中，原告为退役军人，婚后在部队服役 8 年后转业，其经济收入相对稳定，且被告生育抚养两名子女，最终支持了被告主张的家务劳动补偿款 7 万元。案例中杨女士的情况与这个案件有相似之处，陈先生现也属于转业状态，收入相对稳定，结合婚姻年限，笔者建议主张 5 万元家务劳动补偿款。

另外，也有一部分法院会将家务劳动补偿款纳入共同财产分割中一并处理，在对负担较多一方多分财产的情况下，不再额外支持家务劳动补偿。比如在广东省广州市番禺区人民法院审理的（2022）粤 0113 民初 8754 号离婚纠纷案中，被告虽然在婚姻期间照顾家庭、抚养子女付出较多，但由于已在分割房款时予以照顾，由被告分得 55%，故不再另行支持家务劳动补偿款。

三、主张家务劳动补偿的一方如何举证

如前所述，举证直接关系到诉讼请求能否得到支持，所谓"打官司就是打证据"，在法院审理以事实为依据的前提下，举证非常重要。对于主张家务劳动补

偿款的一方来讲，需要对以下事实进行举证：

其一，自己负担较多家庭义务。首先，可以请一些邻居、孩子同学的家长、老师等出庭作证，如果本人确实由于各种原因无法出庭，退而求其次，也可以让这些证人出具证人证言或者情况说明，以证明平时照顾孩子等的情况。其次，可以搜集整理一些书面证据，比如孩子作业本上的签字、家校联系本的签字、家长会的记录、班级微信群的沟通记录、采购孩子生活用品等的付款记录等。再次，可以整理一些照片，比如陪同孩子出游、陪同老人就医等。最后，夫妻中一方认可另一方付出较多的聊天记录或录音文件。

其二，为负担家庭义务放弃自我发展机会。比如结婚前有工作，而结婚后没有工作、没有收入的相关证明，一般可以提交工作证明、社保证明等。结婚前不仅有工作，还有能力工作，可以提交学历学位毕业证，结婚前在工作单位的荣誉证书或职位证明等。

其三，对于在婚姻关系存续期间的发展情况。比如在婚内，对方获得的学历学位、资格证书等，以此证明正是因为自己在家庭中付出特别多，所以对方才可以心无旁骛地学习提升自己的技能等。再如对方的工作情况及收入情况对比，有较大的提升。当然，有一些并非当事人自己可以获取，当事人可以向法院申请调查取证，也可以委托律师通过向法院申请调查令的方式调取以作为证据。

律师感悟

家务劳动补偿制度虽在《婚姻法》时代即已存在，但由于其在之前的局限性，在实践案例中鲜少有当事人提出该项主张。自《民法典》实施以来，主张权利的当事人有所增加，但仍存在有很多当事人对于该项制度不甚了解，以导致很多有权主张的当事人在离婚诉讼中白白丧失机会。因此，在遇到离婚等问题时，最好找专业的律师咨询，了解清楚自己的权利和义务，再去理性考虑如何解决争议。笔者曾代理一起离婚纠纷，由于夫妻二人结婚以后未共同购置任何财产，加之二人分居时间较长，男方又工作生活于外省，女方不了解男方的财产情况，在律师介入前，男方坚决不愿意补偿女方任何款项，只想解除婚姻关系、处理孩子的抚养权。在笔者介入后，由于我们提出了家务劳动补偿的诉求，最终经法院调解，男方向女方支付了50,000元的补偿款。

另外，在婚姻生活中，任何人不可能时时备好证据，也无须过于苛求，正常的夫妻分工应当得到社会的认可与鼓励，为了家庭的幸福，一方暂时地有所牺牲也在所难免。但无论如何，双方都应参与到家庭经营中，共同抚育子女，共同分担家务，不让任一方丧失追求自我发展的机会才是正确的夫妻相处之道。见过那么多的家庭破碎与悲欢离合，笔者认为，无论你是男性还是女性，都应当尽量实现自强自立，不要过分依赖任何人！

2. 离婚时一方患病，可以要求另一方支付经济帮助费吗？

案情简介

吴女士和郑先生经自由恋爱后结婚，婚后未生育子女，双方共同购买商品房一套。婚后第三年，吴女士检查出患有乳腺癌，由于郑先生需要工作，故主要由吴女士父母陪伴其就医。为了取得较好的治疗效果，吴女士及父母奔走于各大城市的各大医院，同时还支出了大笔医疗费用。在吴女士经手术治疗病情稳定后，吴女士父母出面同郑先生商谈吴女士的后期治疗及在家养病事宜，郑先生字里行间表达出不愿意出钱的意思，提出让吴女士父母出售名下房屋用作医疗费，称自己的工资无力负担等，种种行为令吴女士父母感到心寒。之后吴女士一直在父母家养病，未与郑先生共同居住，双方感情逐渐淡漠。前几天，郑先生找到吴女士，希望可以协议离婚，吴女士难以接受，认为自己还在持续治病中，需要大笔医疗费用，于是找到律师咨询，如果离婚，除了可以分割的夫妻共同财产，她可不可以向郑先生索要经济帮助费？

律师解析

离婚经济帮助制度，与家务劳动补偿制度和离婚损害赔偿制度并称为我国三大离婚救济制度，是指在夫妻离婚时，如果一方生活困难，有负担能力的另一方应当给予适当帮助。1950 年《婚姻法》已有明确规定，旨在保障一方脱离婚姻关系后的基本生存权益。《民法典》在基本保留《婚姻法》第42条规定的基础上，删除“从其住房等等个人财产中”给予帮助的表述，增加以另一方“有负担能力”作为经济帮助的给付条件。如案例中的吴女士，她在婚内患有重大疾病，虽病情有所好转，但仍然没有工作能力，尚需做定期化疗等治疗。但如果离婚，能否要求经济帮助费用，还需看她的具体情形是否满足法律以及司法实践的具体要求。

一、离婚经济帮助的法律规定及适用条件

关于离婚经济帮助，《民法典》第1090条规定：离婚时，如果一方生活困难，有负担能力的另一方应当给予适当帮助。具体办法由双方协议；协议不成的，由人民法院判决。

根据此条法律规定，离婚经济帮助应当满足以下条件：

1. 一方生活困难。

现行《民法典》及其司法解释中并无如何界定“生活困难”的相关规定，参照原《最高人民法院关于适用〈中华人民共和国婚姻法〉的解释（一）》第27条的规定，可以理解为“一方生活困难，是指依靠个人财产和离婚时分得的财产无法维持当地基本生活水平。一方离婚后没有住处的，属于生活困难。”实务中，一般从以下因素予以考虑：其一，是否有工作及收入。大部分法院会认为有工作及收入的人士不能纳入生活困难中。其二，身体是否健康。一般身患疾病被认定为生活困难的概率更大，而且大部分最终获得经济帮助费的当事人几乎都因身体问题无法工作，亦没有收入来源。其三，是否有自己名下的住房。有一些农村地区的夫或妻，通过入赘或出嫁到另一方家中，离婚后需要离开后另找住处，这种情况下，没有住房的一方会被认定为生活困难。总体来说，我国法律和司法解释对生活困难的认定采取了较为严格的标准。

2. 另一方有负担能力。

一方有生活困难只是享有经济帮助费的请求权，而另一方是否需要支付，则需要看其负担能力。比如夫妻二人均有工作，但一方的收入虽高于另一方，但仅为略高，比如一方月收入3000元，另一方稍好的也仅是月收入3500元，那么收入3000元的一方请求让另一方支付生活帮助费极有可能不能成立，因为另一方

的负担能力亦有限。另外，负担能力的考量不仅需要看是否有工作及收入，还需要综合考虑其生理、生活等状况。比如，在夫妻二人年龄均较高，一方主张另一方支付经济帮助费时，不仅需考虑另一方的退休收入，还需考虑另一方的身体情况以及支出情况，如果二人同样年事已高，且身患多种严重疾病，自身生活均需要子女赡养照料时，法院会认为另一方不具备给予适当经济帮助的负担能力，而不支持支付经济帮助费。总体来说，承担经济帮助义务的一方必须有足够的负担能力，既能以个人财产及离婚分得的财产维持基本的生活，同时可能考量其个人的稳定收入情况，除了能够负担自己那部分，还有余力给予对方提供住房、金钱或其他经济上的帮助。

3. 由生活困难一方在离婚时一并提出。

从前述法律规定中可以看出，离婚经济帮助费用与离婚家务劳动补偿一样，需要主张权利一方在离婚的同时提出，包括协议离婚时及诉讼离婚时，但如果当事人未在离婚时提出，在离婚后主张的，不能得到法院支持。

综合以上法律规定及对于条件的分析，可以看出案例中的吴女士身患疾病无力工作，亦无收入，除仍需大笔医疗费用治病外，其日常生活中的衣食住行需依赖于父母的帮扶。笔者认为，在不考虑其夫妻共有房屋分割的前提下，其可以在离婚时一并主张郑先生支付经济帮助费用。但如果离婚时其获得了财产分割方面的倾斜或补偿，法院亦有可能考虑到其财产情况，不认为其属于生活困难之列。

二、离婚经济帮助费的司法实践情况及数额认定

（一）司法实践情况

首先，司法实践中，最终获得经济帮助费的当事人大部分都是身患疾病需要治疗，而又没有生活来源的人。比如一些当事人在结婚后身患绝症或患有久治不愈的其他疾病、因突发意外导致生活不能自理等，都属于身患疾病之列。在身体健康一方要求离婚时，考虑到夫妻之间的扶养责任和义务，以经济帮助费用的形式对扶养义务做出一定的延伸，有利于患病一方降低因离婚带来的生存影响。另外，这里的生活来源既包括自己的工作收入、租金收入等，也包括是否有其他扶养义务人可以履行扶养责任。比如在河南省汤阴县人民法院审理的（2022）

豫 0523 民初 2040 号离婚纠纷案中,被告身患疾病,原告多次起诉要求离婚,被告提出经济补偿的要求,但由于原、被告婚内生育的二子均已成年,最终法院以被告未完成举证且有其他扶养义务人为由驳回了被告的该项主张。在离婚案件中涉及的扶养义务人一般均是指成年子女。

其次,有些法院会将从事较多家务劳动和生活困难纳入一并考量,进而统一支持家务劳动的经济补偿及经济帮助费用。比如在山东省青州市人民法院审理的(2022)鲁 0781 民初 787 号离婚纠纷案中,法院考虑到原告一直在新疆工作,而被告一直与孩子在一起生活,据此可以认定被告抚育子女付出较多。而被告没有自有住房,属于生活困难的情形,故被告要求原告给予经济补偿金,符合法律规定。结合案件的实际情况,法院酌定原告给予被告经济补偿金 50,000 元。

(二)数额认定

司法实践中,人民法院认定的经济帮助费用金额不等,最高达几十万元,最低则几千元。一般法院在裁判时会考虑以下两方面因素:

首先,要求经济帮助一方的困难情况。经济帮助费用的数额与困难情况直接相关,比如暂时无房居住,但身体健康,一般金额不会太高,而因疾病尚需大笔医疗费且生活不能自理的,金额一般会相对高一些。在江苏省宿迁市中级人民法院审理的(2021)苏 13 民终 3552 号离婚纠纷案中,原告起诉被告要求离婚,被告在结婚前即患有智力上的疾病,原告知晓此情况仍与被告结婚,后在婚姻关系存续期间被告因家中失火,致全身大面积皮肤烧烫伤,并致右手及右脚部位部分缺失。现被告不能正常行走,日常生活由其母亲护理。最终法院认为,原告在明知被告实际状况的情况下仍愿意与被告登记结婚,且原告在婚后未能尽到充分陪伴及照顾义务导致被告发生意外受伤致使肢体部分残缺,该伤情也造成被告的生活自理能力进一步恶化。原告在此情况下仍多次起诉要求离婚,而判决离婚对于被告今后的生活将产生重大影响,基于对婚姻关系中弱势一方的保护,原告在判决准许双方离婚的情况下应当向被告给予经济帮助。此案件中,一审法院判决经济帮助费用为 20 万元,二审法院予以维持。

其次,支付一方的经济状况。法律并不支持为帮助一方而使另一方陷入困境,因此支付一方的经济状况亦是金额认定需考虑的关键因素之一。比如一方有困难,另一方也不宽裕,那么极有可能不支持经济帮助费;又如一方有困难,另一方的能力亦有限,那么金额可能会是几千元。

因此，在经济帮助费的具体数额上，在双方无法协商一致的情况下，人民法院依据依法认定的事实，并结合当地的经济发展情况自由裁量。

三、主张经济帮助费如何举证

作为提出主张的一方，需要在离婚诉讼中完成以下两方面举证：

其一，自己生活困难。关于生活困难，可以要求住所地的居民委员会或村民委员会开具困难证明，或者提供失业证明、低保证明、无房证明等证明生活困难。生病就医的情况，可以向法庭提交病情证明、病历资料等证据予以证实。

其二，对方有支付能力。关于对方的支付能力，可以向法庭提交对方名下财产状况、工作证明、收入证明、银行流水等证据予以证实。

综上，离婚经济帮助制度并非所有离婚案件中的当事人都可以适用，大部分可适用的都属于因疾病等无法工作、无收入来源的，其离婚后存在生活困难的可能性方可主张。案例中的吴女士虽有权主张，但其毕竟有一套夫妻共有的房屋，在房屋分割对其有所倾斜的情况下，其主张亦不一定能得到法院支持。但如果确系无财产、无收入，又有长期的慢性疾病缠身，又为家庭付出较多的当事人，一定要懂得拿起法律的武器，运用好经济帮助制度，为自己在离婚时争取更多权益！

律师感悟

在日常接待咨询过程中，笔者时常听到有当事人问“我看电视剧里面，其他国家或者地区的人们离婚后，男方还要一辈子给女方扶养费，定期给的，我可不可以要求?”确实，国外其他一些国家和地区有离婚后仍需支付扶养费用给前妻或前夫的规定和做法，但我国的法律当中并无此类规定。就离婚后二人不再有婚姻关系的角度而言，法律上不会支持双方在经济上仍有过多纠缠，且夫妻间才有的扶养义务尚不能在婚姻关系之外。但法律亦考虑到一些特殊情形，一方可能会因婚姻感情的破裂而连基本生存都成问题的情况，故而我国《民法典》规定了离婚时的经济帮助制度。该制度旨在保障离婚时处于弱势一方的基本生存权益，也反映出道德及法律上对于中国夫妻间“同甘共苦”的推崇，法律并不鼓励大家在一方发生身体或其他方面的变故时以离婚来解决问题。因此,对于执意要离婚一方,仍需负有一定的代价和责任。当然,法律也好,道德也罢,在离婚自由的前提条件之下,无法苛责任何人,但一项好的法律制度提供的社会保障功能是不容忽视的。所以,笔者仍想强调,法律指引着我们的生活,若干的法律制度仍需要法律工作者的推动与传播,希望更多的人能够知晓并受益!

第2部分

流程提示

第一章　协议离婚的流程及所需材料

1. 办理协议离婚的流程是什么?

根据我国相关法律规定,办理协议离婚的流程如下:

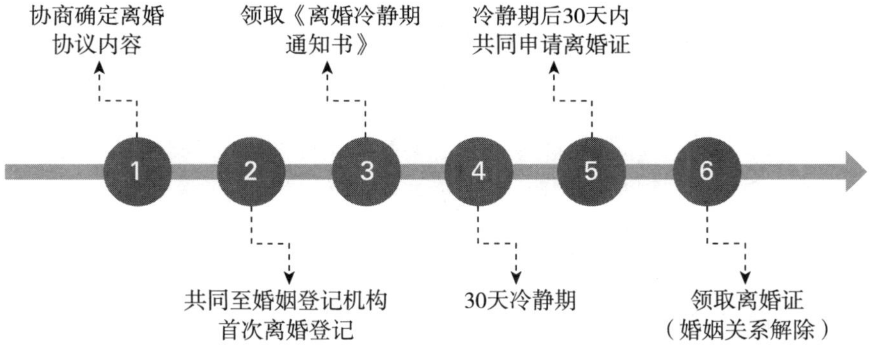

1. 双方针对协议离婚事宜起草离婚协议,协议中需体现双方针对自愿离婚、财产分割、子女抚养及债务处理已经达成一致意见。

2. 双方共同至婚姻登记机关申请离婚登记。

根据相关法律规定,不论是申请结婚登记还是离婚登记,一般情况下,均需夫妻双方亲自办理,不得委托他人。

3. 婚姻登记机关进行初审,初审通过的,发给《离婚冷静期通知书》,双方进入 30 天的离婚冷静期。

自 2021 年 1 月 1 日起,《民法典》正式实施,其中新增了离婚冷静期制度,即第 1077 条规定:"自婚姻登记机关收到离婚登记申请之日起三十日内,任何一方不愿意离婚的,可以向婚姻登记机关撤回离婚登记申请。前款规定期限届满后三十日内,双方应当亲自到婚姻登记机关申请发给离婚证;未申请的,视为撤回离婚登记申请。"

上述有关于离婚冷静期的规定,旨在减少冲动离婚,降低离婚率。在 30 天的离婚冷静期内，双方仍是夫妻关系，在冷静期后，任一方不愿意在30天内一同去领取离婚证的，前次的离婚初审不再作数。双方如需协议离婚，需要再次去提交离婚申请，再次申请的，仍需经过30天的冷静期。

4. 冷静期后，双方共同至婚姻登记机关申请发给离婚证。

5. 申请后，现场领取离婚证，夫妻关系解除。

2. 协议离婚去哪里办理？

我国现行《婚姻登记条例》第10条规定："内地居民自愿离婚的，男女双方应当共同到一方当事人常住户口所在地的婚姻登记机关办理离婚登记。中国公民同外国人在中国内地自愿离婚的，内地居民同香港居民、澳门居民、台湾居民、华侨在中国内地自愿离婚的，男女双方应当共同到内地居民常住户口所在地的婚姻登记机关办理离婚登记。"

按照上述规定，如果夫妻双方均系内地居民，需到一方户口所在地的婚姻登记机关办理离婚登记。我国的婚姻登记机关一般隶属于民政部门，大部分城市会在当地人民政府的政务服务中心（也称"便民中心"）设置婚姻登记窗口。如户口地为昆明市五华区的田小姐与户口地为昆明市盘龙区的杨先生要办理协议离婚，可以至五华区办理，也可以至盘龙区办理。特别提示：假如田小姐与杨先生当年是在昆明市西山区办理的结婚登记，现由于二人户籍均不在西山区，故不能到西山区民政部门办理离婚登记。

另外，国务院于2021年4月30日发布了《关于同意在部分地区开展内地居民婚姻登记"跨省通办"试点的批复》，同意在辽宁省、山东省、广东省、重庆市、四川省实施结婚登记和离婚登记"跨省通办"试点。在试点地区，双方均非本地户口的离婚登记当事人可以凭一方居住证，在居住证发放地婚姻登记机关申请办理离婚登记。试点期限为2年，自2021年6月1日起至2023年5月31日止。2023年5月12日，国务院在前次试点的基础上，发布了《关于同意扩大内地居民婚姻登记"跨省通办"试点的批复》，扩大后，在北京、天津、河北、内蒙古、辽宁、上海、江苏、浙江、安徽、福建、江西、山东、河南、湖北、广东、广西、海南、重庆、四川、陕西、宁夏21个省（自治区、直辖市）实施结婚登记和离婚登记"跨省通办”试点。

在试点结束前，如果夫妻二人目前生活在上述 21 个省（自治区、直辖市）任一地区，且一方办理有当地居住证的，可以在居住证发放地跨省办理离婚登记。试点结束后，则要看国家法律法规及政策的调整情况，从目前的趋势来看，未来也存在全面实施跨省、跨地区办理婚姻登记的可能性。

3. 办理协议离婚需要提交哪些材料？

根据现行的《婚姻登记条例》第 11 条的规定，内地居民办理离婚登记需要携带本人的户口簿、身份证、结婚证原件及按各民政局要求起草并打印好的离婚协议书。其中，如果户口簿遗失，当事人可凭公安部门或有关户籍管理机构出具的加盖印章的户籍证明办理离婚登记；如果身份证遗失，持临时身份证亦可办理。

另外，在办理离婚登记时，还需提供当事人的证件照片，具体以各婚姻登记机关要求为准。

特别提示：

1. 在办理离婚登记的时候，大部分婚姻登记机关需要当事人同时准备好证件的复印件，以便于存档。但是有些婚姻登记机关对于复印件有格式要求，比如双方的身份证正反面需复印在一张 A4 纸上，所以，去办理离婚登记时，可以在首次去申请时了解好婚姻登记机关的要求，并在冷静期内准备妥当。

2. 很多婚姻登记机关都会在登记场所粘贴关于离婚协议的格式及内容要求，当事人的离婚协议最好参照婚姻登记机关的要求起草，以防去登记时又需要反复修改。

3. 符合要求的离婚协议书需要当着婚姻登记处工作人员的面签署，故双方仅需提前将离婚协议打印出来，无须提前签名。

4. 如果结婚后，当事人户口簿个人信息栏中“婚否”处未将“未婚”修改成“已婚”的，有些婚姻登记机关会要求当事人去派出所进行修改后再申请离婚登记。

第二章　诉讼离婚的流程及所需材料

1. 诉讼离婚的具体流程是什么？

一、诉讼离婚一审流程

根据我国法律规定及司法实践，诉讼离婚（一审）的具体流程如下：

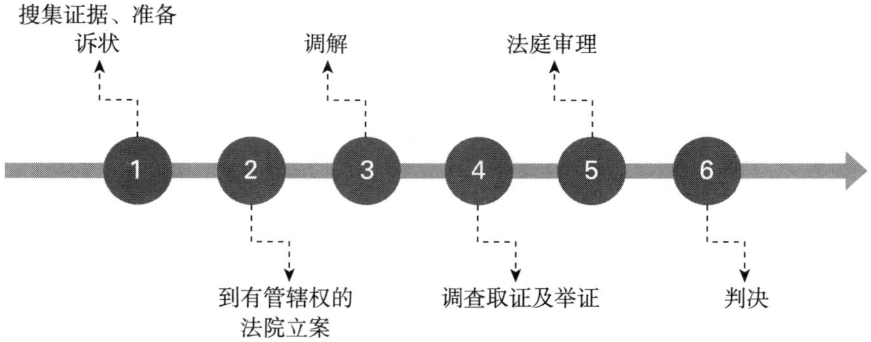

（一）搜集证据、准备诉状

根据我国法律规定，到法院提起诉讼，需要提交基础证据及民事起诉状，因此诉讼离婚的第一步应当为搜集整理立案时所需的基础证据并准备好民事起诉状。

（二）到有管辖权的法院立案

根据我国《民事诉讼法》的规定，民事案件按照级别管辖及地域管辖的规定确定具体受案的法院，其中第 18 条规定：“基层人民法院管辖第一审民事案件，但本法另有规定的除外。”基层人民法院一般是指各区县级法院，比如昆明市官渡区人民法院、北京市海淀区人民法院等。另外，还需结合《民事诉讼法》第二章第二节地域管辖的相关规定确定哪个法院有管辖权。具体到哪个法院起诉将在下文具体分析。

（三）调解

离婚案件调解是必经程序，根据当前国内的诉讼程序，案多人少，都在搞诉前分流改革，希望将大量案件消化在正式立案之前，法院大量引入公证员、律师、人民调解员进行调解工作。调解又分为诉前调解和诉中调解。

所谓的诉前调解，就是将诉状交到法院之后，暂时不立案，不给法院的立案案号，而是由法院委托的第三方（也可能是速裁庭的法官）组织双方进行诉前调解。若能调解好，法院会根据双方的调解意向出具民事调解书，同样能达到解除婚姻关系的目的，亦具有法律强制执行力，矛盾纠纷至此解决。若调解不成，就转法院正式立案，进入下一个程序。

（四）调查取证及举证

举证贯穿民事诉讼始终，此处说的举证，是指法院庭审角度当事人的举证。立案时需要举证证明基本的案件事实，调解时，要解决什么问题，也需要举证证明双方的矛盾问题所在，但这两个阶段的证据虽然也非常重要，但都可以补救。法院立案之后的举证，会给原被告一个举证期限，证据需要在举证期限内提供，这个是程序规定。超过举证期，可能不会被法院认定和接收，将会承担举证不能的法律后果，甚至有败诉的风险。所以，一定要及时搜集证据，注意举证期限，同时申请调查取证也应当在举证期限内进行，有委托律师的申请律师调查令，没有委托律师的可以自己向法院申请法官调查取证。证据整理得越来越完善，在庭审阶段就会越轻松。很多外行人会觉得庭审靠的是嘴，谁口才好，法官听谁的，判谁赢。其实，庭审最重要的是看双方的证据能否支持自己的主张，如举证不力，需要承担的法律后果就是败诉，如举证充分，则极有可能促成双方调解，不战而屈人之兵。

（五）法庭审理

法庭审理是一个相对复杂和程序，且庭审情况亦有可能瞬息万变。

首先，庭审的程序有严格法律规定，有书记员宣读法庭纪律、法官宣布开庭、核对双方当事人身份、法官告知权利义务、法庭调查、法庭辩论、最后陈述等几个阶段。其中法庭调查又包括原告宣读诉状、明确诉讼请求，被告针对原告的诉请进行答辩，双方举证质证，法庭询问等流程。对于法庭审理不了解的当事人可以到中国庭审公开网（http://tingshen.court.gov.cn），通过观看庭审直播或庭审视频的方式了解庭审程序。

其次，法庭审理的时候，不一定会完全往你所预想的方向发展。因为你不知道你眼中的事实是否会被对方否定及如何辩驳，甚至明明以为自己成竹在胸的部分，亦可能被对方反客为主。当然，庭审中的不确定性还有很多，无法一一列举，即使是身经百战的专业律师，也不可能百分之百预测庭审中可能出现的各种意外情况。庭审之前或庭审之后，法官也会询问双方是否调解，婚姻类案件调解贯穿始终。因此，即使诉前调解失败，当事人最好还是提前想好如果调解，自己的最低底线是什么，各种问题想如何解决，以提高调解的效率，节约诉讼时间。

（六）判决

开庭之后，当事人经常会很焦虑，问得最多的一个问题是，什么时候下判决？等了那么长时间，怎么还没有结果？这个和法官风格以及案件的审理期限、难易程度有很大关系，有些法官喜欢开庭之后两周内下判决，趁自己刚审完案件，对案件事实非常熟悉时出具判决书。但另一些法官也可能会因手里需要处理的案件太多或案件过于复杂，而导致无法及时出具判决书，所以会因人、因案而异。

在判决书中，法官首先会明确是否准予原被告离婚，如果是准予，而一审判决书送达后双方又未上诉的，则双方的婚姻关系自判决书生效日起解除，无须再次办理离婚登记。同时，夫妻间能在法院层面处理的财产分割事宜及子女抚养问题会一并解决。

二、一审未判离后诉讼离婚的流程

如果起诉至一审法院后，法官未判离，需要过六个月后再次起诉，或者提起上诉。

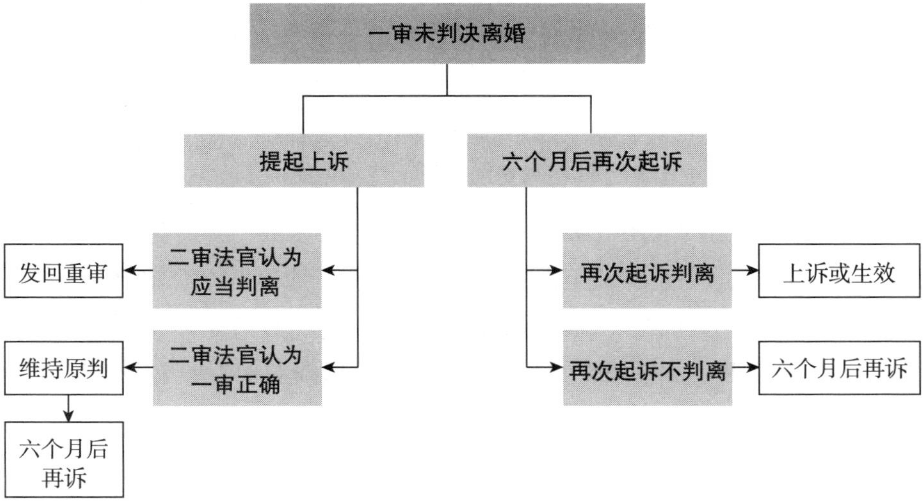

关于第一次起诉离婚而法院以感情未破裂为由未准予离婚，作为原告如何处理的问题，详见本书《第一次起诉，法院未判离，后续应该怎么做？》一文，当事人可以根据自己及对方的具体情况结合法律的规定和本书的分析，进行选择。

2. 诉讼离婚应当去哪个法院起诉？

夫妻双方感情破裂，决定离婚，但对于孩子到底归谁、财产怎么分不能达成一致意见。或是一方想要离婚，但另一方并不想离婚。这时候，唯一的选择，就是起诉离婚了。

起诉离婚要去法院这个大家都知道。但法院不止一家，到底应该去哪个法院起诉，许多人却搞不清楚。一旦选择错误，法院不会立案的同时，也浪费了时间。下面就来和大家解读，在不同的情况下，离婚诉讼，到底应该去哪个法院起诉？开始解读之前，我们需要先明确三个法律概念：住所地、经常居住地和居住地。

首先是住所地，《最高人民法院关于适用〈中华人民共和国民事诉讼法〉的解释》第 3 条规定："公民的住所地是指公民的户籍所在地"。所以，对于普通人来说，住所地就是户籍所在地，也就是户口在哪里，哪里就是住所地。

其次是经常居住地,《最高人民法院关于适用〈中华人民共和国民事诉讼法〉的解释》第4条规定:“公民的经常居住地是指公民离开住所地至起诉时已连续居住一年以上的地方,但公民住院就医的地方除外”。可见,经常居住地需要满足两个条件:一是离开住所地至起诉时已连续居住满一年,二是住院就医的地方除外。而且需要提供一定的证据来证明,诸如,物业管理公司开具的居住证明或入住证明、派出所制作的居住证或暂住证、与房东或中介签订的租房合同、社区盖章开具的居住证明,甚至是单位的社保缴纳证明等。立案时,经常碰到一些普通老百姓去立案,被法官告知要求提供相关证据方能确定是否立案,那是因为法院与法院之间存在地域管辖的区分,立案时最起码需要提供一定证据材料对于法院有管辖权予以证明,否则法院无法完成立案审查。

最后是居住地,就是当事人目前实际居住的地方。居住地和经常居住地的差别就在“经常”两个字上,连续住满一年以上的居住地为经常居住地。

了解了上述三个概念后,笔者在下文对管辖法院进行具体分析。

一、一般原则:被告住所地或经常居住地

《民事诉讼法》第22条规定:“对公民提起的民事诉讼,由被告住所地人民法院管辖;被告住所地与经常居住地不一致的,由经常居住地人民法院管辖。”

《最高人民法院关于适用〈中华人民共和国民事诉讼法〉的解释》第8条规定:“双方当事人都被监禁或者被采取强制性教育措施的,由被告原住所地人民法院管辖。被告被监禁或者被采取强制性教育措施一年以上的,由被告被监禁地或者被采取强制性教育措施地人民法院管辖。”

从以上规定可知,原告起诉要求离婚,应当去被告居住满一年的经常居住地法院提起诉讼,如果没有经常居住地,就直接到被告户籍地即可。

二、特殊地域管辖:原告住所地或经常居住地

《民事诉讼法》第23条规定:“下列民事诉讼,由原告住所地人民法院管辖;原告住所地与经常居住地不一致的,由原告经常居住地人民法院管辖:(一)对不在中华人民共和国领域内居住的人提起的有关身份关系的诉讼;(二)对下落

不明或者宣告失踪的人提起的有关身份关系的诉讼;(三)对被采取强制性教育措施的人提起的诉讼;(四)对被监禁的人提起的诉讼。"

《最高人民法院关于适用〈中华人民共和国民事诉讼法〉的解释》第 12 条规定:"夫妻一方离开住所地超过一年,另一方起诉离婚的案件,可以由原告住所地人民法院管辖。夫妻双方离开住所地超过一年,一方起诉离婚的案件,由被告经常居住地人民法院管辖;没有经常居住地的,由原告起诉时被告居住地人民法院管辖。"

三、涉军案件:分情况而定

《最高人民法院关于适用〈中华人民共和国民事诉讼法〉的解释》第 11 条规定:"双方当事人均为军人或者军队单位的民事案件由军事法院管辖。"

故,涉及军人的离婚诉讼,需分两种情况区别对待:如果双方当事人都是军人,则由被告所在的团级以上单位驻地的军事法院专门管辖,地方法院没有管辖权。如果当事人一方为军人,非军人对军人提起的离婚诉讼,则被告住所地的地方法院或被告所在的团级以上单位驻地的军事法院均有管辖权。军人一方对非军人一方提起的离婚诉讼,则按一般管辖原则,由被告住所地或经常居住地人民法院管辖。

四、涉外或涉港、澳、台离婚诉讼:亦分情况而定

《最高人民法院关于适用〈中华人民共和国民事诉讼法〉的解释》第 13 条规定:"在国内结婚并定居国外的华侨,如定居国法院以离婚诉讼须由婚姻缔结地法院管辖为由不予受理,当事人向人民法院提出离婚诉讼的,由婚姻缔结地或者一方在国内的最后居住地人民法院管辖。"

第 14 条规定:"在国外结婚并定居国外的华侨,如定居国法院以离婚诉讼须由国籍所属国法院管辖为由不予受理,当事人向人民法院提出离婚诉讼的,由一方原住所地或者在国内的最后居住地人民法院管辖。"

第 15 条规定:"中国公民一方居住在国外,一方居住在国内,不论哪一方向人民法院提起离婚诉讼,国内一方住所地人民法院都有权管辖。国外一方在居

住国法院起诉，国内一方向人民法院起诉的，受诉人民法院有权管辖。”

第 16 条规定：“中国公民双方在国外但未定居，一方向人民法院起诉离婚的，应由原告或者被告原住所地人民法院管辖。”

第 17 条规定：“已经离婚的中国公民，双方均定居国外，仅就国内财产分割提起诉讼的，由主要财产所在地人民法院管辖。”

第 549 条规定：“人民法院审理涉及香港、澳门特别行政区和台湾地区的民事诉讼案件，可以参照适用涉外民事诉讼程序的特别规定。”

小结：在涉外的情况下，可以在结婚登记地的法院或者出国定居前双方在国内最后的居住地法院起诉离婚。如果是在国外结的婚，那么可以在双方原来户口所在地或双方在国内最后的居住地法院起诉离婚。总体来说，国内法院都有管辖权。

综上，起诉离婚一般是到对方户籍地所属法院起诉；若对方不在户籍地居住，则再需视情况而定：(1)离开住所地至起诉时未连续居住满一年，则仍需到对方户籍地所属法院起诉；(2)离开住所地至起诉时已连续居住满一年，则需到对方经常居住地所属法院起诉；但此时就需要有对方在该居住地居住满一年的相关证明，法院才会予以受理，若无法获取该证明则仍可到对方户籍地所属法院起诉，法院受理后若对方提起管辖异议，主张应由其经常居住地法院受理，则由对方提交证据后由人民法院依法裁定是否移送至对方经常居住地法院管辖。

通过以上分析可能大家会想，那我们直接选择对方户籍所在地法院起诉不就行了？但笔者要说的是：之所以要分情况选择管辖的法院，就是因为并不是所有户籍所在地法院都有管辖权，而被告又都有提出管辖异议的权利，诉讼离婚本就追求时间效率，若没有准确选择法院将会耗费更多时间。所以，如果有被告现居住地的相关材料，我们不仅可以准确选择管辖法院，还可以杜绝被告提起管辖异议耗费时间，能更快速地实现离婚的诉求。

拓展知识：

1. 离婚案件，即使财产争议标的再大，一般也都由基层人民法院管辖，不会由中级人民法院管辖。

2. 离婚案件涉及的主要财产即使不在受诉法院所在地，诉讼离婚也应当由被告住所地或经常居住地人民法院管辖。

3. 已经离婚的中国公民，双方均定居国外，仅就国内财产分割提起诉讼的，由主要财产所在地人民法院管辖。

3. 诉讼离婚需要准备哪些材料?

《民事诉讼法》第 122 条规定:“起诉必须符合下列条件:(一)原告是与本案有直接利害关系的公民、法人和其他组织;(二)有明确的被告;(三)有具体的诉讼请求和事实、理由;(四)属于人民法院受理民事诉讼的范围和受诉人民法院管辖。”第 123 条规定:“起诉应当向人民法院递交起诉状,并按照被告人数提出副本。”第 124 条规定:“起诉状应当记明下列事项:(一)原告的姓名、性别、年龄、民族、职业、工作单位、住所、联系方式,法人或者其他组织的名称、住所和法定代表人或者主要负责人的姓名、职务、联系方式;(二)被告的姓名、性别、工作单位、住所等信息,法人或者其他组织的名称、住所等信息;(三)诉讼请求和所根据的事实与理由;(四)证据和证据来源,证人姓名和住所。”

根据以上法律规定,诉讼离婚需要准备以下材料:

一、关系证明和身份证明

《结婚证》或《结婚登记表》(结婚证原件遗失或为对方保管无法获取的情况下,可以持自己的有效身份证到婚姻登记地的民政局打印双方的结婚登记表,作为关系证明提交法院);其次是婚生子女的《出生证》或《户口册》,有其一也可。原被告的身份证或户口册(或派出所打印的户籍证明),实在无法获取可委托律师依法调取。

二、民事起诉状

民事起诉状至少一式三份(法院一份、被告一份、自留一份),起诉状内容可根据上述《民事诉讼法》第 124 条之规定和本书提供的范本自行书写,若担心自行书写对诉讼请求和事实理由把握不当会导致败诉风险,可咨询专业家事律师进行指导或委托律师代书。

三、证据材料及证据目录

除关系证明和身份证明外，当事人还需根据己方的诉讼请求依次准备相对应的证据材料，并根据《最高人民法院关于民事诉讼证据的若干规定》(2019 年修正)第 19 条之规定："当事人应当对其提交的证据材料逐一分类编号，对证据材料的来源、证明对象和内容作简要说明，签名盖章，注明提交日期，并依照对方当事人人数提出副本。"参照本书提供的范本制作证据目录。

离婚时，如果没有准备好证据就贸然提起诉讼，不但会错失搜集证据的良机，还可能会因为准备不足而一败涂地。打官司打的是证据，如果能够在律师指导下，提前进行相关搜集证据的工作，收集感情破裂与否、孩子抚养权优势与否、夫妻共同财产状况，则更有可能达到诉讼目标。在提起诉讼时需要的证据有：

1. 感情破裂与否的证据。

(1)一方患有法定禁止结婚疾病，或有生理缺陷及其他原因难以治愈不能进行夫妻生活的。

(2)婚前缺乏了解，草率结婚，婚后未建立起夫妻感情，难以共同生活的。

(3)一方婚前隐瞒了精神疾病，婚后久治不愈，或婚后患精神疾病，久治不愈的。

(4)一方隐瞒欺骗，或者在结婚登记时弄虚作假，骗取《结婚证》的。

(5)双方办理结婚登记后，未同居生活。

(6)包办、买卖婚姻、婚后一方随即提出离婚；或者虽共同生活多年，但确未建立起夫妻感情的。

(7)因感情不和分居已满 2 年，确无和好可能的，或者经人民法院判决不准离婚后又分居满 1 年，互不履行夫妻义务的。

(8)一方出轨、与他人通奸、非法同居、重婚，或经教育和原谅后仍无悔改表现(如谅解书、忠诚协议等)，或在人民法院判决不准离婚后，过错方又起诉离婚，确无和好可能的。

(9)一方好逸恶劳、有赌博、吸毒等恶习，不履行家庭义务、屡教不改，夫妻难以共同生活的。

(10)一方被依法判处长期徒刑，或其违法、犯罪行为严重伤害夫妻感情的。

(11)一方下落不明满二年,对方起诉离婚,经公告查找确无下落的。

(12)受对方的家暴、虐待、遗弃,或者受对方亲属虐待,或虐待对方亲属,经教育不改,另一方不谅解的。

(13)因其他原因导致夫妻感情确已破裂的。

2. 子女抚养的相关证据。

(1)孩子身份、年龄方面的证据:出生医学证明、户籍证明(户口册);二者若不一致,以户籍证明为准。

(2)对方身体状况方面的证据:医院的诊断证明、住院病历。

根据法律规定,即使孩子不满两周岁,如果女方患有久治不愈的传染性疾病或其他严重疾病,子女不宜与其共同生活的,也可以跟男方一同生活。因此如一方患有严重疾病,则可以提交证据以证明其不具备抚养能力。

(3)提交己方已做绝育手术或因其他原因丧失生育能力的证据。

(4)提交子女随一方生活时间较长,改变生活环境对子女健康成长明显不利的证据。

(5)提交一方有无其他子女的证据。

(6)提交子女单独随祖父母或外祖父母共同生活多年,且祖父母或外祖父母要求并且有能力帮助照顾孙子女或外孙子女的证据。

(7)提交各自抚养子女有利或不利条件的证据。

3. 夫妻共同财产的相关证据。

(1)房产:对于有产权证的房产,需提交房产证或不动产登记信息查询表;无产权的需提供购房合同或商品房买卖合同登记备案表、交款发票或出资证明。

(2)车辆:提供车辆行驶证、机动车登记证书、车辆查档表等材料。

(3)有银行存款、工资收入并需申请法院调查的,应提交银行卡号及开户银行名称全称(所以,离婚前先把对方的银行卡卡号,全部进行拍照留存)。

(4)有股票并须申请法院调查的,应提交开户券商名称及股东代码、资金账号。

(5)拥有公司股权的,应提交该公司的名称及工商登记情况、出资证明等。

(6)一方有债权债务的,除提交借据以外,还需有相关的银行流水等证据佐证。

(7)夫妻双方签有财产约定的,须提交财产协议书等相关证据。

(8)有商业保险的,需提供保险合同或保单信息。

(9)其他能证明夫妻共同财产的证据。

4. 诉讼离婚的其他提示有哪些?

一、诉讼离婚中能否全权委托律师

民事案件中,当事人一般可以全权委托律师代为出庭,本人可以不用出庭,其实法律上及司法实践中并无全权委托的概念,在律师代理民事案件时,根据《民事诉讼法》第 62 条的规定:“委托他人代为诉讼,必须向人民法院提交由委托人签名或者盖章的授权委托书。授权委托书必须记明委托事项和权限。诉讼代理人代为承认、放弃、变更诉讼请求,进行和解,提起反诉或者上诉,必须有委托人的特别授权。”只有一般授权和特别授权的区别,在特别授权时律师的权限更大,可以代替当事人做很多事情。但因为离婚案件具有涉及身份关系的特殊性,法院需要当事人本人亲自出庭,对是否解除婚姻关系进行陈述,进而判断夫妻感情是否确已破裂,是否可以判决离婚,因此,在离婚案件中律师只能一般授权代理。《民事诉讼法》第 65 条规定:“离婚案件有诉讼代理人的,本人除不能表达意思的以外,仍应出庭;确因特殊情况无法出庭的,必须向人民法院提交书面意见”。离婚调解时,一般也都需要当事人在场,所以,离婚案件除特殊情况外,原则上必须本人出庭。

那又有人会纠结哪些是属于“特殊情况”? 对此我国现行法律及司法解释尚无明确规定。已被修订的《最高人民法院关于民事诉讼证据的若干规定》(2001 年)第 56 条曾规定:《民事诉讼法》第 70 条规定的“证人确有困难不能出庭”,是指有下列情形:“(一)年迈体弱或者行动不便无法出庭的;(二)特殊岗位确实无法离开的;(三)路途特别遥远,交通不便难以出庭的;(四)因自然灾害等不可抗力的原因无法出庭的;(五)其他无法出庭的特殊情况。前款情形,经人民法院许可,证人可以提交书面证言或者视听资料或者通过双向视听传输技术手段作证”。但就笔者亲身经历的所有离婚案件中均尚未出现委托律师后,法院允许当事人本人不出庭的情况,要么申请改期开庭,最差也是特殊情况网络开庭。而对于离婚案件庭审来说,出庭远远利大于弊,不仅可以防止对方的污蔑,还能给法官一个好的印象,更有利于自己诉求的实现。所以,对方是否出庭我们无法掌控,但己方能出庭一定要出庭,即使发生所谓被法官允许的“特殊情况”,也一定要向法院提交自己对于离婚、子女抚养以及财产分割的书面意见。

二、离婚案件开庭时,如何应对法官的提问

如果你委托了律师,大可不必慌张,律师庭前一般都会对当事人进行上述开庭程序的讲解和预演。除法官点名需要当事人本人回答和陈述的内容外,基本上都由律师代为作答和陈述。

而离婚纠纷比较特殊,律师无法特别授权代理,即使有律师代理,很多问题也必须本人回答,尤其涉及情感和孩子抚养方面。那么,法官大概会问哪些问题呢？以下这些问题,是笔者总结出的高频问题:

1. 关于夫妻感情方面(审查确定感情是否破裂)。

(1)感情基础。诸如,怎么认识的？什么时候确立恋爱关系？婚前交往情况？等等,主要是询问感情基础情况。

(2)婚后的感情生活。专门的家事法官可能会问得琐细,比如家务劳动、孩子的抚养细节等,这也是法官判断感情是否破裂的依据。

(3)为什么离婚,离婚原因？是否分居？原告起诉离婚的原因？原告认为感情破裂的理由？被告对原告的陈述是否认可,是否有补充？被告是否挽回,如何挽回？为挽回做过什么努力？等等。

(4)是否有和好的可能？离婚原告是否愿意接受调解？是否愿意给被告一个和好的机会？被告不同意离婚的具体理由？被告是否愿意改变自己的一些错误做法？等等。

2. 关于孩子抚养方面(遵循的原则是,有利于孩子健康成长)。

出生以来由谁带？在哪里上幼儿园？孩子的户口跟着谁？各自的抚养能力？在哪里工作,工作时间？每月的收入情况？愿意给孩子多少抚养费？如果自己带,如何带？等等。

3. 关于夫妻共同财产及债务问题。

有哪些共同财产？购置于哪一年？有哪些债务？另一方是否知情？共同财

产的价值能否协商一致？是否需要对财产价值进行评估？共同财产目前的使用管理情况？等等。

注意事项：

1. 当事人对每一个问题都要重视起来，因为任何一个问题法官都不是凭空发问的，背后都会有一定的理念或原因，最终亦可能会成为法官裁判的依据。

2. 法庭调查阶段，法官主要会围绕以上问题展开发问，无法一一列举。总之，围绕着诉讼目标一一回答。

3. 辩论阶段也是围绕着诉讼请求展开陈述，从情感、事实、法律三个角度合理辩论，不做人身攻击。

综上，在应对法官提问时可以注意以下几点：

第一，回答法官问题时，态度要诚恳，语速要适中。如果遇到模棱两可的问题，可以在思索之后，慎重回答，而且正式回答之前，最好加个前缀，"我本不想提及这些，如果对方一定要提，我先说下事实是怎样的，我的看法是……"让法官觉得这位当事人真诚恳，毕竟真诚是必杀技。

第二，讲故事。婚姻案件中很多事是"琐事"，夫妻生活的细节，大多没有证据。婆媳关系，出轨婚外情，我对你爱得那么深，而你却永远只考虑你自己，我之所以不想和人过多提及，是因为你出轨他人……但婚姻案件一来基于生活的琐碎，二来缘于隐蔽性，三来家庭生活也不易举证。所以，描述事实时，大多没有证据。没有证据就不讲了吗？不，不仅要讲，而且要讲得绘声绘色，描述出一段有画面感的故事。因为离婚案件不仅仅是打证据，更是需要依靠事实和证据来说话。还有情感，而怎样获取法官的情感认可，让法官的自由心证确认，让法官正义的天平往自己这方倾斜，最好的办法是基于客观事实讲故事，故事思维本就是影响别人感知、看法的最重要方法。

第三，在回答法官提问时，将诉讼请求或者对方诉讼请求贯穿其中。比如，对于双方感情破裂的证据，第一次起诉时，大多都不充足。在回答法官问题时，需要补强说明，感情为什么破裂，具体因为什么原因破裂，更多的还是考察当事人的心理感受，而描述心理感受最重要的一定是庭审的表达。又如，要求返还彩礼时，我们证据只有彩礼的照片，那么在阐述时需要补强。再如，在阐述借钱买房时，需要讲到向父母借钱、为什么借，合理性需要通过当事人自述从而逻辑自洽。

第四，反驳对方问题时，切记适可而止，尽量不要不依不饶，否则不仅可能起不到正向效果，还可能让法官反感。

第五，策略性的愤怒。知道自己气所在，明白愤怒的价值，明白为什么愤怒。他这样做，我作为一个丈夫/妻子都不生气，那我还有什么可生气的。我生气是因为我爱这个家、我在乎这个家。我现在之所以可以心平气和地谈论此事，是因为我已经放下，没有愤怒也没有生气，只是平和。基于此，说明感情已经/没有破裂。因此，在法庭上，并不代表受伤害一方表现得越气愤越有利于案件的处理。

整个过程不仅是专业战、时间战，更是心理战，如果条件允许，最好还是委托专业家事律师。

三、若己方为离婚纠纷中的被告，如何答辩

（一）建议准备书面答辩状

作为被告，若委托律师，律师会帮你全面分析原告的诉讼请求和事实理由，以便应对和反驳。但若没有委托律师，那么对于原告诉状中的诉求和事实理由也一定要全面分析和应对，不能置之不理，最好能准备书面的答辩状，因为事前想好的话语，到了法庭我们不一定能够顺利陈述和对答如流。答辩状的格式可以自行百度或根据本书提供的范本书写，形式比较固定，关键是内容。

这里，一些律师在办理民事案件时不建议当事人提交书面答辩状，认为书面答辩状一旦交上去，极有可能让原告提前知晓我方的诉讼策略。笔者认为，首先书面材料能够让法官更清晰明确的了解我方的答辩主张，有利于案件的顺利进行；其次离婚诉讼打的都是明仗，你有什么，我有什么，大多心知肚明，一清二楚。

而且离婚诉讼和其他类型诉讼最大的不同是，司法实践中的大部分法院认为离婚诉讼没有反诉！再强调一遍，离婚纠纷没有反诉！针对原告的诉讼请求，其他类型的纠纷都会不同程度地允许被告提起反诉，也就是反请求。但是，离婚纠纷没有。之所以没有，主要的理念是，离婚纠纷本就要一并处理是否解除婚姻关系、孩子由谁抚养、抚养费给多少、共同财产有哪些、如何分割等一系列问题，是一个复合型诉讼，在原告提起诉讼后，被告无论是否同意，其本质上仍是针对

上述问题表达意见、提出主张。所以，离婚纠纷中的被告无须提起反诉，其仅需提出具体的答辩主张，即形成与反诉一样的诉讼效果。因此，笔者建议，离婚案件中的被告针对与原告存在分歧的事项，应当准备书面答辩状，以便法院在审理时能更清晰地了解被告的主张，才能更好的进行审理。同时，需要指出的是，如果被告提出了超出原告诉讼请求之外的申请事项，则需按照整案所涉及的财产标的补缴案件受理费。比如原告起诉分割共同财产，但并未列出登记于原告自己名下的房屋，而被告答辩提出该房屋亦属于夫妻共同财产，请求依法分割，则被告须先行预缴该套房屋对应价值应缴的案件受理费。

（二）在答辩时有哪些注意事项

首先，需要明确写答辩状的目的是反驳原告所陈述的诉讼请求、事实与理由，同时须提出自己的答辩主张，并附事实与理由予以说明。正所谓既要反驳，又要立论。怎样写答辩状，需要视具体情况而定，原告提出的具体诉讼请求是否同意？原告是否第一次起诉？是否存在争议巨大的事实？对于孩子的抚养是否分歧比较大？财产数额分歧是否比较大？

怎么反驳原告的诉讼请求呢？原告的诉讼请求无外乎是：离婚、孩子抚养、共同财产分割、诉讼费的承担。被告针对原告的诉讼请求，需要阐明自己的态度。具体如下：

1. 如果不同意离婚，一定要详细阐明理由。不同意离婚时，感情是否破裂是案件的一个争议焦点，要围绕着这个焦点问题展开说明。要说感情如何好，婚前的感情基础如何牢固，婚后形成了稳定的生活和沟通方式，孩子共同抚养。原告所述的都是一些小矛盾、小纠纷，相信一定会化解和改变。如果说到改变，也要详细说明如何改变；双方的感情也没有《民法典》所规定的出轨、家庭暴力、赌博、吸毒等恶习，答辩状可能到此就结束了。不太会涉及孩子和共同财产处理的问题，即使有，法官也只是会象征性地问问，不会详细审查。总之，如果不同意离婚，就要引起足够的重视。不同意离婚的答辩状写得足够好，就越能达到不离婚的目的。

2. 如果同意离婚，简要说明同意离婚的理由即可，此时感情破裂就不是一个焦点问题。但是，很多被告有一个误区，抓不住重点，觉得离婚就是要找个说理的地方，一定要说明为什么离婚，鸡毛蒜皮家长里短地拉扯一大堆，其实大可不必。紧紧围绕着对方的诉讼请求，除了对方的重大过错重点提出外，其他无关紧要的无须不依不饶,更多地放在子女抚养和财产分割上即可。当然,如果原告在诉讼请求中有大量不实或污蔑的言语,大可怼回去。其他过多的不建议写在答辩状中。如果同意离婚,重点是以下两个问题,孩子抚养和财产分割问题。因为在双方都同意离婚的情况下,这两个问题先是协商,协商不成,法官一定要审查清楚这两个核心问题,协商不成就只能判决,判决书要有说理部分的,为什么这样判,为什么那样判,书面的意见或者清晰阐明自己的意见就非常关键。

3. 对孩子抚养问题的答辩,并说明理由。如果原告第一次起诉,没有特别情况,一般不会涉及接下来孩子抚养和财产分割的问题。如果不同意孩子由原告抚养,提出自己的意见,同时说明理由。如果同意孩子由原告抚养,仅是抚养费的问题不同意,可以提出自己的意见。同时可以提出对探望权一并处理的具体要求。

4. 对财产清单以及分割的答辩,并说明理由。房产、车辆、工资、银行存款、现金、养老保险、公积金、其他家庭共同财产(家具家电)等。看原告是否已经列明了所有的财产,如果没有列完全,希望将所有财产一并处理的,可以写明哪些财产没有列明,补充完整。同时对于财产分割的比例也可以提出自己的意见。

综上,提出自己的答辩主张,可以在答辩状一并提出,也可以单独列明。为了防止万一发生二审,二审法院又以一审未明确提出为由不处理的情况发生,即使已经在前述的答辩意见中提出了,也建议单独列明,明确清晰地提出自己的答辩请求。因为离婚纠纷没有反诉,涉及婚姻中的子女抚养、财产分割、债务处理一定要阐明意见,明确要求处理,否则只能另案提起离婚后财产纠纷。这是作为离婚案件被告的被动之处,但处理好了也会化被动为主动,只是在形式上确实是劣势,毕竟原告先发起的诉讼。

所以,离婚案件答辩状与普通案件答辩状的根本区别是,离婚案件答辩状可以明确提出自己的答辩请求或新的主张,而其他纠纷的答辩状只能提出质疑和反驳,或者也可要求减少诉讼金额。如果看到这里,您还是不清楚怎么写,直接付费咨询或委托一个专业家事律师吧,毕竟专业的事情找专业的人做能给你节省更多时间和金钱成本。

四、对方拒领诉状,并拒绝出庭,这婚能离吗

若多次与对方谈判,对方均坚决不同意离婚,并称就是要拖着你。如果你要

起诉，他就不接法院电话，不领传票，不去开庭，坚决不配合。这种情况，这婚能离得了吗？

一般来说，起诉到法院之后，法院先是要完成送达工作。就是要将原告的起诉状及法院的开庭传票送达给被告，如果被告拒绝领取传票，可以电子送达或邮寄送达，也可以公告送达。总之，不会出现因为被告不接电话，不去拿传票就开不庭的情况。

被告不去开庭怎么办？如果已经完成了送达程序，被告不去开庭，法院可以缺席审理，被告人不来，依然可以开庭缺席审理。只是开庭之后，判决书可能依然要公告送达，时间上会耽误很久（公告送达时间 30 日）。《民事诉讼法》第 95 条规定，“受送达人下落不明，或者用本节规定的其他方式无法送达的，公告送达。自发出公告之日起，经过三十日，即视为送达。公告送达，应当在案卷中记明原因和经过”。

总之，在我们中国的法律体系中，没有离不了的婚，只是时间长短的问题。因为我们国家的婚姻法体系判定是否离婚，主要是看感情是否破裂。而如何认定感情破裂，更大程度上是看主动提起离婚一方的主观意愿和感情破裂的相关证据。主动提起离婚一方的主观意愿越强烈，一次性判决离婚的可能性越大，如果第一次起诉法院没有判决离婚，或者已经明知对方不同意离婚，可以选择撤诉，隔半年或一年之后再次起诉离婚。半年是经验习惯和对当事人离婚决心的认可，而一年是有明确法律依据的：《民法典》第 1079 条第 5 款“经人民法院判决不准离婚后，双方又分居满一年，一方再次提起离婚诉讼的，应当准予离婚”。

所以，不接听电话，拒绝领诉讼材料，不是上策。积极面对，有话好好说，协商后续系列问题才是良策，方能争取更好的结局。

以上是诉讼离婚的流程以及相关注意事项，如果夫妻间关系较简单，比如争议点仅在于是否离婚，无子女无共同财产，亦无其他纠纷，可以根据本书的流程提示自行诉讼离婚。但如果争议分歧较大，则建议尽量委托专业律师处理。

第3部分

文书范本

1. 离婚协议书

男方：__姓名__，________年____月____日出生，民族：____族，身份证号码：__________________________。

女方：__姓名__，________年____月____日出生，民族：____族，身份证号码：__________________________。

男女双方于________年____月____日在________区民政局登记结婚，婚后于________年____月____日育有一子/女，取名______（或：婚后无子女）。现因______________（例：性格不合、男/女方出轨）致使夫妻感情破裂，已无和好可能。经双方协商后达成一致意见，就离婚子女抚养及财产分割协议如下：

一、男女双方自愿离婚（女方确认目前未怀孕）。

二、子女抚养及探望（若无子女，此段可省略）

（一）抚养权

男女双方离婚后，婚生子/女________（________年____月____日生或身份证号码：____________________），抚养权归男/女方，随同男/女方共同生活。

（二）抚养费（以下段落以抚养权归女方为例）

例1：男方每月支付婚生子抚养费________元人民币，包括日常生活费、因病因伤产生的医疗费、教育费（含课外补习费、课外兴趣爱好班课程费等）、致人伤害的赔偿费等因孩子产生的一切费用。男方每________年在原抚养费标准上递增________%，直到孩子大学毕业为止或子女成年并完成学业、有独立生活来源时止。此款由男方自________年____月起于每月____日前支付至女方银行账户（____________________）。

例2：可分别约定：

1. 孩子日常生活费为人民币________元/月（大写：____________________元/月）。该费用按月进行支付，每月____日前一次性支付该月的日常生活费；接收该费用的银行账号为：户名________，银行账号____________________，开户行____________；该账户收款后视为男方该次付款义务完成。

2. 其他费用：除上述日常生活费外，子女因病因伤产生的医疗费、教育费

（含课外补习费、课外兴趣爱好班课程费等）、保险费、致人伤害的赔偿费等因孩子产生的一切费用均由男方负责总费用的一半。先行垫付的一方有权根据实际垫付情况要求另一方支付其应付费用，付款义务方应于费用产生后三日内向对方付清其应付费用。

（三）探望权

离婚后男方享有对婚生子的探望权，在不影响婚生子正常学习生活的情况下，可在与女方提前联系后，随时探望（或男方每月可探望婚生子____次，于每周____将婚生子接走，于每周____将婚生子送回）。

（四）姓名及涉外身份办理问题

1. 双方经协商后一致同意，双方离婚后，女方可以变更婚生子的姓氏，办理相关手续若需男方予以配合，男方应无条件配合办理。

2. 双方离婚后，若婚生子需要进行任何涉外身份办理或其他任何涉外事宜办理的，男方应无条件配合办理。

3. 本条事项若需男方配合时，男方无正当理由拒绝配合须向女方支付________万元（大写：____________________元）的违约金。

三、财产及债权债务的处理

（一）房产（车位同理）

位于________省________区________街道________小区____幢____层____号的房屋。

（例1）位于____号的房屋，属于二人的夫妻共同财产。该房登记于男/女方名下，建筑面积________平方米，不动产权证号为：________。

双方离婚后，该套房产的所有权归女方所有，男方需配合女方办理该房屋的过户登记手续，女方给付男方房屋折价款________万元人民币（大写：____________________元）。（若有贷款尚未还清，可约定离婚后贷款继续由女方偿还，女方补偿男方于婚姻存续期间的共同还贷部分）

（例2）位于____号的房屋，属于二人的夫妻共同财产。该房登记于男/女方名下，建筑面积________平方米，不动产权证号为：________。

双方离婚后，该房屋由男/女方于________年____月____日前按照市场价格对外出售，售房所得价款由双方按照男方________%、女方________%的比例进行分配。

（例 3）位于____号的房屋，属于二人的夫妻共同财产。该房登记于男/女方名下，建筑面积________平方米，不动产权证号为：________。

双方离婚后，将该房屋赠与婚生子________所有，于________年____月____日前将该房屋过户到婚生子名下。双方一致确认该赠与行为不可撤销，若一方不配合办理过户手续的，子女及法定代理人可据此诉至法院要求强制执行。

（例 4）位于____号的房屋，该房产系女方婚前购买，属于女方的个人财产。该房屋现登记于女方名下，建筑面积________平方米，不动产权证号为：________。双方离婚后，该房产的所有权仍归女方所有。

（例 5）位于____号的房屋，属于二人的夫妻共同财产，商品房买卖合同登记备案编号为：________。该房屋离婚后至取得产权证之前，由女方使用，取得产权证后，归女方所有。即离婚后，无论是否取得产权证，有关该房屋的一切权益均归女方。离婚后____日内女方给付男方房屋折价款________万元。

上述房屋，若如因银行还款、解除抵押、办理过户等手续，需要另一方予以配合办理的，双方应在对方提出要求（含电话通知、微信通知、短信通知等任何形式）之日起____日内协助另一方办理相关手续。若一方不能如期配合办理相关手续的，每逾期一日支付对方人民币________元（大写：____________________元整）的违约金并赔偿对方因此产生的一切损失及维权费用，包括但不限于支付给交易相对方的违约金、逾期利息、律师费、诉讼费、保全费、保全所支出的担保费、差旅费等。

（二）车辆

车牌号为________的________牌轿车（车辆识别代码为：________），所有权人现登记在男方名下。

离婚后该车辆的所有权归女方所有，与男方无关。女方无须给付男方车辆折价款。

男方应于离婚后7 日内配合将所有权人变更为女方，相关费用由女方承担。若男方不能如期配合进行产权变更登记，每逾期一日支付女方________元的违约金并赔偿女方因此产生的一切损失及维权费用，包括但不限于律师费、诉讼费、保全费、保全所支出的担保费、差旅费等。

（三）公司股权

男方名下的________公司的________%的股权，双方离婚后归男方所有，男方应于________年____月____日之前给付女方股权折价款________元（大写：____________________元）。

（四）存款

双方名下现有银行存款保持不变，归各自所有（或双方确认在婚姻存续期间有共同存款________元，双方离婚后，该笔款项按男方________%、女方________%的比例分配）。

（五）其他财产

1. 男女双方各自的私人生活用品及首饰归各自所有。

2. 各自名下的社保账户余额等均归各自所有。

3. 各自名下的金融资产（含基金、股票、债券、公积金等），均归各自所有。

（六）共同债权

男女双方共同确认，在婚姻关系存续期间，双方无共同债权。

（或男女双方共同确认，二人在婚姻关系存续期间的债权，由男方享有，男方应在离婚后三日内给付女方……元）

（七）共同债务

1. 男女双方共同确认，除________________外（没有可不写），双方在婚姻关系存续期间没有发生任何其他共同债务。

2. 男女双方共同确认，任何一方以自己名义所借款项均未用于夫妻共同生活，以各自名义产生的债务属于各自的个人债务，由负债方自行承担。

3. 双方签订本离婚协议后，任何一方不得以自己所负债务与另一方有关为由向对方主张权利，若因第三方不可抗因素导致另一方先行垫付，则对于垫付款项及因此债务造成的一切损失（包括但不限于律师费、诉讼费、保全费、保全所支出的担保费、差旅费等），垫付方可即刻向另一方追偿。

（八）男方对女方的补偿和赔偿

1. 财产补偿款：鉴于上述财产约定，男方合计须向女方支付补偿款________万元（大写：____________________元整）。款项支付方式为：在双方办理完离婚手续之日一周内，一次性支付至女方指定的如下银行账户（开户名：________，开户行：________，账号：____________________）。或可协商为分期支付。

2. 损害赔偿款：该段婚姻关系的破裂系由于（如男方存在出轨）行为，对女方产生了极大的精神损害，经双方协商一致，男方自愿支付女方精神损害赔偿款

________万元（大写：____________________元），款项支付方式为：在双方办理完离婚手续之日一周内一次性付清。或可协商为分期支付。

或：离婚后，一方若发现另一方欺骗出轨而导致离婚，无过错方可据此向过错方主张20 万元（大写：_______________万元）的精神损害赔偿。

（九）双方按照以上约定对共同财产进行分配和处理后，双方之间无其他财产争议

四、违约责任

1. 抚养权及探望权的违约责任。

双方约定，任何一方如若违反抚养权及探望权的有关约定，违反约定的一方应当向未违反约定的一方支付违约金________元（大写：____________________元）。

2. 不支付补偿金或赔偿金的违约责任。

男方若出现任何一期逾期支付补偿金和赔偿金，女方除有权据此协议诉至法院要求男方一次性全部清偿外，还可要求男方支付女方逾期违约金人民币________万元（大写：____________________元整），并按逾期时全国银行业公布的贷款利率 LPR 的四倍支付资金占用利息，直至清偿之日止。此外，女方因此产生的一切其他损失及维权费用，包括但不限于律师费、诉讼费、保全费、保全所支出的担保费、差旅费等，均由男方承担。

3. 不过户的违约责任。

任何一方拒不履行过户义务的，应按照每天________（大写：________元）元向对方支付违约金。

五、一方隐瞒或转移夫妻共同财产的责任

男女双方共同确认，已经向对方披露了双方婚姻关系存续期间所有的财产及债权债务。任何一方违反此披露义务，隐瞒、转移、隐藏夫妻共同财产和债权，另一方在离婚后可以要求分割被隐瞒、转移、隐藏的夫妻共同财产和债权，并可以要求多分。

六、通知送达

双方因履行本协议而相互发出的所有通知、文件、资料等，均可以本协议所列明的电话（包括短信）、微信、电子邮箱等任何一种方式进行送达，自通知、文件、资料等发送即视为送达。一方变更上述信息的，应以书面形式告知对方，若

无书面告知导致相关文件无法送达的，不利后果由该方自行承担。

七、争议管辖

本协议生效后因履行本协议发生争议的，双方应友好协商解决，协商不能的，则任何一方均有权向________法院起诉。

八、协议生效

本协议在双方签字后并经民政部门对双方的婚姻进行离婚登记之后生效。男女双方共同确认，双方均具有完全民事行为能力，本协议书的签署系双方自愿，以上内容是双方的真实意思表示，不存在任何欺诈、胁迫、乘人之危、重大误解等情形。

九、本协议一式三份，每份具有相同法律效力；双方各持一份，另外一份由民政局婚姻登记机关留存

男方：	女方：
联系电话：	联系电话：
邮箱：	邮箱：
年　月　日	年　月　日

2. 民事起诉状

原告：________，女，____族，________年____月____日出生，身份证号码：____________________，住址：____________________________________，联系电话：______________。

被告：________，男，____族，________年____月____日出生，身份证号码：____________________，住址：____________________________________，联系电话：______________。

诉 讼 请 求

一、请求判令原、被告离婚。

二、请求判令婚生子________由原告抚养，被告每月向原告支付抚养费________元。

三、请求依法分割夫妻共同财产：

1. 位于________的房产，暂估价值约________元；

（若房屋尚未取得产权证，则：请求依法分割位于________的房产对应的权利义务，暂估价值为________元）

2. 位于________的车位，暂估价值约________元；

3. 车牌号为________的________牌车辆，暂估价值约________元。

……

以上财产价值合计约________元。

（备注：本条所列财产价值均为暂估金额，最终价值或金额以评估鉴定或双方协商一致的结果为准。）

四、请求判令被告向原告支付精神损害赔偿________元。（如存在家暴、出轨等情形）

五、本案诉讼费用由被告承担。

事实与理由

（本部分主要陈述客观事实，无须过多赘述，将离婚的原因以及由己方判得抚养权更为适宜的理由陈述清楚即可。若诉讼中有望协商调解大可不必言辞激烈以至于过多激化矛盾；若无协商可能，对方又劣迹斑斑，可以一一列举以争取尽快达到判决离婚的目的）

例：原、被告相识于朋友聚会，于________年____月确定恋爱关系，________年____月____日在________市________区民政局登记结婚，于________年____月____日生育儿子小明。

原、被告结婚初期感情尚可，但原、被告自________年开始至今一直处于分居状态。被告无稳定收入，且有网络赌博的恶习，并对原告有家暴行为。在孩子抚养问题上，原告陪伴孩子较多，并且原告的工作、收入稳定，孩子由原告直接抚养，会更有利于孩子的培育和成长。

原、被告多次协商离婚，但因被告提出各种无理要求而未果。现原、被告感情确已破裂，无和好的可能性。原告根据《中华人民共和国民法典》和《中华人民共和国民事诉讼法》的相关规定，向贵院提起诉讼，请贵院依法判决支持原告诉讼请求。

此致

________市________区人民法院

具状人：

年 月 日

3. 民事答辩状

答辩人：________，男，____族，________年____月____日出生，身份证号码：____________________，住址：____________________________________，联系电话：______________。

就原告________起诉被告________离婚纠纷一案［案号：________］，答辩人具体答辩意见如下：

1. 答辩人同意离婚，但被答辩人所述事实与实际不符（具体对原告事实理由不实之处一一反驳）。

或：答辩人不同意离婚，且被答辩人所述事实与实际不符（具体对原告事实理由不实之处一一反驳）。

例：答辩人与被答辩人相识于________，于________年____月____日确定恋爱关系，________年____月____日于________省________市________区民政局领取结婚证。二人在结婚前有坚实的感情基础并且在结婚初期感情尚可，并非被答辩人所说的二人感情基础不牢、出于冲动而结婚。婚后答辩人一直对家庭负责，对被答辩人充分信任，在家里任劳任怨，照顾被答辩人父母。后因____________，导致双方出现感情隔阂，对答辩人身心也造成了损害。

而且，若法院认定双方感情确已破裂应判决离婚，答辩人要求被答辩人支付5万元的家务劳动补偿和5万元的经济帮助金（此条答辩请求非常重要，为防止法院判决离婚而丧失，需两手准备一并提出）。

2. 由答辩人直接抚养孩子更有利于孩子的身心健康成长，被答辩人应每月支付答辩人________元/月直至婚生子年满18周岁为止（或完成学业能独立生活时止）。

被答辩人在日常生活中就对家庭不闻不问，对孩子没有承担起一个做母亲的责任，被答辩人没有稳定的工作以及收入，不利于孩子的培养。而答辩人具有稳定的工作以及收入，在生活中也一直照料孩子的起居，且孩子与答辩人更亲近，也表达过在双方离婚后更愿意跟答辩人共同生活的意愿，显然本案将孩子的抚养权判给答辩人更为合适。

3. 对第三项请求位于________号的房产，答辩人认为该财产属于其婚前个人财产，若要进行分割应由答辩人享有该财产。

该房产为答辩人于婚前________年购买，并于________年____月____日取得"________号(产权证号)"房产证。然而被答辩人产生欲与答辩人离婚的想法后，隐瞒其离婚意图，于________年____月____日要求答辩人在其婚前房产证上进行加名，答辩人出于维护双方婚姻情感、维系家庭关系的考量，办理了房产加名事宜，于________年____月____日取得"________号(产权证号)"不动产权证书。但答辩人万万没有想到，在办理完房产加名事宜不久后就收到被答辩人的离婚诉状，要求离婚并分割财产。答辩人认为该处房产属于答辩人的婚前个人财产，婚后房产加名属于维系双方婚姻关系为前提的赠与，如双方离婚进行分割应由答辩人全额享有。

4. 对第四项请求位于________号的房产，若进行分割应当按照夫妻共同财产进行分割。

该房产为二人婚后用夫妻共同财产购买，并且是以答辩人名义进行的贷款，后续还款是由双方共同出资，被答辩人也一直对答辩人表示房产是登记了两个人的名字，系二人的共同财产，如今起诉离婚又改口称该房产为个人财产。答辩人认为购买该房产的资金系夫妻婚后共同出资，属于夫妻共同财产，若进行分割应当按照夫妻共同财产进行分割。

……

综上，请求贵院综合查明全案事实后，依法进行判决。

此致

________市________区人民法院

答辩人：

年　月　日

4. 原告________诉被告________离婚纠纷一案证据目录

(证据提交人:原告　　　　　)

组别	序号	证据名称	证据来源	页码	证明目的
一、身份信息	1	原告身份证	××市公安局××分局	1	原、被告的身份信息及诉讼主体适格
	2	被告身份证	××市公安局××分局	2	
二、婚姻状况	3	结婚证	××市××区民政局	3	原、被告于××××年××月××日登记结婚,系合法夫妻
三、感情破裂及婚姻过错	4	通话或现场录音	原告	……	原、被告感情确已破裂,被告是婚姻中的过错方(以家暴为例)
	5	××市公安局“110”接处警综合单	××市公安局××分局××派出所	……	
	6	原、被告询问笔录		……	
	7	被告殴打原告视频		……	
	8	家庭暴力告诫书		……	
	9	人身安全保护令裁定书、复议裁定书	××市××区人民法院	……	
	10	原、被告微信聊天记录	原告	……	可用于证明二人在日常相处中的矛盾、无继续共同生活的可能性,家暴、赌博、出轨等也可以通过微信聊天中对方的承认来证明

续表

组别	序号	证据名称	证据来源	页码	证明目的
四、子女抚养	11	出生医学证明	中华人民共和国卫生健康委员会	……	1. 原、被告于××××年××月××日生育婚生子××,现已年满××周岁。 2. 原告直接抚养婚生子更利于婚生子的成长。 3. 婚生子愿意与原告继续共同生活
	12	孩子的自拍视频或文字说明	婚生子小明	……	
五、共同财产	13	行车证或机动车登记证书	××省××市公安局交通警察支队	……	登记于被告名下,车牌号为××的××牌××车,属于夫妻共同财产
	14	不动产权证书(××房屋)	××市自然资源和规划局	……	登记于××名下,位于××的商品房,产权证号为:××,建筑面积××平方米,属于夫妻共同财产
	15	商品房买卖合同登记备案表(××房屋/车位)	××市房产交易中心	……	以××名义签署商品房买卖合同购买的,位于××的商品房/车位,合同登记备案号为:××,建筑面积××平方米,属于夫妻共同财产

证据提交人:　　　　　　　　　　　　年　月　日

5.（对被告________证据）质证意见

法院审理案号：　　　　　　　　　　　　　　　　　　质证人：原告

组别	序号	证据名称	真实性	合法性	关联性	证明目的	不认可理由
一、抚养权	1	婚生子的手写说明	☒	☒	☑	☒	该说明系××伪造的，并不是孩子自行书写，不是婚生子的真实意思表示（我有××的录音予以佐证）
二、财产分割	1	房产《购销合同》	☑	☑	☑	☒	1. 该房产虽系婚后购买，但系原告用婚前个人存款全款购买，不属于夫妻共同财产。 2. 购房合同上没有被告的签名，买受人和所有权人均为原告。 3. 原告已提交相关证据可证明购房款来源
	2	××银行交易明细	☑	☑	☒	☒	该银行流水没有交易对手，不能证明是支付××房产的购房款
	3	《公证书》《房屋买卖合同》	☑	☑	☑	☒	该房屋及车位确实是婚后购买，但是是以原告个人名义签订的购房合同，用原告婚前个人房产××售房款支付首付购买，登记在原告个人名下的房产
……	……	……	……	……	……	……	……

6. 调查取证申请书

申请人:________,女,____岁,____族,________年____月____日生,身份证号码:____________________,现住址:____________________________。

请求事项:

请求贵院依职权向__________银行调查收集如下证据材料:

1. 户名________(身份证号码:____________________)在________银行的银行账户(卡号:____________________),自________年____月____日起至今的交易明细(含交易对手)及目前余额。

2. 户名________(身份证号码:____________________)截至________年____月____日,在________银行购买的理财及定期存单情况。

事实与理由:

1. 因________诉________离婚纠纷一案[案号:________]中存在因客观原因不能自行收集证据的情形,相关证据材料为有权银行单位保管,特请求贵院前往上述单位调查取证。

2. 为查明夫妻共同财产情况,予以公平分割,需调取________,以了解________。

此致

________市________区人民法院

申请人:

年 月 日

7. 证人出庭作证申请书

申请人:________,女,____岁,____族,________年____月____日生,身份证号码:____________________,现住址:____________________________。

申请事项:申请证人____________出庭作证。

申请事由:________诉________离婚纠纷一案中,证人______(身份证号码:____________________)亲自目睹____________(如:家暴过程或借款买房事实),有利于人民法院依法查明案件事实,申请人认为需要该证人出庭作证。根据《中华人民共和国民事诉讼法》第43条的规定,特提出申请。

证人出庭方式:由申请人通知。

证人出庭费用:如有产生,由申请人先行垫付。

特此申请。

此致

________人民法院

申请人:

年　月　日

附:证人身份证复印件及联系方式

8. 不公开审理申请书

申请人:________,女,____岁,____族,________年____月____日生,身份证号码:____________________,住址:________________________。

请求事项:请求________市________区人民法院对________诉________离婚纠纷一案不公开审理。

事实和理由:

申请人________诉被申请人________离婚纠纷一案[法院审理案号:____________]贵院已经受理。因本案系离婚纠纷,涉及诸多当事人个人隐私,不宜公开审理。故申请人根据《中华人民共和国民事诉讼法》第137条"人民法院审理民事案件,除涉及国家秘密、个人隐私或者法律另有规定的以外,应当公开进行。离婚案件,涉及商业秘密的案件,当事人申请不公开审理的,可以不公开审理"之规定,特向贵院提出不公开审理的申请,请予以审查批准。

此致

________市________区人民法院

申请人:

年　月　日

9. 延期开庭审理申请书

申请人：________，男，____族，________年____月____日生，住址：________________________，身份证号码：________________________，联系方式：____________________。

申请事项

请求法院准予延期开庭，以保障申请人的诉讼权利。

事实与理由

申请人与________离婚纠纷一案，已由贵院立案受理，并定于________年____月____日____时开庭。因________（原因），不能准时参加本案的庭审，故特依《中华人民共和国民事诉讼法》第149条之规定："有下列情形之一的，可以延期开庭审理：（一）必须到庭的当事人和其他诉讼参与人有正当理由没有到庭的；（二）当事人临时提出回避申请的；（三）需要通知新的证人到庭，调取新的证据，重新鉴定、勘验，或者需要补充调查的；（四）其他应当延期的情形。"申请延期开庭审理，请予准许。

此致

________市________区人民法院

申请人：

年　月　日

10. 管辖异议申请书

申请人：________，男，____族，________年____月____日生，身份证住址：____________________，现住址：________________________，身份证号码：____________________，联系电话：________________。

申请人因________诉________离婚纠纷一案，向你院提出管辖异议。

申 请 事 项

将该案移交有管辖权的________市________区人民法院管辖。

事实与理由

贵院受理的________诉________离婚纠纷一案，原告在________省________市________区法院起诉，申请人于________年____月____日收到起诉状，但申请人住所地和经常居住地均不在________区，依法贵院并无该案的管辖权。具体的事实和理由为：

申请人从________(时间)________就长住________市，只是偶尔到县与原告团聚(此部分依据自身情况真实陈述，此处只是简单举例)，申请人在位于____房屋(现住址)____已居住______(时长)______。

根据《中华人民共和国民事诉讼法》第22条的规定，对公民提起的民事诉讼，由被告住所地人民法院管辖；被告住所地与经常居住地不一致的，由经常居住地人民法院管辖。根据《最高人民法院关于适用〈中华人民共和国民事诉讼法〉的解释》第3条、第4条的规定，公民的住所地是指公民的户籍所在地；公民的经常居住地是指公民离开住所地至起诉时已连续居住一年以上的地方。申请人户籍在________，现居住于________市________区，________区并非申请人经常居住地，申请人至起诉时已在________省________市________区居住______(时长)______，目前仍在此居住。因此，依法本案应由________省________市________区人民法院进行管辖审理，贵院无该案管辖权，请贵院将该案移交有管辖权的法院管辖。

特此申请！

此致

________省________市________区人民法院

申请人：

年　月　日

11. 延期举证申请书

申请人：________，男，____族，________年____月____日生，住址：____________________________，身份证号码：____________________，联系方式：____________________。

申请事项

请求法院准予延长申请人的举证期限至____________。

事实与理由

申请人与________离婚纠纷一案[案号：________]已由贵院立案受理，贵院确定申请人的举证期限至____________。但在申请人答辩与举证期间，发现本案基础事实复杂，案件涉及________，相关部分的证据需要较长时间调取或进行公证，申请人对于其中有些事实和证据仍需调查核实。现因时间仓促且我方在举证过程中遇到客观阻碍，恐无法在举证期限内完成举证责任，为保障申请人的诉讼权益，现依《中华人民共和国民事诉讼法》《最高人民法院关于民事诉讼证据的若干规定》的相关规定，特请求人民法院准予延期举证。

此致

________市________区人民法院

申请人：

年　月　日

12. 评估申请书

申请人：________，女，____族，________年____月____日出生，住址：______________________________，身份证号码：____________________，联系电话：________________。

申请事项:

1. 对________诉________离婚纠纷一案中所涉________房产的现价值进行评估;

2. 对________车辆的现价值进行评估;

3. 对________所持有的________公司的________% 的股权现价值进行评估。

事实与理由:

1. 房产(车辆同理):

________与________于________年____月____日在________区民政局登记结婚,婚后共同生活在________,于________年____月____日购买案涉房屋,该房产的款项是一次性支付(或:于____日支付首付________元,其余购房款由夫妻双方共同偿还________),所以该房产属于夫妻共同财产。现双方进行离婚诉讼,须对该房产进行分割,而自________年____月____日结婚至今,该房产已经发生增值,当年的购房款已不足以覆盖如今的房产价值,所以须对房屋的现价值进行评估,以达到公平分割的目的。为维护本案当事人的合法权益,特向法院提出上述请求。

2. 股权:

________与________于________年____月____日登记结婚。婚后________于________年____月____日投资________公司________元,成为________公司股东,持有该公司________% 的股权。

自投资至今,该公司一直经营良好。在庭审中双方对股权现价值不能达成一致意见,且相差较大,为确定夫妻共有公司股权的现价值以达到依法公平分割的目的,故向法院申请由专业的评估鉴定机构对________公司的股权现价值和________持有的________% 的股权现价值进行评估。

此致

________区人民法院

申请人:

年　月　日

13. 财产保全申请书

申请人：________，男，____族，________年____月____日出生，身份证住址：________________________，公民身份号码：____________________，联系电话：________________。

被申请人：________，女，____族，________年____月____日出生，身份证住址：________________________，公民身份号码：____________________，联系电话：________________。

请求事项：

请求依法查封、冻结或扣押被申请人________名下相当于价值________元人民币的财产。

事实与理由：

申请人________与被申请人________离婚纠纷一案，为维护申请人的合法权益，防止被申请人转移或隐匿财产，使申请人的诉求最终无法实现，申请人特依据《中华人民共和国民事诉讼法》等相关法律规定，向贵院申请诉讼财产保全。请求依法冻结、查封或扣押被申请人的相关财产。申请人愿以保函作为担保。

此致

________市________区人民法院

申请人：

年　月　日

附：被申请人财产线索：

银行账户：户名________，账号____________________，开户行________。

14.辩论意见

尊敬的审判长、审判员:

原告(或被告)________在参与本案法庭调查的基础上,就本案的争议焦点发表如下辩论意见:

一、原、被告感情确已破裂,理应判决离婚

原告与被告感情基础薄弱,婚后长期两地分居________,并未建立深厚的夫妻感情。原告与被告婚前相处时间较短,婚后生活中矛盾不断、争吵不休,诉前曾多次协商离婚事宜,夫妻感情越发恶劣,直至________年____月二人正式开始分居,这段婚姻关系早已名存实亡,刻意维持只会令孩子受到更大的伤害。

通过庭审中我方申请调取的________证据可知:被告有家暴/赌博恶习,且屡教不改,原告多年来饱受摧残已忍无可忍……(以上仅供参考,具体围绕自身实际情况进行陈述)目前二人夫妻感情彻底破裂,无法共同生活,无和好的可能性。

二、关于孩子抚养的问题,理应判决孩子归原告直接抚养

原告的工作及收入较为稳定,在生活中陪伴孩子较多,且孩子与原告更加亲近,也表达过待双方离婚后更愿意和原告共同生活的意愿。而被告在生活中对家庭不闻不问,对孩子没有承担起一个做父亲的责任,被告也没有稳定的工作以及收入,不利于孩子的培养(以上仅供参考,具体围绕自身实际有利抚养的情况进行陈述)。显然本案将孩子的抚养权判给原告更为适宜。

三、关于财产分割的问题

(一)对于位于________的房屋

(二)对于车牌号为________的车辆

(三)债权债务____________________

综上,请求贵院综合查明全案事实后,依法进行判决。

代理人:

年　月　日

15. 异议登记申请书

申请人：________，女，____族，________年____月____日出生，住址：____________________________，身份证号码：________________________，联系电话：________________。

被申请人：________，男，____族，________年____月____日出生，住址：____________________________，身份证号码：________________________，联系电话：________________。

申请事项：

对________名下的位于________房屋进行异议登记。

事实与理由：

申请人与被申请人系夫妻关系，两人于婚姻存续期间购买房屋一处，产权登记在________名下。现被申请人已向法院提起离婚诉讼，要求与申请人离婚，并要求分割以上夫妻共同房屋，上述房屋的所有权人有可能要变更，因此，特对________名下的________号房屋所有权申请异议登记，在诉讼期间，被申请人不得出售房屋，待诉讼结束，根据生效的法律文书确定实际的所有权人。

特此申请！

此致

________房屋管理局

申请人：

年　月　日

16. 民事上诉状

上诉人（原审原告）：________，女，____族，________年____月____日出生，身份证号码：____________________，住址：____________________，联系电话：________________。

被上诉人(原审被告):________,男,____族,________年____月____日出生,身份证号码:____________________,住址:____________________,联系电话:________________。

上诉人________因与被上诉人________离婚纠纷一案,不服________市________区人民法院作出的________号民事判决书,现提起上诉。

上诉请求:

1. 请求撤销________市________区人民法院作出的________号民事判决书,依法改判并支持上诉人一审的全部诉讼请求。

2. 本案一、二审案件受理费全部由被上诉人承担。

事实与理由:

一审法院认定事实不清,适用法律错误;一审法官在没有对案件事实、证据进行清楚认定的情况下就据以定案,已构成枉法裁判。

1. 上诉人本次一审已是第二次起诉离婚,庭审中被上诉人也当庭表示同意离婚,两人感情确已破裂,无继续生活的可能性,上诉人离婚理由真实充分。一审法院无视二人感情现状的客观事实,判决不准离婚,属于认定事实错误。

上诉人与被上诉人感情基础薄弱,婚后长期两地分居,并未建立深厚的夫妻感情,在诉讼前,已多次协商离婚。上诉人与被上诉人婚前相处时间较短,婚后二人又因工作长期分居,彼此间了解不深。又由于长期分居,二人在生活观念、生活习惯、子女教育等方面存在较大的差异,生活中矛盾不断、争吵不休,曾多次协商离婚事宜,并于________年____月至________市________区民政局办理离婚登记。后上诉人担忧孩子成长,在冷静期内决定继续维持婚姻状态。但事实证明,上诉人的妥协并未换来美好的夫妻感情及婚姻生活,反而是夫妻关系越发恶劣,直至________年____月二人正式开始分居。这段婚姻关系早已名存实亡,刻意维持只会令孩子受到更大的伤害。目前二人夫妻感情彻底破裂,无法共同生活,无和好的可能性。

2. 一审判决婚生子________归被上诉人抚养,不利于孩子成长,应依法改判归上诉人抚养。

上诉人在日常生活中陪伴孩子较多,且上诉人工作以及收入稳定,更有利于孩子的成长。而被上诉人在生活中对孩子不闻不问,缺乏对孩子的关心,且被上诉人的工作以及收入不稳定,由于工作原因还需要经常出差,无法经常陪伴孩子。更加之婚生子________明确表达过在二人离婚后愿意和上诉人共同生活的意愿,所以一审法院判决婚生子由被上诉人抚养极为不合理,应依法改判归上诉人抚养。

3. 一审判决上诉人对孩子的探望权探望频率过低,不利于孩子与上诉人的亲情关系,不利于孩子的健康成长。

如二审法院不同意将子女的抚养权判归上诉人,上诉人则要求对探望权进行改判。

在上诉人与被上诉人离婚纠纷期间,被上诉人一直阻碍上诉人与孩子接触,不允许上诉人单独和孩子在一起,上诉人出于不愿意跟被上诉人发生冲突的心理,一直对被上诉人阻碍上诉人和孩子见面的行为一忍再忍,但上诉人心里无时无刻不在思念孩子,一直想与孩子见面。一审法院的判决是在助长被上诉人的不当行为,严重影响了上诉人和孩子的亲情关系,不利于孩子的健康成长。

4. 一审法院对于案涉财产一律认定为共同财产平均分割,既未考虑上诉人的婚前个人财产,也未按照法律照顾女方权益的原则判决分割,严重违反事实及婚姻法律规定。

夫妻一方个人的财产,不因婚姻关系的延续而转化为夫妻共同财产。《最高人民法院关于适用〈中华人民共和国婚姻法〉若干问题的解释(一)》第 19 条和《最高人民法院关于适用〈中华人民共和国民法典〉婚姻家庭编的解释(一)》第 31 条,均有规定:"……夫妻一方的个人财产,不因婚姻关系的延续而转化为夫妻共同财产。但当事人另有约定的除外。"

根据以上法律规定,无论婚姻关系存续时间的长短,夫妻一方的个人财产都不能自动转化为共同财产,让对方共同享有所有权。如果仅因结婚这一行为,个人财产就变成夫妻共同财产,将极大滋生另一方当事人不劳而获的思想,这对辛苦积攒个人财产的一方也将极为不公。一审法院"一刀切"地认定房屋及车辆系上诉人与被上诉人的夫妻共同财产,是对上诉人婚前个人财产所有权严重侵害。

……

综上所述,上诉人与被上诉人感情基础薄弱,常年两地分居,彼此缺乏了解。加之二人性格差异较大,经常发生争吵甚至引起肢体冲突,曾尝试维持婚姻、化解矛盾,但确实无法共同生活。二人都曾提起离婚诉讼,但因子女抚养问题未达成一致,使婚姻延续至今。现二人离婚意愿强烈,感情确已破裂,婚姻名存实亡。

恳请二审法院尊重案件客观事实和客观真相，深入了解和分析案件，根据《最高人民法院关于适用〈中华人民共和国民事诉讼法〉的解释》第327条“一审判决不准离婚的案件，上诉后，第二审人民法院认为应当判决离婚的，可以根据当事人自愿的原则，与子女抚养、财产问题一并调解；调解不成的，发回重审”之规定，依法对二人调解离婚，调解不成的，发回重审。

此致

________省________市中级人民法院

上诉人：

年　月　日

17. 强制执行申请书

申请人：________，男，____族，________年____月____日生，现住址：______________________________，身份证号码：____________________，联系方式：________________。

被申请人：________，女，____族，________年____月____日生，现住址：______________________________，身份证号码：____________________，联系方式：________________。

申请事项

请求依法强制执行________（案号）号民事判决书之内容，即：

1. 被申请人________支付申请人________……

2. ……

申请理由

申请人________与________离婚纠纷一案，经________市________区人民法院审理，以________（案号）民事判决书作出判决，判决被申请人须于判决书生效起十日内支付被申请人________。如未按判决指定的期间履行给付金钱义务的，加倍支付迟延履行期间的债务利息。

现判决书规定的履行日期已过,但被申请执行人至今未主动履行判决书所规定的给付金钱义务。为维护申请人的合法权益和人民法院生效文书的严肃性,根据《中华人民共和国民事诉讼法》的有关规定,特提出申请,请求人民法院依法强制执行。

此致

________市________区人民法院

申请人:

年　月　日

18. 民事再审申请书

再审申请人(一审原告,二审上诉人):________,女,____族,________年____月____日生,住址:____________________,身份证号码:____________________,联系电话:________________。

被申请人(一审被告,二审被上诉人):________,男,____族,________年____月____日生,住址:____________________,身份证号码:____________________,联系电话:________________。

再审申请人________与被申请人________离婚纠纷一案,不服________省________市中级人民法院作出的________号(案号)民事判决书,依据《中华人民共和国民事诉讼法》第 211 条第 5 项、第 6 项之规定,向________省高级人民法院提出再审申请。

再 审 请 求

1. 请求贵院依法撤销________省________市中级人民法院作出的________号民事判决书。

2. 请求依法裁定再审,改判支持申请人提出的全部诉讼请求,一审、二审的诉讼费用由被申请人承担。

再审事实与理由

(此部分根据自身案件情况,写明具体的申请事实、理由以及具体的法律依据。)

依据《中华人民共和国民事诉讼法》第 211 条当事人的申请符合下列情形之一的,人民法院应当再审:________。特申请再审。

具体的事实与理由:

申请事由一:

申请事由二:

……

综上所述,本案一审法院________,二审法院________。申请人申请再审符合《中华人民共和国民事诉讼法》第 211 条申请再审的条件,恳请________省高级人民法院裁定本案再审并对本案依法改判,支持申请人的上诉请求,维护法律公正,纠正错误,维护申请人的合法权益。

此致

________省高级人民法院

申请人:

年 月 日

附法律依据:

《中华人民共和国民事诉讼法》

第二百一十一条 当事人的申请符合下列情形之一的,人民法院应当再审:

(一)有新的证据,足以推翻原判决、裁定的;

(二)原判决、裁定认定的基本事实缺乏证据证明的;

(三)原判决、裁定认定事实的主要证据是伪造的;

(四)原判决、裁定认定事实的主要证据未经质证的;

(五)对审理案件需要的主要证据,当事人因客观原因不能自行收集,书面申请人民法院调查收集,人民法院未调查收集的;

(六)原判决、裁定适用法律确有错误的;

(七)审判组织的组成不合法或者依法应当回避的审判人员没有回避的;

(八)无诉讼行为能力人未经法定代理人代为诉讼或者应当参加诉讼的当事人,因不能归责于本人或者其诉讼代理人的事由,未参加诉讼的;

(九)违反法律规定,剥夺当事人辩论权利的;

(十)未经传票传唤,缺席判决的;

(十一)原判决、裁定遗漏或者超出诉讼请求的;

(十二)据以作出原判决、裁定的法律文书被撤销或者变更的;

(十三)审判人员审理该案件时有贪污受贿,徇私舞弊,枉法裁判行为的。

第二百一十二条　当事人对已经发生法律效力的调解书,提出证据证明调解违反自愿原则或者调解协议的内容违反法律的,可以申请再审。经人民法院审查属实的,应当再审。

19. 夫妻财产约定

男方:________,____族,________年____月____日生,身份证号码:____________________。

女方:________,____族,________年____月____日生,身份证号码:____________________。

男女双方于________年____月____日登记结婚,婚后生育子女小明。现双方本着合法、自愿的原则,经友好协商一致,对双方婚姻存续期间取得的财产,依据《中华人民共和国民法典》第1065条之规定进行如下夫妻财产约定,以兹共同遵守:

一、关于现有共同财产的约定

(一)房屋及车位

1. 登记于________名下,位于________的房屋,面积为:________平方米,产权证号为:________。现双方约定该房屋归女方所有,为女方的个人财产。

该条款具有不可撤销性,本协议是男女双方冷静思考后,在其真实意思表示的情况下做出,因此男方主动放弃该条款被认定为赠与条款的任意撤销权。如男方违反,女方除可以要求继续履行本协议之外,男方还应承担由此给女方可能造成的损失,如诉讼费、律师费、差旅费等因维权而产生的各项费用。

2. 登记于________名下,位于________的房屋,面积为:________平方米,产权证号为:________。该房产目前尚有按揭贷款未还清,贷款的扣款主体为男方/女方。

(目前该房产未缴纳契税,未办理产权证,只有备案登记。待条件成熟缴纳契税,办理产权证后,办理至女方个人名下,双方约定该房产属于女方的个人财产。)

自本协议签订之日起,该房屋以及房屋内装修装饰、家具家电的所有权均归女方个人所有,上述房产剩余的银行贷款本金及利息,由女方负责偿还。男女双方共同清偿贷款的行为不影响前款双方对于该房产归于女方个人的约定。

该条款具有不可撤销性,本协议是男女双方冷静思考后,在其真实意思表示的情况下做出,因此男方主动放弃该条款被认定为赠与条款的任意撤销权。如男方违反,女方除可以要求继续履行本协议之外,男方还应承担由此给女方可能造成的损失,如诉讼费、律师费、差旅费等因维权而产生的各项费用。

(二)车辆

1. 登记于女方名下,车牌号为________的车辆。现双方约定,自本协议签订之日起,该车辆归女方个人所有,是女方的个人财产。

2. 登记于男方名下,车牌号为________的车辆。现双方约定,自本协议签订之日起,该车辆归女方个人所有,是女方的个人财产。双方签订协议后一个月内,男方配合将该车辆转移至女方名下。

(三)共同债权债务

1. 共同债权

男女双方共同确认,截至本协议签订之日,二人在婚姻关系存续期间无共同债权。

(或男女双方共同确认,截至本协议签订之日,二人在婚姻关系存续期间的共同债权,由女方/男方享有和追偿。)

2. 共同债务

(1)男女双方共同确认,截至本协议签订之日,二人在婚姻关系存续期间无共同债务。

(或男女双方共同确认,截至本协议签订之日,二人在婚姻关系存续期间的共同债务,即:1. ________,由男女双方共同偿还或由男方负责偿还。2. 位于________的房屋项下的贷款,由女方个人负责偿还。)

(2)其他以各自名义产生的债务属于个人债务,由负债方自行承担。

(3)双方签订本协议后,任何一方不得以自己所负债务与另一方有关为由向对方主张权利,若因第三方不可抗因素导致另一方先行垫付,垫付方可向另一方追偿。

（四）其他财产

1. 自本协议签订之日起，男女双方各自的私人生活用品及首饰归各自所有。

2. 自本协议签订之日起，男女双方各自名下婚姻关系存续期间交纳的公积金及企业年金，养老保险、商业保险、工资性收入等均归各自所有。

二、生活费及子女抚养费

双方婚后的生活费及子女的抚养费主要由男方承担，女方根据自己的财产状况自愿承担。

（或双方婚后的生活费及子女的抚养费由男女双方按照各 50% 的比例承担。）

（或男女双方各自每月向指定账户汇入________元以作为双方婚后的生活费及子女的抚养费，若余额不足时，双方有及时补足的义务。）

三、关于本协议签订后的财产制及财产处理的约定

本约定签订之日后，男女双方适用分别财产制度。再产生新的财产，在谁名下即为谁的个人财产。

（或：除以上作出特别约定的财产外，双方婚后产生的其他财产仍依法律规定，实行法定的夫妻共同财产制，即婚后所得共同制。）

四、关于个人财产处置权的约定

1. 男女双方完全享有本协议约定的个人财产的所有权，包括对该财产的占有、使用、收益及处分权。如何使用、处置（包括投资、出租、转让、赠与他人等）该财产完全由所有人独自行使，另一方不得以任何理由加以干涉。

2. 男女双方对各自所有财产进行处置（包括投资、出租、转让、赠与他人等）所产生的收益归各自所有，男女双方各自所有财产所产生的增值、孳息均归各自所有。

3. 以上男女各自的个人财产无论将来发生何种形态变化，均归各自所有，为其个人财产，比如一方以个人财产在本协议签订后购买的房屋、汽车等，该房屋和汽车登记在该方名下的，仍为该方的个人财产。

五、本协议未说明的其他财产的归属及其他未尽事宜，可由双方另行协商约定并签订书面补充协议，补充协议与本协议具有同等法律效力。

六、男女双方共同确认，双方签订本协议时身体健康，神智清楚，具备完全民事行为能力，亦充分理解所有条款内容及其法律后果。

七、男女双方共同确认，本协议系夫妻双方对于婚姻关系存续期间财产的约定，为不可撤销之协议，自本协议生效后，均应严格按本协议内容履行。

八、如双方因本合同事项发生争议，应当友好协商解决，协商不成的，任何一方有权向女方住所地人民法院起诉，确认本协议相关财产所有权的归属。

九、本协议一式二份，双方各执一份，经双方签字之日起生效。

男方（签字）：　　　　　　　　　　女方（签字）：

日期：　　　　　　　　　　　　　　日期：

20. 分居协议

男方：________，________年____月____日出生，____族，身份证号码：____________________。

女方：________，________年____月____日出生，____族，身份证号码：____________________。

男女双方于________年____月____日在________省________市________区民政局登记结婚。婚后于________年____月____日生育婚生子/女________。因双方性格不合，经常发生争吵，现男女双方经自愿协商一致后，根据《中华人民共和国民法典》的相关规定，双方就分居事宜作出如下约定：

第一条　因双方性格不合，双方都同意离婚。但为了孩子，暂时分居。分居从________年____月____日至________年____月____日。

第二条　分居期间，女方搬离位于________的住所。婚生子/女________跟随男方在________的住所生活居住。

第三条　分居期间，婚生子/女________由男方直接抚养教育。未直接抚养子女的女方仍有探望子女的权利，男方有协助的义务，具体探望时间、地点方式等由双方另行协商。女方须每月向男方支付孩子的抚养费________元。

第四条　分居期间夫妻相关财产约定

1. 位于________的房产（房产证号：________）归男方所有，所欠银行的贷款由男方承担，房产的增值、收益等所有权利由男方独自享有。因办理过户手续所产生的费用由男方承担。

2. 位于________的房产(商品房买卖合同登记备案号:________)的房产归女方所有,所欠银行的贷款由女方承担,房产的增值、收益等所有权利由女方独自享有。

3. 男方持有的________公司________%的股权及增值、收益部分,归男方所有。签订本协议后十五个工作日内,男方向女方支付因放弃公司股权的补偿款人民币________元(大写:____________)。

4. 车牌号为:________的小型汽车(发动机号:________)归女方所有。

5. 各人名下的其他财产,包括但不限于存款、保险、股票等归各自所有。

6. 分居期间,各自所得的财产收益归各自所有,互不为夫妻共同财产。

第五条 双方确认截止本协议签订之日,双方名下没有共同债务。分居期间的债务各人名下由各自承担。

第六条 分居期间,双方用于自身生活消费的开支由该方自行承担。双方各自承担其父母的赡养义务。

第七条 分居期间,如男方不适宜抚养小孩,女方有权要求变更孩子的抚养权,男方必须支付孩子的抚养费。

第八条 分居期间,双方不得以任何形式干预彼此的正常生活。

第九条 分居期间,若双方自愿恢复同居,本协议自动终止。

第十条 分居期限到期后,双方可以协议约定自愿恢复同居或者达成离婚协议并到民政局办理离婚登记。若双方协议不成,任何一方有权到法院起诉离婚,本协议将视为双方因感情不和分居的证明。

第十一条 双方离婚时,财产问题按照本协议第四条的约定办理。孩子的抚养权和抚养费按照本协议第三条和第七条的约定办理。

第十二条 本协议一式二份,双方各执一份,自双方签字之日起生效,各份具有同等法律效力。

男方: 女方:

签订日期: 年 月 日 年 月 日

21. 解除同居关系协议

男方:________,____族,________年____月____日生,住址:

________________________，身份证号码：____________________，联系电话：__________________。

女方：________，____族，________年____月____日生，住址：________________________，身份证号码：____________________，联系电话：__________________。

男女双方自________年____月开始同居，并于同居期间生育一子________（身份证号码：________________________），现年____岁（没有则不写），现双方决定解除同居关系，并对相关事项达成如下协议：

一、男女双方自愿签订本协议，自即日起解除同居关系。

二、子女抚养：

1. 婚生子________由女方抚养，跟随女方生活。

2. 女方应与婚生子在本协议签订后________内搬出男方住房，即位于________的房屋。

3. 男方支付女方子女抚养费________元/月至小明年满18周岁时止（或：完成学业能独立生活时止）。

4. 男方可每________探望一次子女，每次________（或：________小时），即________接走，________送回。

三、同居期间共同财产处理：

双方同居期间，只产生少量共同财产，均为家电（根据真实情况陈述），女方同意均归男方所有（处理方案自行确定）。

其余各自名下的财产归各自所有。

四、经济补偿：

男方同意在解除同居关系并且女方搬离男方住所后________内，一次性支付女方经济补偿金________万元。由男方打入女方银行账户：________银行，账号：________。

五、争议解决：

本协议签订并履行后，双方无其他任何争议。日后若因本协议发生争议，双方需平等协商解决。若无法协商，双方均可向有管辖权的人民法院提起诉讼。

六、男女双方确认该协议是双方的真实意思表示，双方均充分理解该协议的各项条款，自愿受该协议的约束。

七、本协议一式两份，自签订之日起生效，男女双方各持一份，具有同等法律效力。

男方：　　　　　　　　　　　　女方：

年　月　日　　　　　　　　　　年　月　日

22. 分家析产协议

甲方：________，男，____族，________年____月____日出生，住址：________________________，身份证号码：____________________。

乙方：________，女，____族，________年____月____日出生，住址：________________________，身份证号码：____________________。

丙方：________，男，____族，________年____月____日出生，住址：________________________，身份证号码：____________________。

……

经各方充分协商，特签署本分家析产协议，以便各方共同遵守实行，约定如下：

一、甲方和乙方系丙方的父亲和母亲，共同拥有家庭共有财产如下：

1. 位于________的房屋，建筑面积：________平方米，产权证号：________。

……

二、经甲乙丙三方充分协商，就上述财产达成以下协议：

1. 甲方分得____________________

2. 乙方分得____________________

3. 丙方分得____________________

……

三、各方共同确认，各方签订本协议时身体健康，神智清楚，具备完全民事行为能力，亦充分理解所有条款内容及其法律后果，以上所列各项各方均同意，是各方在冷静思考后做出的真实意思表示，并有见证人在场见证，自本协议签订以后就上述财产各方再无争执。

四、各方在履行本协议过程中产生的任何争议，都应先友好协商解决，协商不成的,任何一方有权向本协议签订地________人民法院提起诉讼。

五、本协议自各方签字捺手印后生效,本协议一式________份,立约人各方各持一份,每份具有同等的法律效力。

甲方(签字捺手印): 年 月 日

乙方(签字捺手印): 年 月 日

丙方(签字捺手印): 年 月 日

见证人(签字捺手印): 年 月 日

身份证号码:

联系方式:

23. 抚养权变更协议

男方:________,____族,身份证住址:____________________,身份证号码:____________________。

女方:________,____族,身份证住址:____________________,身份证号码:____________________。

男女双方在平等、自愿的基础上,经过充分的协商,现就双方离婚后变更子女抚养权等相关事宜达成协议如下:

1. 双方同意自本协议签订之日起,婚生子________(身份证号码:____________________)的抚养权归女方所有,由女方直接抚养,跟随女方生活。

本协议签订之日起……日内,女方有权到男方处接回孩子,男方保证其本人及家人不得阻挠。

2. 男方每月支付抚养费________元至孩子年满18周岁(或:能独立生活且有生活来源)为止,男方应于每月____日前将上述抚养费用打入女方指定的银行账号(开户行:________,户名:________,账号:________________)。

随着孩子年龄增长,上述相关费用发生变化时,双方可协议增加、改变抚养费。

3. 男方每________享有一次探望权,探望时间为________(例:男方每周享有一次探望权,探望时间为8小时),女方应当予以配合。春节、寒暑假等节假日,可适当延长探视时间，根据实际情况另行确定。具体的探望方式、地点等由双方自由协商。

4. 如遇其他未尽事宜或因时而变事宜，双方按照一切有利于孩子的原则，互谅互让，协商解决。

5. 本协议一式二份，男女双方各执一份，各份具有同等法律效力，自双方签字按捺手印之日起生效。

男方：　　　　　　　　　　　　　　女方：

签订日期：　　年　月　日

李　华

盈科律师事务所创始合伙人、盈科全国业务指导委员会主任。

李华律师作为盈科全国业务指导委员会主任，负责盈科体系内的专业化建设，带领盈科律师，构建出完整的专业化法律服务体系，包括研究院、专业委员会及综合性法律中心，推动盈科律师专业化的法律服务，以适应法律服务市场不断细分的需要。在此基础上，通过集成各专业委员会纵深化的法律服务能力为客户提供综合性的法律服务。

曾荣获全国律师行业优秀党员律师、北京市优秀律师、朝阳区优秀律师、朝阳区首届优秀女律师、朝阳区优秀党员的荣誉称号，钱伯斯《大中华区指南2023》TMT：数据保护&隐私领域上榜律师。

王伟华

盈科昆明婚姻家事法律事务部主任，盈科律师事务所2022年度“优秀民事律师”，昆明市律师协会婚姻家事法律专业委员会委员，昆明市律师协会巾帼宣讲团团员，云南省律师协会妇女权益及未成年人保护法律业务研究委员会委员。执业以来专注于办理婚姻家事类的诉讼与非诉事务，擅长处理复杂疑难的离婚纠纷、离婚后财产纠纷、抚养权变更纠纷、婚约财产纠纷、继承纠纷等。

龚林莉

民商法学硕士，盈科昆明合伙人律师、婚姻家事法律事务部副主任，盈科律师事务所2021年度“优秀民事律师”，盈科西南区域家族传承与私人财富管理法律专业委员会副秘书长，昆明市律师协会婚姻家事法律专业委员会委员，昆明市律师协会巾帼宣讲团团员。拥有十余年执业经验，专注于婚姻家事领域的法律服务，有着丰富的实践经验和精湛的诉讼技巧，擅长处理离婚、财产分割、子女抚养、遗产继承、家庭财富规划等各类家事纠纷及事务。

孙红俊

盈科昆明婚姻家事法律事务部律师，盈科昆明2022年度优秀律师，专注于保险、婚姻家事、私人财富管理法律领域。执业以来主办和协办过众多疑难、复杂和标的额巨大的家事类案件，包括离婚纠纷、离婚后财产纠纷、婚约财产纠纷、同居关系析产纠纷、抚养权变更纠纷、继承纠纷、分家析产纠纷等案例，拥有丰富的家事法律实务经验。

周　滢

法学学士，盈科昆明王伟华律师团队成员。